国外教育法律译丛
王云龙 主编

印度学前教育法律与政策选译

汪溢 译

Selected Translation of Indian Preschool Education Laws and Policies

江苏人民出版社

图书在版编目(CIP)数据

印度学前教育法律与政策选译 / 王云龙主编；汪溢译. —南京：江苏人民出版社，2020.8
(国外教育法律译丛)
ISBN 978-7-214-25227-2

Ⅰ.①印… Ⅱ.①王… ②汪… Ⅲ.①学前教育-教育法-印度 Ⅳ.①D935.121.6

中国版本图书馆 CIP 数据核字(2020)第 112155 号

书　　　名	印度学前教育法律与政策选译
主　　　编	王云龙
译　　　者	汪　溢
责 任 编 辑	金书羽
装 帧 设 计	刘葶葶
责 任 监 制	王列丹
出 版 发 行	江苏人民出版社
出版社地址	南京市湖南路 1 号 A 楼,邮编:210009
出版社网址	http://www.jspph.com
照　　　排	南京紫藤制版印务中心
印　　　刷	江苏凤凰数码印务有限公司
开　　　本	718 毫米×1 000 毫米　1/16
印　　　张	27　插页 2
字　　　数	300 千字
版　　　次	2020 年 8 月第 1 版　2020 年 8 月第 1 次印刷
标 准 书 号	ISBN 978-7-214-25227-2
定　　　价	68.00 元

(江苏人民出版社图书凡印装错误可向承印厂调换)

序

"国外教育法律译丛"是教育立法研究重大课题"世界主要国家教育法治研究"（项目编号：JYBZFS2015005）成果载体之一，也是教育部教育立法研究基地——东北师范大学国际教育法治研究中心的主要工作之一，包括世界有代表性的国家教育法律和教育政令等，或按专题，或按国别（区域），结集成卷。"国外教育法律译丛"围绕全面推进教育法治建设大局，为依法执教、依法治校提供立法参考和智力支持。

"国外教育法律译丛"得到教育部政策法规司王大泉副司长、教育部政策法规司韩燕凤处长和翟刚学处长、东北师范大学杨晓慧书记、刘益春校长和王占仁副校长等领导的悉心指导和大力支持，在此深表感谢！

王云龙

2019 年 12 月 18 日

目录

婴幼儿母乳代用品、奶瓶和食品(规范生产、供应和分发)法案 ……… 001
婴幼儿母乳代用品、奶瓶和食品(规范生产、供应和分发)法案修正案
………………………………………………………………………… 011
国家婴幼儿喂养指南 …………………………………………………… 013
国家学前保育与教育政策 ……………………………………………… 035
国家学前保育与教育课程框架 ………………………………………… 052
安格瓦迪学前保育与教育中心工作人员培训模块 …………………… 114
3—6 岁儿童私立幼儿园管理指南 ……………………………………… 217
国家儿童政策 …………………………………………………………… 231
国家儿童行动计划草案(学前保育与教育部分节选) ………………… 241
学前教育配套资料 ……………………………………………………… 247
3—4 岁儿童活动手册 …………………………………………………… 251
4—5 岁儿童活动手册 …………………………………………………… 301
5—6 岁儿童活动手册 …………………………………………………… 359
3—6 岁儿童评估卡 ……………………………………………………… 419

婴幼儿母乳代用品、奶瓶和食品（规范生产、供应和分发）法案

(1992年12月29日　第41号　法律、司法与公司事务部)

为规范婴幼儿母乳代用品、奶瓶和食品生产、供应和分发，保护和促进母乳喂养，确保正确食用食品，及落实与此事相关事宜，特制定本法案。

本法案于印度共和国第四十三年由议会颁布如下：

第一条　简称、适用范围和生效时间

1. 本法案命名为《婴幼儿母乳代用品、奶瓶和食品（规范生产、供应和分发）法案》。

2. 本法案适用于印度全国范围。

3. 本法案自《中央政府公报》公告之日起正式实施。

第二条　定义

在本法案中，除另有规定外：

1. "广告"系指包括任何通知、通告、标签、包装和其他文件，及通过灯光、声音、烟雾或气体制作的、任何可见的展示或公告；

2. "容器"系指用以销售或经销、存储或包装婴幼儿母乳代用品、奶瓶或食品的任何盒子、瓶子、箱子、罐子、桶、管子、容器、袋子、包装纸或其他物品；

3. "奶瓶"系指任何可用于喂养婴幼儿母乳代用品的瓶子或容器，包括连接奶瓶或容器的奶嘴和透气阀；

4. "医疗保健系统"系指直接或间接与母亲、婴幼儿或孕妇相关的

医疗保健机构或组织，包括私人执业医务工作者，但不包括药房或药店；

5."医务工作者"系指为母亲、婴幼儿或孕妇提供医疗服务的工作人员；

6."食品"系指在市场上销售，或用以补充母乳，以满足4个月以上婴幼儿不断增长营养需求的任何食品（无论以何种名称命名）；

7."婴幼儿母乳代用品"系指用以销售、补充部分或全部母乳的任何替代食品（无论其是否适合替代母乳）；

8."标签"系指贴在或出现在容器上的任何文字、标识、印章、印刷物或图形；

9."规定"系指根据本法案制定的法规所规定的内容。

对于法规或条款尚未生效的地区，可将根据本法案制定的任何法规或条款，作为该地区现行相关法律或法规的参考（如相关法律尚且生效）。

第三条　与婴幼儿母乳代用品、奶瓶和食品相关的禁令

任何人不得：

1. 宣传任何关于婴幼儿母乳代用品或奶瓶分发、售卖和供应的推广活动；

2. 以任何形式宣传和散播婴幼儿母乳代用品喂养等同于甚至优于母乳喂养的言论；

3. 参与婴幼儿母乳代用品、奶瓶或食品使用和销售的推广活动（除非本法案另有规定）。

第四条　禁止鼓励使用或销售婴幼儿母乳代用品或奶瓶

任何人不得：

1. 以礼品形式提供或分发母乳代用品、奶瓶样品、相关器皿或其他物品；

2. 与任何孕期妇女和处于哺乳期的妇女接触以促进母乳代用品和奶瓶的使用和销售；

3. 用其他形式诱导以促进母乳代用品和奶瓶的使用和销售。

第五条　婴幼儿母乳代用品、奶瓶或相关物品或资料的捐赠规定

根据第八条第4款，任何人不得捐赠或分发：

1. 母乳代用品或奶瓶给任何人（孤儿除外）；

2. 任何关于母乳代用品或奶瓶的信息性、教育性物品和资料。

根据规定，经由医疗系统捐赠或分发的此种物品或资料，不适用于本条款。

第六条　婴幼儿母乳代用品或食品的容器和标签信息

一、在不违背1954年《防止食品掺假法》（1954年第37号）及本法案规定的情况下，任何人不得生产、供应或分发任何婴幼儿母乳代用品或食品，除非在所有容器或标签上均以清晰、醒目、易读和可理解的方式标明"重要通知"字样，并以规定语言用大写字母书写，同时在下面用同一语言标注下列注意事项：

1. 用大写字母注明"母乳是婴幼儿最好的选择"；

2. 声明婴幼儿母乳代用品或食品应由医护人员认定其必要性，并在指导下正确使用；

3. 警告或声明婴幼儿母乳代用品，或食品并非婴幼儿营养的唯一来源；

4. 说明其配方及对不当配制可能带来的健康危害进行警告；

5. 原料构成；

6. 配料或成分分析；

7. 储存条件；

8. 根据印度的气候和储存条件，注明批号、生产日期和使用日期；

9. 需注明的其他详情。

二、第一款提及的任何有关婴幼儿母乳代用品的容器和标签不得出现：

1. 婴幼儿、母亲或两者的图像；

2. 为促进婴幼儿母乳代用品或食品销售设计的图片、其他图文材料或话语；

3. "人性化""母性化"或任何其他类似文字表述；

4. 注明可能会增加其他规定。

第七条　教育性及其他与婴幼儿喂养有关的资料

一、所有教育性或其他材料（音频或视频），包括任何含有婴幼儿母乳代用品、奶瓶和食品的促销广告或相关资料，与产前或产后婴幼儿护理和喂养，及与孕妇和婴幼儿母亲相关的资料，均应包括以下明确信息：

1. 母乳喂养的好处和优越性；

2. 母乳喂养的准备工作和持续时间；

3. 部分时间采用奶瓶喂养对母乳喂养的有害影响；

4. 使用母乳代用品一段时间后，恢复母乳喂养的困难性；

5. 合理利用母乳代用品和奶瓶的经济和社会影响；

6. 不合理使用母乳代用品和奶瓶带来的健康危害；

7. 可能会规定的其他事项。

二、不得使用第一款中提及的任何资料促进母乳代用品或奶瓶的使用和售卖。

第八条　医疗系统

一、任何个人都不得利用任何医疗服务系统展示、分发和母乳代用品或食品使用或售卖相关的标语或海报等资料：

但本规定不适用于：

1. 根据第五条第 2 款，捐赠或分发相关信息性、教育性物品和资料；

2. 向医务人员宣传有关母乳代用品、奶瓶或食品使用的科学和事实性信息，以及第七条第一款所规定的信息。

二、任何生产、供应、分发或售卖母乳代用品、奶瓶或食品的个人，均不得向医疗服务系统工作人员支付任何款项，用以推销使用或销售此类母乳代用品、奶瓶或食品。

三、除医务工作者外,任何个人不得向婴幼儿母亲,或其家庭成员示范母乳代用品或食品的喂养方式,医务工作人员须向婴幼儿母亲或其他家庭成员清楚解释母乳代用品、奶瓶或食品使用不当将带来的危险。

四、除为母亲、婴幼儿或孕妇提供医疗服务的机构或组织外,任何个人不得向无法进行母乳喂养,或负担不起母乳代用品或奶瓶的母亲分发母乳代用品或奶瓶。

五、孤儿院可以以低于销售价格的价格购买婴幼儿母乳代用品或奶瓶,并在孤儿院内部使用。

注:就本条款而言,上述购买情况均不应构成促进使用或销售母乳代用品或奶瓶的原因。

第九条　向医务工作者推销使用婴幼儿母乳代用品等

一、任何生产、供应、分发或售卖母乳代用品、奶瓶或婴幼儿产品的个人,不得以推销母乳代用品、奶瓶或食品为目的,直接或间接向医护工作者,或其家庭成员提供或赠予任何经济奖励或礼物。

二、任何个人,一旦直接或间接向医务人员提供资金或进行任何支出,该个人及医务工作者须向该医务人员所属的机构或组织上报该项资金或支出。

第十条　与从事生产、供应、经销或售卖母乳代用品雇员相关的特殊规定

一、任何生产、供应、经销或售卖母乳代用品、奶瓶或婴幼儿食品的个人,不得以母乳代用品、奶瓶或食品的销量为基准,制定雇员的薪酬或向雇员提供佣金。

二、雇员不得教授孕妇或婴幼儿母亲进行婴幼儿产前或产后的护理工作。

第十一条　婴幼儿母乳代用品、奶瓶或食品标准

一、除非产品符合1954年《防止食品掺假法》、与母乳代用品或食品相关的法规,或印度标准局1986年《印度标准局法案》第3条关于容器标签的相关标准，否则任何个人不得售卖、分发母乳代用品或食品。容器标签标准要求母乳代用品或食品需要符合以下要求：

如1954年《防止食品掺假法案》(1954年第37号)未对某一母乳代用品或食品制定任何明确标准，但该法案制定的法规就此类母乳代用品或食品及其粘贴在容器上的标签进行了规定，在这种情况下，除非获得中央政府的批准，否则任何人不得出售或分发此类母乳代用品或食品。

二、除非符合本条第一款中印度标准局为奶瓶制定的标签标准，并且该标签粘贴在容器上，否则任何人不得出售，或以其他方式分发任何奶瓶。

第十二条 进入并搜查的权力

一、根据1954年《防止食品掺假法》(1954年第37号)第9条任命的食品检查官员(以下简称食品检查官)，或邦政府为此授权的一级及以上官员(以下简称授权官员)，如果有理由相信存在违反或正在违反第6条或第11条中的任何规定，则可以在任何合理时间进入并搜查任何工厂、建筑物、营业场所，任何进行婴幼儿母乳代用品、奶瓶或食品贸易或商业活动的场所，或生产、供应或分发此类代用品、奶瓶或食品的其他场所。

二、根据本法进行的每次搜查或扣押，应符合1973年《刑事诉讼法》中关于搜查和扣押的规定。

第十三条 扣押婴幼儿母乳代用品或其容器的权力

一、任何食品监察官以及授权官员，在有理由证实某母乳代用品、奶瓶、食品或容器已经或正在违反本法案，都有权对此类母乳代用品、奶瓶、食品或容器进行扣押。

二、除非获得地方法官的批准，否则任何食品监察官和授权官员在扣押任何此类母乳代用品、奶瓶、食品或容器时，扣押期限从扣押之日起不得超过90天。

第十四条 没收

任何违反或正在违反本法案的母乳代用品、奶瓶或婴幼儿食品都应予以没收。

但如法院裁定认为,占有、管理或控制此类母乳代用品、奶瓶、食品或容器的个人对违反本法案的行为不负责任,则法院可裁定不必没收此类母乳代用品、奶瓶、食品或容器,并对违反本法案规定的个人行为做出其他适当的裁定。

第十五条　有权选择罚款代替没收

一、当本法案授权没收任何物品时,法院可根据判决没收规定的条件,给其所有人进行选择的权利:经法院认定有权没收母乳代用品、奶瓶、食品或容器时,其所有人可以选择用支付不超过母乳代用品、奶瓶、食品或容器总价的罚款代替没收。

二、在缴纳法院所规定的费用后,被扣押的母乳代用品、奶瓶、食品或容器应退还给被扣押人,并要求被扣押人确保在进行任何分发、售卖或供应前,确认此类母乳代用品、奶瓶、食品或容器均符合本法案的规定。

第十六条　没收不抵消其他处罚

根据本法案规定的没收或支付费用,不得抵消涉案人因违反本法案或任何其他法律对其进行的其他处罚。

第十七条　判决

可以下达任何没收或责令支付费用的判决:

1. 在当地管辖范围内,由原先具有管辖权的主要民事法院根据具体情况,做出予以没收或责令支付罚款的判决;

2. 在不违反中央政府对此规定限制的情况下,中央政府可通过《政府公报》刊登公告,授权其他具有超过5000卢比经济管辖权的民事法院代表其进行裁定。

第十八条　被扣押婴幼儿母乳代用品、奶瓶、食品或容器所有者的机会

一、除非以书面形式告知母乳代用品、奶瓶、食品或其容器所有者没收的理由;否则,不得做出裁定没收或指示其支付罚款的命令。在通

知所规定的适当时间内,所有者有机会以书面形式表示反对没收,如有意愿,可以行使申诉权:

如果在扣押母乳代用品、奶瓶、食品或容器之日起,未在 90 天内发出此类通知,则须在期满后将该母乳代用品、奶瓶、食品或容器交还给其所有者。

二、除非第一款另有规定,《1908 年民事诉讼法》(1908 年第 5 号)的规定应尽可能适用于第一款所述的全部程序。

第十九条 上诉

一、如认为法院裁定没收或下令缴纳罚款的判决不合理,任何人均可向做出判决的法院提出上诉。

二、上诉法院在给予上诉人听证机会后,可通过法院认为适当的命令,确认、修改或修订所上诉的决定或命令,或认为决定或裁决适当,将案件驳回,或在必要时采取补充证据,视情况做出新的决定或裁定。

除非上诉人希望有机会提出上诉,为自己辩护,否则不得根据本条款判处以增加罚金代替没收,或没收较高价值的货物。

三、不得对第二款中法院做出的裁定提出进一步上诉。

第二十条 处罚

一、任何违反第三、四、五、七、八、九、十条或第一条第二款规定(第十一条和根据该法案第二十六条制定的法规)的个人,应处以 3 年以下监禁,或处以 5000 卢比以下的罚款,或两项并罚。

二、任何人违反第六条或第一条第二款的规定(第十一条和根据该法案第二十六条制定的法规),应处以 6 个月以上、3 年以下监禁,并处以 2000 卢比以上的罚款:

若法院在判决中提及充分和特殊原因,可判处 3 个月以上、2 年以下监禁,并处以 1000 卢比以上的罚款。

第二十一条 犯罪审理

一、除 1973 年《刑事诉讼法》第 173 条另有规定外,任何法院均不得受理根据本法案应受处罚的任何罪行,除非经以下人员以书面形式提出起诉：

1. 根据1954年《防止食品掺假法》(1954年第37号)第20条第1款，获得授权人员；

2. 由政府通过一般或特别命令授权的、一级及以上级别官员；

3. 由政府在《政府公报》上授权，从事儿童福利、发展和儿童营养工作的志愿组织代表。

二、凡根据第一款第3项授权的志愿组织代表提出起诉，且法院已根据第一款发出传票(视情况而定)，根据1973年《刑事诉讼法》第204条第一款规定，该法院的助理检察官应负责此案，并进行起诉。

第二十二条　公司犯罪

一、根据本法案，如公司存在违法行为，在犯罪发生时，公司管理者和公司业务负责人均被视为有罪，并应予以起诉和相应的处罚。

如涉案人能够证明该罪行是在其不知情的情况下实施的，或是涉案人已尽力防止犯罪发生，则不会根据本款规定对其进行任何惩罚。

二、尽管第一款中有所规定，但如果公司犯下本法案所认定的任何罪行，并且证实该罪行是在公司董事、经理、秘书或公司其他职员的同意或授意下发生，则该董事、经理、秘书或其他职员也应被视为犯有该罪行，并应受到相应的惩罚。

补充说明，就本章节而言：

1. "公司"系指任何法人团体，包括其他个人协会、公司；

2. "董事"系指公司的合伙人。

第二十三条　罪行认定和保释

尽管1973年《刑事诉讼法》中已有规定，但根据本法案应受惩罚的罪行应是可审理并允许保释的。

第二十四条　保护善意行为

不得根据本法案，对做出善意，或打算进行善意行为的中央政府、邦政府或任何中央政府官员(或根据第二十一条第一款第3项，经公告授权的自愿组织代表)提起诉讼、起诉或执行其他法律程序。

第二十五条　不应妨碍1954年第37号法案的适用

本法案条款或据此制定的法规，须解释为增补而非减损1954年《防止食品掺假法》或据其制定的法规。

第二十六条　制定法规的权力

一、中央政府可通过《中央政府公报》公布制定实施本法案的法规。

二、特别声明，在不影响上述一般性法律权力的情况下，此类法规可做出以下规定：

1. 根据第五条第二款规定的可以捐赠，或分发教育物品和资料的条件和限制；

2. 需在第六条第一款注明通知或其他详细信息所使用的语言；

3. 第六条第一款第1项规定的详细信息；

4. 根据第六条第二款第4项规定，容器或标签不得标注的详细信息；

5. 第七条第一款第7项规定，应包括向孕妇或婴幼儿母亲提供的信息；

6. 法规应该或可能规定任何其他事项。

三、在制定本法案后，应尽快在议会开会期间制定相应法规。法规制定限期为30天，可以在一次、两次，或两次以上的连续会议内完成。如果在上述会议结束前，上议院和下议院均同意对该法规进行修正，或均不同意制定该法规，则该法规此后仅以经修正后的形式生效，或视情况而定无效；然而，任何此类修正或废除均不得有损先前根据该法规判定的有效性。

婴幼儿母乳代用品、奶瓶和食品
（规范生产、供应和分发）法案修正案

(2003年6月2日　第38号　印度法律和司法部)

以下议会法案于2003年6月1日获得总统批准，特此公布，供有关部门参考：

2003年《婴幼儿母乳代用品、奶瓶和食品（规范生产、供应和分发）法案修正案》

本修正案由议会于印度共和国第五十四年通过，如下所示：

一、1.本修正案命名为2003年《婴幼儿母乳代用品、奶瓶和食品（规范生产、供应和分发）法案修正案》。

2.本修正案自中央政府在《中央政府公报》公告之日起实施。

二、1992年《婴幼儿母乳代用品、奶瓶和食品（规范生产、供应和分发）法案》（以下简称《法案》）第二条：

1.第1款替换为：

"广告"系指包括任何通知、通告、标签、包装和其他文件，以及通过灯光、声音、烟雾、气体制作，或通过电子传输或音频、视频传输的任何可见的展示或公告；

2.第4款中，"但不包括药房或药店"替换为"但不包括药店、药房和任何医务工作者协会"；

3.第6款中，"4个月以上"替换为"6个月至2岁"；

4.第7款中，"无论其是否适合替代母乳"替换为"适用于2岁以上婴幼儿"；

5.第9款后增加："10.'推广'系指直接或间接采用任何方法鼓励

购买或使用婴幼儿母乳代用品、奶瓶或婴儿食品。"

三、《法案》第三条：

1. 第1款中，"或奶瓶"替换为"奶瓶或婴幼儿食品"；

2. 第2款中，"婴幼儿母乳代用品"替换为"婴幼儿母乳代用品和食品"；

3. 第3款替换为："3.参与婴幼儿母乳代用品、奶瓶或食品的推广活动。"

四、在《法案》第四条中，"奶瓶"，以及其他处出现的此字样都替换为"奶瓶或婴幼儿食品"。

五、在《法案》第五条中，"奶瓶"，以及其他处出现的此字样都替换为"奶瓶或婴幼儿食品"。

六、在《法案》第六条第2款中，"婴幼儿母乳代用品"，以及其他各项出现的此字样都替换为"婴幼儿母乳代用品或食品"。

七、《法案》第七条：

1. 在第1款中：

1) "所有教育性或其他资料"应替换为"所有带有广告或推广婴幼儿母乳代用品、奶瓶和婴幼儿食物的教育性或其他资料"；

2) 在第6项后增添："6.1此类资料的印刷和出版日期及印刷者和出版商的名字"。

2. 在第2款中，"奶瓶"应替换为"奶瓶或婴幼儿食品"。

八、《法案》第九条第2款替换为：

"第1款的'任何生产、供应、分发或售卖母乳代用品、奶瓶或婴儿产品的个人'，不得向医务工作者，或任何医务工作者协会提供或赠予任何款项或金钱性利益，包括资助研讨会、会议、会谈、教育课程、竞赛、奖学金、研究工作或资助。"

九、在《法案》第二十条中，将两处"第十一条和根据该法案第二十六条制定的法规"替换为"第十一条"。

十、《法案》第二十四条，在"邦政府"后插入"根据第二十一条第1款第3项提到的'此类志愿组织代表'"。

国家婴幼儿喂养指南

(2006年第二版 妇女和儿童发展部)

一、简介

长期以来,婴幼儿营养一直受到科学家和政策制定者的关注。这是因为人在出生后的第一年里生长的速度最快,且婴幼儿喂养(包括单纯母乳和辅食喂养)在决定儿童营养状况方面起着关键作用。研究已经充分证实营养不良与婴幼儿喂养之间的关系。最近的科学证据表明,在五岁以下儿童死亡案例中,60%与营养不良有直接或间接关系。其中超过2/3的死亡通常与喂养方式不当有关,并且这种情况经常发生在出生后的第一年。全世界只有35%的婴幼儿可以在出生后的前四个月内接受单纯的母乳喂养。辅食喂养开始太早或太晚都会使婴幼儿营养不足,且不安全。婴幼儿期的不良喂养习惯将导致其营养不良、认知和社会发展能力受损、学校表现不佳,并降低以后的生产力水平。不良喂养方式是在这个生命重要阶段实现和维持儿童健康的最严重障碍之一,也会对社会和经济发展产生重大威胁。

采用最佳的婴幼儿喂养方法——尤其是生命最初6个月的早期喂养和单纯母乳喂养——有助于确保婴儿拥有一个良好的生命开端。作为一种自然哺育孩子的方式,母乳喂养在母亲和孩子之间建立起牢固的纽带。母乳喂养为婴幼儿提供发展和学习的机会,刺激儿童五种感官的发展——视觉、嗅觉、听觉、味觉和触觉。而且,母乳喂养可增强儿童的安全感、促进情感发展,会对幼儿的心理社会发展产生终身影响。

母乳中的特殊脂肪酸可提高儿童的智力和视力水平。母乳喂养婴幼儿的智商可能比非母乳喂养的婴幼儿大约高出8分。

母乳喂养不仅对婴幼儿的生存、健康、营养、信任感和安全感发展有重要作用,而且还能促进大脑的发育,为今后的学习做准备。

然而,生产婴幼儿奶粉和食品的跨国公司展开了大力的产品宣传,这一做法阻碍了母乳喂养这一良好的做法。世界卫生组织早在20世纪70年代末就认识到母乳喂养下降趋势的严重性,并在1981年提出了一项保护和促进母乳喂养的国际准则。印度政府于1983年通过了《国家保护和促进母乳喂养法规》(National Code for Protection and Promotion of Breastfeeding)。1993年,妇女和儿童发展部开始正式施行在1992年颁布的《婴幼儿母乳代用品、奶瓶和食品(规范生产、供应和分发)法案》。

当时的科学数据表明,各国都颁布法律和法规,规定4—6个月大的婴幼儿需要进行单纯母乳喂养。跨国公司滥用年龄范围,从第3个月起就开始推销其产品。但是,过早引入辅食会导致感染和营养不良。

1993年,印度政府在妇女和儿童发展部的支持下,通过了《国家营养政策》(National Nutrition Policy)。该政策充分强调母亲营养水平和健康教育对婴幼儿喂养的重大影响,以及要努力在母亲群体中促成适当的行为变化。这些都是为减少儿童营养不良所做的直接干预措施。

印度在国家和国际论坛上一直宣传这一理念:婴幼儿前6个月要采用单纯母乳喂养方式,此后引入辅食辅助母乳喂养,并持续母乳喂养直至2岁或2岁以上。这符合印度长期母乳喂养,及从6个月起开始通过安纳普拉山仪式(annaprashan ceremony)引入辅食的传统。

20世纪90年代初以来的各种研究表明,前6个月进行单纯母乳喂养对母亲及婴幼儿的生长、发育、营养和健康状况及母亲本身都有助益。研究表明,母乳具有最好的生物可利用铁元素,而单纯母乳喂养不仅可以预防感染(尤其是儿童腹泻),还有助于预防儿童贫血。婴幼儿在第 7 个月时出现的淀粉酶表明,有必要在饮食中为 6 个月大的婴幼儿添加谷类食物。

早期母乳喂养还可降低母亲产后出血和贫血的风险。单纯母乳喂养能增强母亲的免疫系统、延迟下一次受孕,并减少患糖尿病母亲的胰岛素需求。母乳喂养还有助于母亲预防乳腺癌、卵巢癌和骨质疏松症。

虽然科学界提倡要持续进行 6 个月的单纯母乳喂养,但人们还是会不断受到商业宣传的影响,尤其在西方国家,营养和特殊膳食食品法典委员会(Codex Committee on Nutrition and Foods for Special Dietary Uses,CCNFSDU)、国际食品法典委员会(Codex Alimentarius Commission)和世界卫生大会(World Health Assembly)等组织一直在国际论坛上抵制此举。然而,在妇女和儿童发展部的不懈努力和卫生部的积极配合下,世界卫生大会于 2001 年 5 月做出了一项具有里程碑意义的决定。第 54.2 号决议提出一项全球性建议,首次提倡在婴幼儿出生后的前 6 个月进行单纯母乳喂养,之后引入辅食并持续母乳喂养直至 2 岁或 2 岁以上。此外,第 55 届世界卫生大会于 2002 年 5 月通过了一项关于婴幼儿营养的新决议(WHA 55.25),该决议批准了《婴幼儿喂养全球战略》(Global Strategy on Infant and Young Child Feeding)。第 55 届世界卫生大会提出,不当的喂养方式及其后果是实现可持续社会经济发展和减少贫困的主要障碍。大会还指出,确保儿童(尤其是通过适当的喂养方法)获得最佳的生长和发育,是各国政府从长远意义上加速经济发展的前提。

全球战略给予母婴双方应有的重视,并主张婴幼儿喂养的改善首先要保证妇女在整个生命各个阶段的健康和营养状况。

2003 年,妇女和儿童发展部通过不懈努力,颁布了《婴幼儿母乳代用品、奶瓶和食品(规范生产、供应和分发)法案修正案》。该修正案自 2004 年 1 月 1 日起生效。该修正案将单纯母乳喂养的时间从 4—6 个月延长至 6 个月,并在广告、促销和其他法规方面将婴幼儿食品与婴幼儿母乳代用品置于同等地位。这是印度最强的立法之一,可以保护母乳喂养不受商业宣传的影响。

二、第十个"五年计划"目标

规划委员会认识到婴幼儿合理喂养的重要性,首次将母乳喂养和辅食目标纳入第十个"五年计划"的国家营养目标当中。

第十个"五年计划"制定了具体的营养目标,计划在2007年实现。主要目标包括:

1. 加强营养和健康教育,改进婴幼儿喂养和护理方式,旨在实现:
- 将3岁以下、体重不足儿童的患病率从目前的47%降至40%;
- 将0—6岁儿童严重营养不良的患病率降低50%。

2. 提高早期母乳喂养(初乳喂养)比例,从目前的15.8%提升至50%。

3. 将前6个月单纯母乳喂养率由目前的55.2%(0—3个月)提升至80%。

4. 将6个月后的辅食喂养率从目前的33.5%提升至75%。

三、国家婴幼儿喂养指南目标

目前,全国各地的专业人员、培训机构教员和该领域的工作人员,尚不清楚婴幼儿喂养的新标准,即前6个月进行单纯母乳喂养(取代早期指导方针的4—6个月年龄范围),并在6个月时引入辅食,同时继续母乳喂养直至2岁或2岁以上。由于缺乏这些关键信息,许多人仍然坚持旧的规范。因此,印度政府决定颁布新的《国家婴幼儿喂养指南》(*National Guidelines on Infant and Young Child Feeding*),以取代人力资源开发部、妇女和儿童发展部、食品和营养委员会及印度政府在1994年制定的《国家婴幼儿喂养指南》(*National Guidelines on Infant Feeding*)及所有其他关于这一主题的教学手册。

因此,新的《国家婴幼儿喂养指南》包括以下目标:
- 在全国范围内采取最佳喂养方式,促进及改善婴幼儿营养事业;

・以当地语言向全国不同地区的广大民众广泛传播正确的母乳喂养和辅食喂养规范；

・提高政府相关部门、国家组织和专业团体的认识程度和责任心，普及婴幼儿最佳喂养方式；

・实现第十个"五年计划"计划委员会设定的婴幼儿喂养方法的国家目标，以减少儿童营养不良状况。

（一）合理的婴幼儿喂养方法

母乳喂养是为婴幼儿健康成长和发育提供理想食物的最佳方式；是繁育过程中不可或缺的一部分，对母亲的健康也同样具有重要意义。2002年，为促进全球公共健康，世界卫生组织建议："婴幼儿在出生后前6个月进行单纯母乳喂养，以实现最佳生长、发育和健康。此后，为满足其进一步的营养需求，应给婴幼儿提供营养充足且安全的辅食，同时母乳喂养持续至2岁或2岁以上。"

1. 母乳

母乳的营养优势

现代科学技术还不能生产出比母乳更好的婴幼儿食品。母乳喂养是满足婴幼儿营养和心理需求的最佳方式。

人们很早就认识到母乳的特殊营养价值。母乳易于消化和吸收，其中的蛋白质更易溶解，很容易被婴幼儿消化和吸收。同样，母乳中的脂肪和钙也容易被吸收。母乳中的乳糖可以提供充足的能量。此外，一部分乳糖在肠道中转化为乳酸，破坏肠道中的有害细菌，有助于钙质和其他矿物质的吸收。母乳中维生素如硫胺素、维生素A和维生素C的含量取决于母亲摄入的饮食。在正常情况下，母乳可以提供婴幼儿所需的适量维生素。

母乳具有其他乳类所没有的固有抗感染特性物质。发展中国家的婴幼儿经常遭受感染，而母乳所提供的这种保护功能极为重要。母乳喂养的优点包括：

- 母乳是婴幼儿最好的天然食品。
- 母乳总是干净的。
- 母乳保护婴幼儿免受疾病侵害。
- 母乳让孩子更聪明。
- 母乳可以每天24小时供应,无须特殊准备。
- 母乳是大自然送给婴幼儿的礼物,不需要购买。
- 母乳喂养使母婴之间建立起特殊关系。
- 母乳喂养有助于父母延缓再孕。
- 母乳喂养有助于母亲减轻怀孕期间增加的体重。

早期母乳喂养

早期母乳喂养对于成功度过哺乳期,以及为婴幼儿提供"初乳"(母亲的第一次母乳)极其重要。理想情况下,新生儿最好在出生后1小时内尽快接受第一次母乳喂养。新生儿在最初的半个小时内非常活跃,如果母亲与新生儿在一起,并努力进行母乳喂养,婴儿就会很快学会吮吸。婴儿的早期吮吸将开启母亲形成乳汁的过程,有助于母乳的早期分泌。如果是剖宫产,新生儿可以在母亲的帮助下,于4—6小时内开始母乳喂养。母亲应与新生儿近距离接触,从而可以提供温暖,并确保喂养频率。这也有助于母乳的早期分泌和更好的母乳流动。

最重要的是,婴儿得到的第一次母乳称为初乳,比后来的乳汁更浓、颜色发黄。在最初几天内,初乳的量比较少。初乳是此时婴儿所需的全部食物和液体,不需要其他补充(包括水)。

在此期间及之后,不应给新生儿提供任何其他液体或食物,如蜂蜜、动物乳汁或奶粉、茶、水或葡萄糖水,因为这些都可能对婴儿有害。

母亲,特别是第一次生育的母亲可能需要他人帮助,调整适当的姿势进行母乳喂养。母乳喂养应根据婴儿的需要进行,每次应持续到婴儿不想吮吸为止。

初乳的价值

婴儿出生后最初几天母亲分泌的乳汁被称为"初乳"。它是黄色、黏稠的,营养极为丰富,含有抗感染物质。初乳富含维生素 A,蛋白质含量可高达 10%,并且和之后的乳汁相比,初乳所含的脂肪和碳水化合物乳糖含量都较少。给婴儿喂食初乳有助于婴儿吸收营养物质和抗感染物质(抗体)。婴儿出生后的最初几周内可能会感染腹泻,而乳汁中的抗感染物质可保护婴儿免受腹泻等传染病的侵害。初乳基本上是孩子从母亲那里接受的首次免疫接种。有些母亲认为初乳是脏的、不能消化。颜色和稠度的差异可能是人们产生这种想法的原因。

延迟母乳喂养是印度国内一种常见的做法,这使新生儿无法获得初乳中的抗感染特性物质、维生素 A 和蛋白质。在一些社区,由于各种迷信和无知,母乳喂养推迟在第 5 天开始。在印度,只有 15.8% 的新生婴儿在出生后 1 小时内开始母乳喂养,37.1% 的婴儿在出生后 1 天内开始母乳喂养。

延迟母乳喂养不仅剥夺了孩子宝贵的初乳,而且还会成为喂食哺乳前食物(如葡萄糖水、蜂蜜、动物乳汁或奶粉)的原因。这些食物具有潜在的危害性,并且不可避免地会导致新生儿腹泻。延迟母乳喂养也会导致母亲乳房充血,从而阻碍采用正确的哺乳方式。

向母亲和社区普及初乳的价值有助于确保母亲将初乳喂给婴儿,从而避免浪费。

单纯母乳喂养

单纯母乳喂养意味婴儿只喝母乳,不喝其他任何东西,如奶、食物、饮料和水。在最初的 6 个月内,应进行单纯母乳喂养。母乳为婴儿在出生后的前 6 个月提供了最好和最充足的营养。单纯母乳喂养的婴幼儿在前 6 个月内不需要食用其他任何食物,包括额外的食物、液体、草药水、葡萄糖水、果汁或水。即使在国内非常炎热、干燥的夏季,仅食用母乳也可以满足婴幼儿的水分需求。

确保所有婴幼儿进行单纯母乳喂养是非常重要的,因为这不但可以避免婴幼儿患腹泻和肺炎,还有助于减少感染(尤其是耳部感染)、哮喘和发生过敏的风险。

即使只额外喂一次动物乳汁、奶粉、任何其他食物或水,也存在以下两个缺点:首先,会缩短哺乳期,因为孩子吮吸减少会降低母乳的产出;其次,添加任何其他食物或水都会增加感染的概率,尤其是容易腹泻。世界卫生组织最近的一项研究表明,如果在前6个月内进行单纯母乳喂养,婴幼儿的死亡率会下降四成。

单纯母乳喂养为婴幼儿的生命提供了最佳开端,使其更加聪明,智商更高,有助于实现最佳发育。因此,单纯母乳喂养对于预防婴幼儿早期腹泻和急性呼吸道感染等感染性疾病极其重要,从而能够降低婴幼儿的死亡率。必须记住,如果不是单纯母乳喂养,母乳喂养的好处就会大大减少。

孕期母乳喂养咨询

几乎所有母亲,包括一些有轻度到中度慢性营养不良的母亲,都能成功地进行母乳喂养。

孕妇,特别是初产妇,以及那些在哺乳方面遇到困难的母亲,应该积极主动,为尽早开始母乳喂养和单纯母乳喂养做好准备;应通过个性化的方法针对母乳喂养的好处和管理方式进行培训;在妊娠的最后3个月,应检查乳房和乳头,并给出相应指导建议。

应利用产前检查和产妇破伤风类毒素免疫接触点,促进早期母乳喂养、初乳喂养、单纯母乳喂养,避免泌乳前喂养;还应提供有关饮食、休息以及补充铁和叶酸的建议。

关于一些孕妇和哺乳期母亲营养的建议,请参见附录1和附录2。

2. 辅助食物喂养

辅助食物的重要性

为满足成长中婴幼儿不断增长的需求,从婴幼儿6个月大开始,在继续母乳喂养的同时,采取辅食喂养是非常必要的。婴幼儿的生长速度非常快。这一阶段的生长速度是后期无法比拟的。一个出生时体重约3千克的婴儿,6个月时的体重是出生时的1倍,1年后是出生时的3

倍,而体长则增加到出生时的 1.5 倍。在出生后的前几年,其身体的大部分器官在结构和功能上迅速生长。此后,身体的生长速度就会减慢。神经系统和大脑的大部分生长在出生后的前两年完成。为了实现最佳的生长和发育,婴幼儿对以更好的形式、定期供应营养的需求也有所增加。

母乳是一种很好的食物,能够满足婴幼儿前 6 个月的所有营养需求。然而,6 个月以后,仅靠母乳则不足以使婴幼儿实现良好发育,还需要其他食物。这是因为婴幼儿身体在长大,活动也在增加。因此,在这个年龄段,婴幼儿的营养需求也会明显增加。

应在婴幼儿 6 个月大时开始喂养辅助食品。添加辅食的目的是补充母乳,确保幼儿继续获得足够的能量、蛋白质和其他营养物质以维持正常生长。重要的是,母乳喂养要持续到两岁或两岁以上,因为它能提供大量有用能量、优质蛋白质和其他营养物质。

在继续母乳喂养的同时,6 个月大的婴幼儿需要进行充足的辅食喂养,这对维持婴幼儿的生长发育极为重要。

积极的辅食喂养方式也很重要。通过与快速反应的照顾者互动,合理的喂养方式可以为婴幼儿提供重要的学习机会,从而在最关键的前 3 年内促进大脑发育。

婴幼儿第一餐

婴幼儿的第一餐应该选择家庭主食中的谷类食品。可以用粗面粉、碎麦、小麦粉、鸭脚粟、小米等做成粥。如果需要,还可加少量水或牛奶。可以在经烘烤过的谷物粉中加入开水、糖和一点脂肪混合搅拌,制成婴幼儿的第一批辅食,并且在孩子满 6 个月那天开始食用。添加糖或粗糖、酥油或油脂是很重要的,因为这会增加食物的能量。起初,粥可以做得稀一点,但随着孩子长大,必须要增加粥的稠度,这是因为稠的粥要比稀的粥更有营养。如果一个家庭不能为婴幼儿单独准备粥类食物,也可以将半片印度薄饼浸泡在半杯牛奶或开水中,均匀捣碎,加入糖和脂肪后喂给婴幼儿。还可以用筛子过滤经浸泡和捣碎的印度薄饼,为婴幼儿制作较软的半固体食物。

在这个年龄段,婴幼儿可以食用捣碎的香蕉、木瓜、人心果、杧果等水果,也可以食用可冲调的速食婴幼儿食品(制作方法稍后讨论)。

婴幼儿传统食品

一旦婴幼儿习惯了食用麦片粥,就可以给其吃混合食物,包括煮熟的谷类、豆类和蔬菜。在全国不同地区,人们给婴幼儿食用的传统食物大多都是混合物,如米和扁豆混合物、碎麦粥、牛奶米糊、粗面粉糊、米饼、蒸糕等。有时需要对传统食品稍加调整,使之更适合婴幼儿食用。例如,加入少许油和糖的印度蒸米糕对婴幼儿来说是一种很好的辅食。同样,添加一些煮熟的木豆或蔬菜也可以使蒸糕更有营养。烹饪时加入一两种蔬菜可以增加营养。

家庭改良食物

大多数家庭饮食都包括以面包或大米制成的谷物制品,及豆类或蔬菜制品。从家庭烹饪的食物中为婴幼儿准备辅食时,在添加调料前,应取出少量木豆或蔬菜做准备。如果可能,也可以用半碗木豆和一些蔬菜浸泡印度薄饼。捣碎混合好的食物,再加少许油后就可以喂给婴幼儿了。如有必要,可以用筛子将混合物过滤成半固态的糊状物。因此,可以将大米或小麦制品与豆类或蔬菜混合,制成婴幼儿营养辅食。利用家庭改良食物是确保婴幼儿辅助食品喂养的最有效方法之一。

婴幼儿速食食物

婴幼儿食品混合物可以由家用的食用谷物制成。这些混合物至少可储存1个月,并能频繁喂给婴幼儿。这些类似于干甜点的食品在印度社区极为常见。如果可能,可以喂食三份谷物(大米、小麦)或小米(鸭脚粟、珍珠粟)、一份豆类(孟恩豆、鹰嘴豆或木豆)和半份花生或白芝麻。食品应分别烘烤、磨碎,比例适中地混合并储存在密封容器中。喂养时,取两大匙这种食品混合物,加入开水或牛奶、糖或粗糖以及油或酥油。另外,还可以将煮熟的土豆、胡萝卜或绿叶蔬菜捣碎加入粥中。家中没有新鲜的熟食时，可以用这种食物喂养婴儿。婴幼儿食品混合物也可以制成哈瓦（用粗面粉或胡萝卜加杏仁和豆蔻干籽制成的甜食）、布尔菲（用浓缩牛奶做的一种甜品）、乌玛（浓稠的稀饭）、碎麦粥等食物供给婴幼儿食用。

保护性食物

除了家庭改良食物和婴幼儿冲调混合食物外，牛奶、凝乳、酸奶、鸡蛋、鱼、水果和蔬菜等保护性食品对婴幼儿的健康成长也很重要。绿叶蔬菜、胡萝卜、南瓜和季节性水果，如木瓜、杧果、人心果、香蕉等，对于确保儿童摄取维生素 A 和铁质非常重要。

婴幼儿从 6 个月开始需要所有食物，包括母乳、谷类、豆类、蔬菜，尤其是绿叶蔬菜、水果、牛奶和奶制品、鸡蛋、肉和鱼（如果不是素食者）、油或酥油、糖和加碘盐。婴幼儿多样化的饮食和母乳喂养将改善其身体微量元素的状况。

婴幼儿食品的能量密度

给幼儿提供的辅食能量密度低，加之喂养频率低，很容易导致卡路里摄入不足，从而造成营养不良。大多数食物体积大，婴幼儿一次不能吃太多。因此，重要的是要经常、有间隔地给孩子提供能量密度小的食物，以确保其摄入足够的能量。

婴幼儿食品的能量密度可以通过四种不同的方式增加：

1）在每餐中加入一茶匙油或酥油。脂肪是一种集中的能量来源，能够在不增加体积的情况下增加食物能量的摄入。人们经常持有一种错误观念，即婴幼儿不能消化脂肪。为了消除这种观念，必须普及幼儿可以消化母乳和其他食物（如谷类和豆类）中脂肪的观念。因此，我们没有理由认为儿童不能消化添加到食物中的可见脂肪。

2）在婴幼儿食物中添加糖或椰糖。他们需要更多的能量，因此，应在食物中添加足量的糖或椰糖。

3）提供麦芽食品。麦芽可以降低食物的黏稠度，有助于婴幼儿每次增加食物的摄入量。麦芽化是将全麦谷物或豆类发芽,经发芽、碾磨后烘干。将谷类或豆类麦芽化后混合,这种食物可以为婴幼儿提供更多能量。当与其他食物混合时,麦芽粉有助于降低食物的黏稠度。富含淀粉酶的面粉(ARF)是麦芽食物粉的科学名称,必须在婴儿食品中添加。

4) 喂食浓稠的混合物。稀粥不能提供足够的能量。婴幼儿,尤其是6—9个月的婴幼儿,需要浓稠且光滑的混合物,因为半固体食物中的硬块可能会给幼儿带来吞咽困难。可以用勺子和筛子碾压筛取半固态食品,确保混合食品光滑均匀,没有任何大块或团块。

喂养频率

婴幼儿除母乳喂养外,还需要每天喂食5—6次。必须记住,婴幼在前两年喂养不足是营养不良的主要原因。

3. 持续性母乳喂养

母乳喂养必须持续到两岁或两岁以上。继续母乳喂养,同时给婴幼儿提供足够的辅食,这种做法可以为婴幼儿提供母乳喂养的所有益处。换言之,婴幼儿除了从母乳喂养中获得情感上的满足外,还能获得能量、优质蛋白质、维生素A、抗感染特性物质和其他营养元素,母乳喂养可以有助于婴幼儿获得最佳发育。因此,要确保持续性母乳喂养,尤其是保证夜间的喂养。

在婴幼儿6个月大后,应在婴幼儿饥饿时补充辅食。当婴幼儿开始吃辅食时,应先喂其母乳,再喂辅食,这将确保充足的哺乳。

主动喂养

在喂养婴幼儿的同时,要采取关爱的态度,如和孩子说话、与孩子玩耍、刺激食欲和发育。一两岁婴幼儿的食物应放在单独的盘子里,并鼓励其自己进食。同时,在同一地点进食也有助于幼儿改善食欲,避免分心。

生长监测和促进

定期给孩子称重并在健康卡上标出体重是监测婴幼儿成长的重要

方法。婴幼儿应每月在母亲的陪伴下称量体重,并向母亲解释婴幼儿的生长状况。可以给母亲提供用塑料护封的生长图。如果孩子营养不良,应建议母亲每天为孩子提供额外的食物。营养不良的儿童应在家接受随访,并鼓励母亲前来咨询有关喂养和照顾婴幼儿的事宜。

确保辅食安全性

认真、卫生地准备和储存辅食对于防止污染至关重要。个人卫生在喂养婴幼儿过程中起着重要作用。如果没有仔细清洁,辅食可能会给婴幼儿带来感染,对婴幼儿弊大于利。因此,重要的是,所有为幼儿准备的食物都要确保以无菌的方式处理。为婴幼儿准备食物时要注意以下事项:

- 处理食物前,应用肥皂和水洗手,因为手上看不见的细菌会污染食物。
- 应擦洗、清洗、晾干和封闭好使用的器具。
- 烹饪能杀死大多数细菌。为婴幼儿准备的食物必须要煮熟,以消灭有害细菌。
- 烹饪后,应尽可能少地碰触食物,将其放进封闭容器中,防止灰尘和苍蝇进入。
- 在炎热的气候下,除非在冷藏温度下储存,煮熟的食物保存时间不应超过一到两个小时。
- 在给婴幼儿喂食之前,母亲和孩子都应洗手。

利用现有的营养和医疗服务

几乎所有地方都为婴幼儿提供许多营养和医疗服务。社区成员应了解村里、分中心、初级卫生中心、"生育和儿童健康计划"、"儿童发展综合服务计划"等为儿童提供的各种服务。尽一切努力鼓励社区成员利用这些设施和服务促进儿童健康。

患病期间和患病后的喂养

在断奶期,即从6个月到2岁,幼儿经常易患腹泻、麻疹、感冒、咳嗽等感染。如果饮食充足，他们的症状通常会比营养不良儿童的症状要轻。生病的婴幼儿需要更多的营养，才能在不消耗身体营养储备的情况下抵抗感染。然而，孩子可能会食欲不振，并且可能拒绝进食，但他们需要足够的营养才能从疾病中恢复过来。

在婴幼儿生病期间和之后进行适当的喂养，对于避免体重减轻和其他营养缺乏是非常重要的。如果确保合理喂养，婴幼儿可以打破感染和营养不良的循环。母乳喂养的婴幼儿病情较轻，营养也较好。在患病期间，母乳喂养的婴幼儿应增加母乳喂养频率。对于6个月以上的婴幼儿，要坚持在其患病期间同时进行母乳和辅食喂养，不应限制或稀释食物。必须投入时间和精力帮助患病婴幼儿摄取足够的食物。可以鼓励婴幼儿吃少量食物，但需更频繁地进食，并给其喜欢吃的食物。

确保患有麻疹、腹泻和呼吸道感染的儿童摄入大量富含维生素A的食物。在咨询医生后，还可以补充大剂量的维生素A。

患病婴幼儿在康复过程中，需要营养丰富的饮食（包括足够的能量、蛋白质和其他营养物质）来满足正常生长和营养补充。在1个月左右的时间内，通过在日常饮食中增加一两次食物补充，可以很容易地增加儿童患病后的营养摄入。

4. 在异常困难的情况下进食

营养不良婴幼儿

婴幼儿营养不良最容易发生在食物质量和数量存在问题的环境中。为了防止复发和克服慢性营养不良，这些婴幼儿需要在早期康复阶段和更长时间内受到额外的关注。营养不良往往是由于不充分或中断的母乳喂养。因此，持续频繁的母乳喂养和必要的重新哺乳是重要的预防措施。

很难获得充足营养和安全辅食的婴幼儿可能需要膳食补充剂。可将营养不良儿童的母亲邀至一个营地，在两周内配以烘烤的谷物和豆类混合物，并附上说明。可以每两周对孩子进行一次随访，以进行生长发育监测、健康检查和速食配给(为期 3 个月)。当营养不良儿童通过适当喂养得到改善时,就会成为其他人学习的教育范例。

早产儿或低出生体重儿

母乳对早产儿和低出生体重儿(体重低于 2.5 千克)尤为重要,因为早产儿和低出生体重儿受到感染、长期患病和死亡的风险更高。

为早产儿或低出生体重儿保暖,可以采取袋鼠式护理。袋鼠式护理是对早产婴幼儿采取的护理办法,婴幼儿被放在母亲的乳房之间,尽可能长时间地进行肌肤接触,以模拟子宫内的环境和生长过程。这种方式不但可以让婴幼儿从母亲的身体上得到温暖,还可以在需要时吮吸母乳。这种婴幼儿可能需要在短时间内频繁哺乳。如果婴幼儿不会吮吸,可以用碗和管子喂食。

早产儿母乳中富含独特的营养成分及高浓度的保护性物质,特别适合早产儿食用。早产儿应每隔 2 小时就哺乳一次。

紧急情况下喂食

婴幼儿是自然或人为突发事件中最脆弱的受害者。中断的母乳喂养和不适合的辅食会增加其营养不良、患病和死亡的风险。例如,给难民随意分发母乳代用品可能会导致过早和不必要地停止母乳喂养。

尽管母乳喂养对婴幼儿来说是最安全,且通常是唯一可靠的选择,但在发生紧急情况需要提供快速救济时,人们很可能会忽略这些最需要母乳喂养婴幼儿的基本需求。由于人们的慷慨捐赠,奶粉供应往往过剩。在受灾地区保护、促进和支持母乳喂养,对于确保儿童的生存、营养和健康至关重要。我们要注意以下几点:

• 应强调保护、促进和支持母乳喂养,确保及时、安全和适当的辅食喂养。

• 孕妇和哺乳期妇女应优先分配食物,并应在一般配给外提供额外食物。

• 应优先考虑六个月至两岁婴幼儿的辅食。

- 捐赠的食物应适合儿童的年龄。
- 应及时满足孤儿和无人陪伴儿童的营养和护理需求。
- 应确保母乳代用品充足和可持续供应,提供安全饮用水、卫生设施、炊具和燃料,以减少人工喂养的不良影响。

母体艾滋病毒感染状态下的喂养

艾滋病毒的流行以及母乳喂养提高了母婴传播艾滋病毒的风险。即使在未受影响的家庭中,也对促进母乳喂养构成了特别的挑战。在全球范围内,母乳喂养超过一年的婴幼儿,其艾滋病毒感染的绝对风险在10%到20%之间,但未接受母乳喂养婴幼儿的死亡率和发病率也同样增加。母乳喂养期间增加艾滋病传播的危险因素包括乳房病症,如乳头疼痛,甚至亚临床乳腺炎,这些都是通过良好的母乳喂养和哺乳管理可以进行预防的问题。

所有感染艾滋病毒的母亲都应接受咨询,其中应包括提供满足其自身营养需求的一般信息,以及关于各种喂养选择的风险和好处,还有选择最适合自己情况的具体指导。即使存在一定的艾滋病传播风险,母乳喂养也有多方面的益处,应该向艾滋病毒呈阳性的母亲解释清楚这一信息。

如果人工喂养负担不起、不可行、不能接受、不安全或不可持续,就必须建议在婴幼儿出生前6个月内只进行单纯母乳喂养。这些指导方针意味着,在确保满足所有这5个因素之前,为艾滋病毒呈阳性母亲提供人工喂养方式是不安全的。

应向感染艾滋病毒的母亲清楚解释婴幼儿混合喂养的危险。有时,母亲可能会选择人工喂养,但在社会压力下,她们也会采取母乳喂养。人工喂养的婴幼儿比混合喂养(即母乳喂养和人工喂养)的婴幼儿患病风险更小。因此,为感染艾滋病毒婴幼儿的母亲提供咨询时,应建议其避免混合喂养。应支持所有采取母乳喂养的母亲进行6个月的单纯母乳喂养。如果母亲选择非母乳喂养,则应为其提供人工喂养支持,以确保其安全性。

为了使艾滋病毒呈阳性母亲实现合理的婴幼儿喂养，包括医生和护理人员在内的顾问和卫生工作者应确保母亲选择"单纯母乳喂养"或"纯人工喂养"。

（二）促进婴幼儿合理喂养操作指南

1. 责任和义务

中央和各邦政府、国家和国际组织，以及其他有关各方都有责任改善婴幼儿喂养，降低儿童营养不良的发病率，并调动所需的人力、财力和组织资源提供帮助。各国政府的首要职责是在最高决策层面认识到改善婴幼儿喂养的重要性，并将有关问题纳入现有政策和项目中。政府需要进行有效的协调，以确保所有相关政府机构、国家和国际组织以及其他相关各方充分展开合作。区域和地方政府在执行国家婴幼儿喂养指导方针方面也发挥着重要作用。

为实现婴幼儿获得最佳的营养，妇女和儿童发展部、卫生和家庭福利部负有特殊责任。关于婴幼儿喂养的国家指导方针应成为"儿童发展综合服务计划"（ICDS）、生殖和儿童健康项目（RCH）的组成部分。这需要项目管理者和实践工作人员进行有效的操作。项目管理者和工作人员必须以现行《国家婴幼儿喂养指南》为导向，该指南应成为护理和本科医学课程的重要组成部分。儿科、妇产科、预防和社会医学部门的医务人员和辅助医务人员应当积极教育和激励母亲和其亲属采取合理的婴幼儿喂养方法。此外，建议利用其他社区级工作人员的服务、正规和非正规教育、媒体和志愿组织的参与，有效地贯彻该指南的准则。

在这种情况下，需要关注1992年《婴幼儿母乳代用品、奶瓶和食品（规范生产、供应和分发）法案》及其后续修正案的执行情况。

2. 机构推广

营养与医疗专业机构

营养和健康专业机构，包括家庭科学（食品和营养）和医学院、公共卫生学院、培训营养和医疗工作者(包括助产士、护士、营养学家和营养师)的公共和私人机构,以及专业协会应对其学生或会员承担以下主要责任:

• 确保基础教育和培训涵盖哺乳生理学、单纯母乳喂养、持续母乳喂养、辅食喂养、困难情况下的喂养、满足必须用母乳代用品喂养婴儿的营养需求、立法和其他措施;

• 培训如何在所有新生儿、儿科、生殖健康、营养和社区卫生服务中为单纯母乳喂养、持续母乳喂养及适当的辅食喂养提供技术支持;

• 促进妇产医院、病房和诊所实现以"婴幼儿友好"为导向,遵守"成功母乳喂养的十个步骤",并坚持不接受免费或低成本母乳代用品、奶瓶和奶嘴供应的原则。

非政府组织

各种非政府组织在地方、国家和国际范围内开展活动的宗旨和目标,应包括满足婴幼儿和家庭适当的食物和营养需求。例如,慈善和宗教组织、消费者协会、母亲间互助团体、家庭俱乐部和儿童保育机构都有多重机会为实施《国家婴幼儿喂养指南》做出贡献,例如:

• 向其成员提供准确、最新的婴幼儿喂养信息;

• 采取社区干预措施,对婴幼儿喂养提供技术支持,并确保与营养和保健系统建立有效联系;

• 帮助建立母婴友好型社区和工作场所,定期支持合理的婴幼儿喂养;

• 全面贯彻《国际监测系统法案》的原则和目标;

• 以社区为基础,其他母亲、同龄的母乳喂养顾问和认证哺乳顾问提供支持,可以有效地帮助妇女合理地喂养婴幼儿。大多数社区都有互助传统,可以建立或扩大适合的支持系统,帮助家庭解决这方面的问题。

商业企业

为婴幼儿提供工业加工食品的制造商和分销商,也在实现指南目标方面发挥着建设性作用。他们根据《国际监测系统法案》以及《国家婴幼儿喂养指南》的原则和目标来监控自身的销售行为。

其他方面

社会其他各方在促进良好喂养实践方面具有潜在的影响作用。这些要素包括：

• 教育当局要帮助端正对婴幼儿喂养的态度——通过学校和其他教育渠道提供准确的信息，以提高认识和积极看法；

• 大众媒体会影响人们对育儿、保育和婴幼儿喂养的态度，应根据《国家婴幼儿喂养指南》对此进行如实阐述，通过广播和电视宣传有关婴幼儿营养的特别项目，帮助在印度营造营养意识的氛围；

• 儿童保育机构应允许在职母亲照顾婴幼儿，支持和促进母乳喂养和持续性母乳喂养。

国际组织

包括全球和区域贷款机构在内的国际组织，应将婴幼儿喂养置于全球公共健康议程的优先位置，认识到其对于实现妇女和儿童权利的重要意义；应提倡增加人力、财力和机构资源，以普遍实施相关准则；并在可能的范围内为此目的提供额外资源。

国际组织为促进各国政府工作所做的具体贡献包括：

• 制定规范和标准；

• 支持国家提高应对能力；

• 对决策者进行宣传和培训；

• 提高妇女和儿童发展和医疗健康领域工作者的技能，以支持最佳婴幼儿喂养；

• 根据需要，修改医生、护士、助产士、营养学家、营养师、医疗辅助工作者和其他群体的相关职前课程；

• 规划和监测"婴幼儿友好医院项目"，并将其扩展到妇产保健之外的领域；

・支持社会动员活动,例如,利用大众媒体推广合理的婴幼儿喂养做法及对媒体代表进行教育;

・支持对有关销售实践和国际法规展开研究。

《国家婴幼儿喂养指南》为政府和社会其他主要机构提供了宝贵的机会和切实可行的办法,使其能够单独或合作地重新致力于保护、促进和支持安全、合理的婴幼儿喂养。

附 录

附录1 孕妇营养

孕妇需要:

☐ 充足的营养饮食。

☐ 在妊娠前3个月充分休息。

☐ 整个孕期服用铁和叶酸片。

☐ 疫苗预防接种。

饮食

☐ 增加食物摄入量。

☐ 全麦、豆类、发芽豆类、绿叶蔬菜、椰糖、枣、花生、姜籽等都是含铁量高的植物性食品。在日常饮食中多食用这些食物。

☐ 从一开始就在日常饮食中加入绿叶蔬菜,因为所有绿叶蔬菜都能在最初几个月提供所需"叶酸"。

☐ 每天食用一种时令水果。

☐ 食用有益处的牛奶、凝乳、脱脂乳、鸡蛋、肉和鱼。

☐ 孕妇需要足够的碘摄入来促进子宫内胎儿大脑的发育,需要食用加碘盐。

☐ 多喝水。

☐ 少食多餐。

休息

☐ 怀孕期间应避免繁重工作。

☐ 妊娠晚期的休息方式（躺着的姿势），对于孩子从母体吸取营养是至关重要的。

☐ 孕期妇女体重应增加 10—12 公斤。

铁和叶酸片

☐ 妊娠全程应服用铁和叶酸。

☐ 铁可能导致黑色排泄物，属于正常现象。

☐ 铁和叶酸可预防贫血，帮助妇女产下正常、健康的婴儿。

☐ 叶酸缺乏可导致新生儿出现"神经管缺陷"。

疫苗预防接种

☐ 孕妇在怀孕 5 至 8 个月期间必须接种两剂破伤风类毒素疫苗，两剂之间的间隔应为 4 周。

附录 2

哺乳期母亲的营养

☐ 哺乳期母亲食物摄入量比怀孕期间多。

☐ 哺乳期母亲每天需要额外摄入 550 卡路里，以满足新生儿对母乳的需求。

☐ 用当地低成本食物制作的营养饮食、家庭支持和护理，及家庭中愉快的氛围有助于改善泌乳和确保母婴健康。

饮食

☐ 日常饮食中应更多地摄入谷类、豆类和绿叶蔬菜。

- [ ] 每天吃蔬菜和一种时令水果。
- [ ] 饮用牛奶、脱脂乳、液体和大量水。
- [ ] 食用有益处的鸡蛋、肉和鱼。
- [ ] 能量密集型食物如酥油、油和糖可以满足增加的能量需求。传统的食物,如全麦粉、甜面球也都对身体有益。

休息

- [ ] 母乳喂养应在放松的状态下进行。任何类型的精神紧张都会降低乳汁分泌。

铁和叶酸

- [ ] 哺乳期的前 6 个月需要服用铁和叶酸。

国家学前保育与教育政策

(2013年9月27日　第6-3号/2009)

一、简介

1. 幼儿期特指生命个体0—6岁这一生长阶段。幼儿在不同的发育阶段有特定的发展需求,按照生命发展周期,幼儿期是生长发育最为迅速的时期,对个体的生存尤为重要。这一时期可以分为几个明显的阶段(妊娠至0岁、0岁至3岁、3岁至6岁)。越来越多的科学实例证明,这一时期是大脑发育的关键阶段,对人的生理和心理健康,乃至整个生命周期的行为都会产生影响。幼儿期的一些发展缺陷会对人的发展产生实质性、累积性的不利影响。

2. 处于一种受保护并且有利的环境中,国家学前保育与教育①在保育、健康、营养、游戏和早期教育过程中存在一些相互联系的因素。它是人终身学习和发展不可或缺的基础,并对幼儿早期发展过程具有长期的影响。必须优先重视和投资学前保育与教育,因为这是打破多重劣势代际循环,消除不平等,能够带来长期社会利益和经济利益最经济和最有效的方法。

3. 2011年人口普查显示,印度0—6岁年龄段的儿童有1.587亿。

---

① 在本政策中,学前保育与教育(ECCE)、幼儿教育(Early Childhood Education, ECE)、幼儿发展(Early Childhood Development, ECD)、幼儿保育和发展(Early Childhood Care and Development, ECCD)、幼儿综合发展(Integrated Child Development, ICD)均能够促进幼儿的全面发展。

为这部分人口提供日常饮食，以确保印度儿童获得全面发展是一个公认的巨大挑战。

4.《国家学前保育与教育政策》重申，印度政府承诺要持续为所有儿童(妊娠至6岁)提供能促进其全面发展的综合性服务。该政策的重点是学前保育服务及学前教育要保证为儿童的生存、成长和发展奠定坚实的基础，指明综合性服务的发展方向。该政策认为儿童的健康、营养、社会心理以及情感诉求之间存在相互影响、相互依赖的关系。

二、政策制定背景和需求

(一)社会背景

1. 印度不但具有重视儿童早期生活的传统，并且在促进儿童发展、启迪儿童心智、树立基本的价值观和传授社会技能方面也有着丰富的实践传统。在过去，这一传统主要是通过代代相传的儿童保育实践经验在每个家庭中传递。然而，在过去几十年中，印度社会和家庭背景都发生了很多变化。除此之外，全球都正逐渐认识到儿童早期生活的重要性。

2. 因此，印度应该优先考虑提升家庭、社区的能力并强化服务，以确保儿童在幼儿阶段能获得优质的保育和教育服务。政府需要积极解决由于性别、社会身份、残障和其他排斥性因素所造成的各种歧视和不平等现象引发的问题，保证所有儿童都能享有免费、普及的学前教育权利，普遍获得综合性的服务。

另外，要正确对待社会背景及家庭结构的多样性问题，以便通过教育项目中的规定，平衡每个家庭中父亲、母亲或其他家庭成员在抚养儿童的过程中的责任问题。

(二)政策制定背景

1. 印度政府通过修订《印度宪法》第45条，承认学前保育与教育的重要性。宪法第45条规定："国家要努力为6岁以下的所有儿童提供学前保育与教育。"

2. 2010年4月1日《儿童免费义务教育权利法》(RTE) 正式生效。该法第十一章对全国学前保育与教育工作做了相关规定："要为3岁以上儿童做好学前准备,并为所有儿童提供学前保育与教育,直到其年满6岁。政府应做出必要的安排,为所有适龄儿童提供免费的学前教育。"

3. 1974年《国家儿童政策》(National Health Policy)开始重视幼儿的保育和教育工作。随后,1975年,又在试点的基础上发起了"儿童发展综合服务计划"(ICDS),目的是要为儿童的全面及综合性发展奠定基础,并提升看护人的各项能力。在"十一五计划"(2007—2012)期间,"儿童发展综合服务计划"得到普及,覆盖范围达到140万个家庭。为确保在随后的计划中实现高质量的普及和对儿童早期发展的关注,改革依然在进行当中。

4.《国家教育政策》(The National Policy on Education, 1986)认为,学前保育与教育工作是能够促进人类发展的关键投入。该政策也认识到儿童发展的综合性和全面性。《国家营养政策》(1993)同样也建议对儿童在幼儿期的保育和营养方面进行干预。《国家卫生政策》(2002)、《国家儿童行动计划》(2005)以及《国家课程框架》(2005)对有关幼儿教育政策也都提出了一些支持性的举措。印度"五年计划"同样也认识到了学前保育与教育的重要性,因为幼儿期为儿童一生的发展,及其潜力的充分发挥奠定了基础。"十二五计划"强调,除了在通过"儿童发展综合服务计划"和"安格瓦迪中心"之外,还要通过各种公共服务渠道、个人及各志愿部门对全国学前保育与教育进行系统性的改革。

5. 印度是1989年《儿童权利公约》(The Convention on the Rights of the Child, CRC)及1990年《全民教育》(Education for All, EFA)的签署国。根据"学习始于生命的开始",印度将全国学前保育与教育视为实现全民教育的首要目标。《达喀尔行动纲领》(The Dakar Framework for Action, 2000)和《莫斯科行动纲领》(Moscow Framework for

Action, 2010)重申了对学前保育与教育应做出的承诺。

(三) 项目开展背景

1. 很多全国学前保育与教育服务都是由一些公共组织、个人以及非政府组织提供的。公共渠道是全国学前保育与教育服务最大的提供者,一直以来都是通过"儿童发展综合服务计划"开展的,这是世界上授权提供全国学前保育与教育的最大的项目。如今,"儿童发展综合服务计划"通过140万个经批准的安格瓦迪中心(AWCs)为接近100万名6岁以下儿童提供服务。一些用于普及基础教育的项目,如"初等教育普及运动"(Sarva Shiksha Abhiyan, SSA)和"国家女童初等教育计划"(National Programme for Education of Girls at Elementary Level, NPEGEL)都建立了一些学区或小学附属的学前保育与教育中心。在"安格瓦迪中心"普及之前,这些项目在印度提供了暂时性的幼小衔接服务。

2. 托儿所服务通过公共项目和法律规定得以保证。拉吉夫·甘地"职业母亲托儿所计划"(The Rajiv Gandhi National Crèche Scheme for Working Mothers)为6岁以下儿童提供保育和教育服务。2001至2012年的数据显示,全国范围内投入运营的托儿所总共有23,785家(《妇女和儿童发展部2011—2012年度报告》)。法定托儿所包括根据法律和法案合法授权的托儿所,如《矿山法案》(The Mines Act,1952)、《工厂(修正)法案》(Factories [Amendment] Act,1987)、《种植业劳动法案》(Plantations Labour Act,1952)、《建筑和其他建筑工人(就业和服务条件管理)法案》(Building and Other Construction Workers' [Regulation of Employment and Conditions of Service] Act,1996)和《圣雄甘地全国农村就业保障法案》(The Mahatma Gandhi National Rural Employment Guarantee Act,2005)①等。

3. 其他国家政府计划,如"全国农村健康计划"(National Rural

---

① 目前尚未得到有关覆盖率的具体数据。

Health Mission)、"全面卫生计划"(Total Sanitation)和"饮用水运动"(Drinking Water Campaign)均支持所有人都能获得优质的基本服务。一些有针对性和有条件限制的计划,如雅那尼·苏拉克沙·约贾那计划(Janini Suraksha Yojana, JSY)与英迪拉·甘地·马特瓦·萨约格·约亚娜计划(Indira Gandhi Matritva Sahyog Yojana),还有一些为产妇生殖健康和儿童保育提供支持的福利政策,及儿童保护综合计划(ICPS)都将有助于为家庭照顾婴幼儿提供有利的环境。

4. 一些缺乏监管的私人渠道,无论是有组织或无组织的,都可能成为学前保育与教育的第二大服务提供者。尽管质量参差不齐,但其服务范围仍在稳步扩展,甚至遍及全国农村地区。但是,这种渠道存在机会不均、质量差异和商业化发展等问题。

5. 在非政府渠道中,有一些小规模服务很大程度上是由信托机构、社会组织、宗教团体或是国际资助机构提供支持。

6. 有必要根据服务制定规范、标准和规章制度来协调所有服务提供者的活动。政府对此负有主要责任。

7. 尽管有众多的服务提供者,但没有可靠的数据能够证实参加儿童保育和教育儿童的实际人数,及按提供服务或服务类型划分的儿童人数。据报道,在1.587亿6岁以下儿童(2011年人口普查)中,大约7650万儿童(占总数的48.2%)被纳入"儿童发展综合服务计划"中(妇女和儿童发展部,2011)。鉴于"强化和结构化的综合儿童发展服务项目"日益强调质量,这一数字可能会进一步增加。大量的估测表明,除了一些没有可靠数据的非政府服务提供者所提供的有限服务外,私营服务提供者也提供了大量服务。

8. 非正规学前教育或学前保育与教育的质量和覆盖范围参差不齐,从方法到学术课程都存在很大的不同。这主要是由于所有利益相关者对学前保育与教育的理念和基本前提、理念和重要性认识不足所造成的。加之现有的系统体制能力不足,缺乏确保质量的标准、管理规范和机制,使得问题更加严重。在上述背景下,需要通过在政策中采取正确的改革措施和纠正行动，确保全国所有 6 岁以下的儿童都能接受学前保育与教育。

三、政策

1.《国家学前保育与教育政策》符合儿童全面和综合发展的理念，在发展连续性的每个子阶段均侧重于保育和早期学习，以支持儿童的全面发展。根据预想，这应由一些保育提供者（如父母、家庭、社区），及其他机构（如公共、私人和非政府服务提供者）提供。

2. 根据特定年龄段需求，应有以下几个阶段：

1）从妊娠到 0 岁：保证产妇产前以及产后的健康和营养护理、产妇咨询、安全分娩、产妇福利、儿童保护和非歧视性待遇；

2）0 至 3 岁：保证生存、安全、保护性环境、医疗、营养（包括最初 6 个月的婴幼儿喂养方法）、对成人的依恋、心理和社会性激励，以及在家庭和保育中心安全、养育和刺激的环境中进行早期互动；

3）3 岁至 6 岁：保护幼儿免受伤害，保证医疗卫生、营养、对成年人的依附，发展适当的以游戏为基础的学前教育，并针对 5 至 6 岁的儿童开展结构化和有计划的入学准备。

3. 这些特定年龄的需求是按照适当的技术规范和标准提供学前保育与教育服务的基础。《国家学前保育与教育政策》将结合其他部门的相关计划和政策（如健康、营养、教育等）满足儿童的各种需求。

4. 该项政策承认幼儿在家庭环境中能够得到最好的照顾。然而，在具有广泛多样性且阶层分化明显的国家，许多家庭都需要支持性的措施以使儿童获得最佳发展。因此，该政策认可幼儿保育与教育服务提供的多种模式，并且该政策也将适用于由公共、私人和非政府服务提供者在任何情况下提供的学前保育与教育项目。这些项目可以按照安格瓦迪中心、托儿所、学前班、幼儿园、预科学校及家庭保育等来进行命名。

四、政策愿景

该政策期望通过促进自由、普遍、全纳、公平和因地制宜的机会来奠定基础,并充分发挥潜力,以实现所有6岁以下儿童的全面发展,并提升其主动学习的能力。

该政策想要在全国范围内,通过合适的体系、程序和规定来创造有利的环境,为实现儿童成功、顺利地从家庭提供的保育和教育向学前保育与教育中心顺利过渡,进而到学龄阶段进入学校接受教育这一过程提供更好的路径。

为进一步推动该政策愿景的实现,政府应该实现以下目标:

1. 促进提供综合的儿童保育支持、基础设施和服务,以实现儿童的整体福祉,并从母亲妊娠开始到孩子6岁的整个过程中满足儿童的发展需求;

2. 普及和加强学前保育与教育工作,并确保采取适合的策略,将所有儿童纳入其中,并特别关注弱势儿童;

3. 吸纳有能力的人力资源,培养其能力,从而能够为儿童及其家庭提供优质的服务;

4. 制定学前保育与教育的质量标准和课程框架,并通过宣传及各种机构来确保设定的标准及课程框架能够付诸实施;

5. 提高人们的认识,并就学前保育与教育的重要性达成共识。促进与社区和家庭建立起强有力的伙伴关系,以便通过机构和项目手段,并根据正确使用所需的技术来改善幼儿的生活质量;

6. 认识到背景的多样性,采取适合文化背景的策略和教学材料,把权力下放给地方,吸引其参与并赢得支持,从而有利于工作的开展。

五、政策主要领域

为实现上述目标,该政策的侧重点在以下主要领域:

1. 项目要为各服务提供者提供平等、包容的准入机会,并要实施干预措施；

2. 提高质量（最低要求、质量标准、管理、课程、游戏和学习材料、项目评估和儿童评估）；

3. 加强能力建设（机构、人员、家庭和社区）；

4. 监督和管理（管理信息系统、全国学前保育与教育理事会等）；

5. 开展研究和撰写文献；

6. 宣传和增强意识；

7. 政策和项目统一协调；

8. 机构和实施计划（学前保育与教育小组、全国学前保育与教育理事会、行动计划）；

9. 建立伙伴关系；

10. 增加对学前保育与教育的投资；

11. 定期审查。

（一）公平和全纳的准入机制

政府应该采取以下措施，以确保适龄儿童获得学前保育与教育服务：

1. 政府应该通过分权自治管理、因地制宜的方式，为所有儿童提供全纳和公平的学前保育与教育机会。

2. 主要是通过"儿童发展综合服务计划"和其他公共渠道的相关部门或项目，及其他服务提供者（私营和非政府机构）来实现学前保育与教育。政府将制定一些特别计划，帮助那些边缘化人群、弱势群体，及至今尚未得到帮助的人群。

3. 政府应该根据第三部分所界定的各个分阶段提供各种服务，其中包括在受到保护和有利的环境中，为儿童提供健康、营养、适龄的保育和早期教育。这种学前保育与教育中心将按照规定的人口标准发挥其功能，并且最佳的服务涵盖范围是 500 米以内。

4. 政府将鼓励私营和非政府服务渠道，为那些较弱的阶层及弱势群体儿童提供入学机会。

5. 所有儿童无须参加任何书面或口头形式的入学考试,均可获准进入学前保育与教育中心学习。

6. 安格瓦迪中心将被重新定义为"充满活力的儿童友好型幼儿发展中心"。中心基础设施完善、财政和人力资源充足,能够确保按照生命周期理论,实现学前保育与教育的连续性及儿童的全面发展。

7. 为满足社区需求,安格瓦迪中心附属托儿所将会为3岁以下儿童提供全方位的服务,包括护理、早期激励、健康、营养及互动的环境。该服务在全面推行前会先进行试点,随后再扩大服务规模。

8. 一些基于诸如拉吉夫·甘地国家"职业母亲托儿所计划"及各部制定的法律(如《圣雄甘地全国农村就业保障法》和《建筑和其他建筑工人法案》)所建立的托儿所,也将根据这一政策的规定进行调整和改进。其他根据不同需求建立的各种形式的托儿所也应该得到支持,使其遵守学前保育与教育质量标准,灵活地满足目标人群的需求。

9. 政府将采取措施,尽早发现并采取适当的干预措施,以确保所有儿童都能入学。在必要的情况下,可转介那些发育迟缓或是有患残疾风险的儿童。与有关项目和部门建立联系,进一步将有特殊需求的儿童纳入学前保育与教育项目当中。

10. 政府同样也会对以家庭、社区或非政府组织的学前保育与教育服务模式进行试验和推广。

11. 将制定和采取城市战略,以解决城市和贫民窟儿童尚未满足的特定需求,并增加所有城市定居点和贫民窟儿童的准入机会。"十二五计划"可能会修订有关地区和城镇规划的条例,为居民区学前保育与教育中心及儿童发展中心提供空间和设施。

12. 政府通过儿童发展一体化服务的首要责任是,让所有幼儿都获得包括学前保育与教育在内的儿童综合发展服务。此外,政府还可以在必要且可行的情况下,通过补充和完善各项服务,对非营利的非政府组织和营利性服务提供者提供支持。

13. 简化与小学的衔接过程,通过一系列入学准备工作,解决儿童从学前保育与教育顺利过渡到小学教育过程中存在的幼小衔接问题。

（二）确保质量

政府应该通过制定多种规范和质量标准，推动适用于儿童发展的学前保育与教育实践、开发课程框架、提供合适且充足的游戏材料、进行项目评估及儿童评估。

1.政府将设定幼儿保育和教育的基本质量标准和要求，并在公立、私营和非政府机构的服务提供者中推行，使儿童获得符合质量标准的学前保育与教育。为提高学前保育与教育质量，必须达到以下几个标准，并且强制要求各类学前保育与教育服务的提供者都要实施这些标准：

- 每次学前保育与教育项目的持续时间须为3—4小时。
- 一间教室的面积至少为35平方米，可容纳30名儿童。提供足够的室外空间（至少为30平方米），可容纳30名儿童活动。
- 配备经过培训的员工。
- 以儿童为中心的课程要采用母语或当地方言教学，适合儿童的年龄和发展需求。
- 提供满足儿童成长需求的玩具和学习材料。
- 容易进入的安全建筑、卫生状况及良好的绿化环境。
- 充足且安全的饮用水设施。
- 为男童和女童提供充足和独立的儿童友好型卫生间及洗手设施。
- 合理分配用于为儿童烹饪均衡营养膳食的空间和儿童进行午睡的空间。
- 儿童中心要提供急救和医药箱等即时医疗服务。
- 成年人或看护人：在学前保育与教育中心，每20名3—6岁儿童需配备一名看护人，每10名3岁以下儿童需配备一名看护人。儿童在任何时间都要有人看管。

2.全国学前保育与教育委员会在其成立一年以后，将会制定学前保育与教育规章制度，让所有或部分服务提供者能够承担这类服务，以确保基本的高质量投入和输出。该政策在发布后 3 年内，将会适当做出调整，并由各邦付诸实施。这种实施可以分阶段进行，从注册到认证，再到所有学前保育与教育服务条款的监管。

除此之外，质量标准还将涉及建筑和基础设施、师生互动、为儿童规划学习经历、儿童健康、营养和保护措施、工作人员资质和专业发展、家长和社区参与度，及学前保育与教育规定的组织管理。

3. 该政策发布后 6 个月内，将会制定出符合儿童年龄和发展需求的《国家学前保育与教育课程框架》。该框架将会涉及身体和运动、语言、认知、社会性个体等相关的发展领域，并通过针对早期教育和全面发展的综合性、基于游戏、体验式和儿童友好型的课程，全面提高儿童情感、创造力以及审美能力。该框架还将制定实施细则，如项目原则、父母和看护人及学前保育与教育老师的角色、基本的游戏材料和评估程序等。项目将确保创造不体罚、条件完善、充满友爱的环境。

4. 儿童的母语、家庭语言及当地方言将是学前保育与教育计划中的主要互动语言。然而，考虑到儿童在该年龄段具备学习多种语言的能力，将以一种有意义的方式鼓励儿童说本地区的其他语言和英语。采取尊重儿童语言的多种语言策略，同时利用儿童在幼儿期的可塑性让其接触更多的语言。

5. 政府应该通过适当的文件和指令确保提供安全、儿童友好型、适于儿童发育的游戏和教学材料，并提供足够的游戏空间。政府将在学前保育与教育过程中，推广使用传统歌曲、故事、摇篮曲、民间故事、当地制造的玩具作为游戏和教学材料。

6. 全国学前保育与教育理事会将采用一致的评估标准和方法，对所有学前保育与教育服务规定的项目进行评估，包括建筑和基础设施、师生互动、儿童教学经历计划、健康、营养、保护措施、员工资质及专业发展、家长和社区的参与度、学前保育与教育中心及学前保育与教育规定的组织和管理，包括与收费有关的事宜。

7. 政府将在学前保育与教育中心进行形成性和持续性的儿童评估,以确保学前保育与教育项目符合儿童的发展需求。

8. 政府将适当、充分地利用包括信通技术(ICT)潜力的现代技术,促进儿童的发展和学习需求,并利用技术进行监测、评估、培养能力和组织训练。

(三)提高能力

1. 鉴于经过专门训练的人力资源非常紧缺,政府应该制定积极的计划,加强现有幼儿发展训练中心的培训能力,如国家公共合作和儿童发展研究所(National Institute for Public Cooperation and Child Development, NIPCCD),其区域中心及其外展机构,如安格瓦迪工作人员培训中心(AWTCs)、中级培训中心(Middle Level Training Centres, MLTCs)。另外,如有必要,可以在规定时间内建立新的幼儿发展训练中心。同时,应组织其他机构进行人员培训,如邦教育研究与培训委员会(State Council for Educational Research and Training, SCERTs)、邦教育研究和培训研究所(State Institute for Educational Research and Training, SIERTS)、区教育和培训研究所(District Institute of Education and Training, DIETS)、邦农村发展研究所(State Institute for Rural Development, SIRDs)、英迪拉·甘地国立开放大学(IGNOU)、国家开放学校(NIOS)等。另外,政府将会制定质量标准和监管框架,以便培训机构进行资格认证。

2. 学前保育与教育部门将在各层面实现任职资格、发展途径、角色分工的专业化,提高学前保育与教育专业人员工作及处理多年龄段和多语言环境的能力。各服务提供者将致力于为不同级别的学前保育与教育工作人员提供全面培训、技能发展策略及规划,以促进保育与教育工作的专业发展。

3. 国家公共合作和儿童发展研究所及其区域中心,将会是主要的儿童发展资源中心,为学前保育与教育从业人员提供支持(如帮助热线、培训、咨询中心、能力发展中心、评估中心以及宣传中心)。除此之外,还将鼓励各邦在邦级别,或是区级别设立自己的资源中心。

4. 该政策认为,幼儿能够在家庭环境中得到最好的照顾。因此,将优先考虑加强家庭保育和保护儿童的能力。要了解和教育家长及家庭成员有关婴幼儿喂养的方法、成长监测、启发、游戏以及早期教育的正确儿童保育方法。鼓励和确保家长及其他社区成员参与到学前保育与教育计划的有效运作当中。

六、监督和鼓励性管理

1. 政府将根据系统监督框架,加强对学前保育与教育项目的监督和管理。该框架针对学前保育与教育质量,制定分类明确、具体和易于衡量的投入、产出及结果指标。有关当局、全国学前保育与教育委员会及国家保护儿童权利委员会可以采用各种审查方法,为此类监督和管理做出必要的安排(如管理信息系统和独立调查等)。

2. 政府将在全国范围内建立一个完善的集数据收集、数据生成和信息管理于一体的系统,定期收集、汇编和分析学前保育与教育数据。根据结果指标的标准、管理框架和适当调查,对过程、投入、产出和结果进行分析,得出数据。这些数据将作为项目监督和信息管理的依据。

3. 政府还将采用技术手段,启用全面的母子卡,该卡涵盖学前保育与教育的所有服务,定期监督并对所有儿童负责。政府还要与"儿童发展综合服务计划""全民农村健康计划""全民初等教育普及计划"建立协同关系,一起明确并弥合差距。政府部门要制定特殊策略,利用信息系统向贫困人口中最困难的群体伸出援助之手。

七、研究、评估和文献记录

1. 政府将加强政策、研究和实践三者之间的联系,为幼儿期开展实质性研究,包括对儿童从小就开始进行跟踪的纵向研究拨款。

2. 政府将推进操作性研究,以形成本土知识,并确保在制定、实施和监测幼儿保育与教育计划和干预措施时,采用更多基于实证的方法。在实施干预措施时,需要开展影响评估,并推进行动研究以产生创新模型。

八、宣传

1. 家长和其他利益相关者对适合孩子成长的学前保育与教育缺乏理解,这是阻碍学前保育与教育工作顺利进行的巨大障碍。另外,人们还普遍认为,照顾儿童只是母亲一方的责任。除此之外,人们对不同年龄段需求、适应发展的干预措施及忽视所带来的后果缺乏了解。

2. 为解决上述问题,将广泛使用媒体及一些人际交流策略,如民谣、印刷物和电子媒体,并同时加强和家长、看护人、专业人士及更大社区组织的接触,尤其是印度乡村自治委员会(The Panchayati Raj Institutions,PRIs)和城市当地机关(The Urban Local Bodies,ULBs)。加强家长和社区外展计划,使其能够参与其中,宣传、策划和监督学前保育与教育计划的执行情况。

九、配合与协调

1. 满足儿童需求需要多个部门协同合作来制定政策和项目,可能会涉及教育、健康、营养、饮用水和卫生、人力资源和金融等部门。之前分别制定的政策,如《国家教育政策》(1986)、《国家营养政策》(1993)、《国家卫生政策》(2002)、《国家妇女支持政策》(National Policy for Empowerment of Women,2001)、修订版《国家儿童政策》(2013)、《国家传统医学政策》(National Policy on AYUSH,2002)等与儿童保育与教育有关的项目和其他此类的相关工具,都将根据本政策重新进行调整。政府将在规定时间内鼓励和实现有关政策、项目和计划之间的监管,运营和财务方面的配合,从而进一步实现资源的优化配置和利用。

2. 将通过适当的机制在当地社区参与度较高的多个利益相关者

之间,在各部门政策、项目和计划之间实现不同层级的融合与协调。

3. 目前,印度多个邦有相当多数量的小学生(5至6岁)。《儿童免费义务教育权利法》(2010)规定,6至14岁的儿童都有权接受免费的义务小学教育。因此,与人力资源开发部和国家教育部相互配合是至关重要的。特别是对采用以儿童为中心和以游戏为主的方法,更应加强5岁以上儿童的入学准备干预措施。政府将建立机制以促进彼此配合,根据《儿童免费义务教育权利法》第十一章的要求,确保以安格瓦迪中心为基础的学前保育与教育具有连续性和相关性。

十、实施机构

1. 妇女和儿童发展部及其邦一级的对口部门负责监督学前保育与教育项目的具体实施情况。建议所有邦政府和联邦属地按照印度政府对妇女和儿童发展部的部署,将学前保育与教育也纳入妇女和儿童发展部业务分配原则当中。

2. 该政策规定的主要干预措施将在本政策发布之日起一年内开始实施。

3. 将在妇女和儿童发展部建立学前保育与教育办公室,作为多部门和机构间协调的纽带,负责监督国家和邦一级《行动计划》的执行情况。学前保育与教育室将配备技术专家,以确保各邦遵循质量标准和原则。

4. 该政策发布后3个月内,将成立全国学前保育与教育理事会,18个月内将在各邦成立相应的理事会。全国学前保育与教育理事会将是拥有专业知识和自主权的最高机构。该机构由印度妇女和儿童发展部资助,指导和监督《国家学前保育与教育政策》的具体实施情况。该机构将通过建立一个全面的学前保育与教育系统,发展促进和支持多模式和多部门干预的综合框架,如培训方式、制定课程框架、设定质量标准和有关活动,尤其是要促进开展行动研究。理事会将由来自各相关部门、各邦和联邦属地行政部门、学术资源机构、非政府组织、民间社会组织、专业人士和专家、从业人员、知识分子等代表组成。

5. 该政策将在印度分权治理的框架内运作,因此包括对社区、街区、地区、邦以及国家各级委员会的规定。这些委员会将与"儿童发展综合服务计划"监督与任务委员会进行协调。这些委员会可以制定规则吸引社区成员、母亲团体、地方自治机构(印度乡村自治委员会、城市当地机关)的参与。

6. 要认识到印度社会和地理的多样性,该政策要具有灵活性,以确保各项服务能够利用当地现有资源,来满足当地的各项需求。要加强地区一级行政单位和印度村委会(五人长老会)建设,以便更加有针对性地进行规划和实施学前保育与教育计划。要吸引社区组织直接参与其中,如农村教育委员会(Village Education Committees)、母亲或家长委员会(Mother's /Parent's Committees)、农村资源小组(Village Resource Groups)、印度乡村自治委员等。要提高这些社区组织的自身能力,使其有能力按照不同的服务规定参与和监督幼儿保育与教育管理,并确保对服务的质量负责。

7. 实施和补充《国家学前保育与教育政策》、《国家学前教育课程》和《儿童保育和教育质量标准》,将在各种项目的行动纲领中有所体现,如"全民教育运动"和"儿童发展综合服务项目"等国家和邦级行动计划、"全国农村健康计划"(National Rural Health Mission, NRHM)中的"生育和儿童健康计划"(Reproductive Child Health, RCH)、托儿所计划及其他包括印度乡村自治委员会在内的国家、邦、地方机构的年度实施计划等。涉及的相关领域包括健康、营养、学前教育、饮用水和卫生等。

8. 政府应根据政策规定的各个方面,创造有利的环境,提供综合性服务。

9. 除第五部分第(二)条中提出的监管框架以外,政府还应该制定适当的法律,促进儿童综合、全面的发展。详细说明适合各年龄段的干预措施,以解决所有 6 岁以下儿童的保育、教育、生存、保护和发展各方面存在的问题,确保儿童在婴幼儿期的综合发展权利。

十一、建立伙伴关系

1. 将邀请专家、专业人士、高等教育机构人员在地区、邦、学区和街道组成资源小组和志愿行动小组,以渐进和有效的方式,在学前保育与教育监督、管理和能力建设等方面支持政府的各种努力。

2. 为实现该政策的目标、支持其自身的工作,政府可以与多个利益相关者,包括社区、非政府组织服务提供者以及私营服务提供者,在特定时间建立伙伴关系,同时确保遵守具体的指导方针及标准。

十二、加大对学前保育与教育的投资

1. 有证据表明,在幼儿阶段,为改善儿童的生活所做的投资回报率最高。

2. 政府承诺要增加干预措施的总投资,以提升学前保育与教育质量。

3. 幼儿教育(妊娠至6岁)和学前保育与教育的预算将作为评估幼儿阶段性投资的一个重要方面。

可以定期对学前儿童设定各种预算,以评估对儿童的投资,并明确资源投资和利用方面的差距。同时,也将评估儿童的发展结果。

十三、审查

每5年将对该政策的实施情况进行一次审查,同时还将定期对工作的进展情况进行评估。如果有必要,则会在实施的过程中进行纠正。

国家学前保育与教育课程框架

(2014 年　妇女和儿童发展部)

学前保育与教育课程框架背景

在儿童早期阶段制定计划有助于确保儿童拥有全面学习和成长的机会。要根据儿童的发展和所处环境来制定学前保育与教育计划,根据需求进行投入和建设有利的环境。鉴于需要使用针对儿童个性的方法,因此,通用"课程"并不适合所有儿童。然而,多年以来,实际情况并非如此,而且目前所提出的大多数学前保育与教育计划并未针对儿童的发展。极简的课程设置或小学阶段课程向下延伸,填补了由于缺乏课程框架而造成的真空地带,导致儿童负担过重,从而可能会对儿童学习潜力产生负面影响。

为了确保所有儿童获得最佳发展,课程框架应该有计划性、涵盖适合发展的知识和技能,并能根据具体环境和儿童的不同需求进行灵活调整。同样,还应确保涵盖多个重要的学习领域,并照顾到幼儿所有发展需求。这将有助于采用普遍的教学方法,确保教育的质量水平,并解决印度在学前保育与教育计划中普遍存在的差异性问题。

该框架的目的是通过为实践提供指导方针来提高幼儿教育的质量和优势。该指导方针并不是要详尽地规定幼儿学习和发展的内容,而是要设计多种方法和体验,来促进所有幼儿获得最佳的学习和发展。我们采取了谨慎的方法,并不提供直接套用在儿童身上、详细、规范化的课程设置或教学大纲。课程框架要求注意一般性原则和发展任务,同时尊重儿童养育方式和不同环境中学前保育与教育的多样性。

每个计划都应该设置自己的课程,以满足该计划中的儿童、家庭、具体环境、语言文化和当地社区的需求。然而这些计划都应该以在该框架内制定的课程原则和指导方针为基础。

该框架是一个动态文件,并将根据新的需求不断进行评估和改进。此外,随着该框架的采用,将对最新、最佳实践进行案例研究,并从中学习如何进一步加强该框架。

该框架坚定地将儿童需求作为重点,改善幼儿保育,并为儿童创造适合发展的环境,从而对参加学前保育与教育计划儿童的学习质量产生积极影响,使其取得更多的学习成果。此外,该框架还侧重于为学前保育与教育实践提供指导方针。全面学前保育与教育计划的其他组成部分,如营养、健康和卫生、保护和保育,都应参考《国家学前保育与教育政策》中的相关政策和工具来确定。

《国家学前保育与教育课程框架》由以下三章构成:

• 第一章包括简介、对印度儿童的愿景、学前保育与教育基本原理及理论基础。这部分也对学前教育的目标、教学基础和原则进行了相关阐述。

• 第二章包括确保 6 岁以下儿童能获得全面发展的发展领域,如身体、语言、认知、社会情感、创造力和审美各方面目标的细节问题。这部分也包括一些建议性、适合不同年龄段发展的实践方法。

• 第三章重点是一些实施细则,如制定计划的原则和阶段、家长和保育人员、学前保育与教育教师角色、基本的游戏材料以及评估程序等。

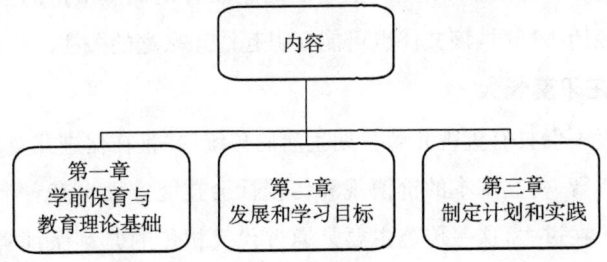

第一章 学前保育与教育理论基础

一、简介

0—6岁是人生命中的关键阶段,因为儿童在此期间的发展速度比其他任何阶段都快。世界上对人类大脑的研究也证实幼儿期大脑发育的重要性。

学前保育与教育在这一基础阶段为终生学习提供有利和激励性的环境,为儿童的长期发展和学习做出积极的贡献。

两岁半到三岁的儿童不需要处在正式的学习环境中。因此,父母作为保育人员,在为儿童提供激励性学习环境方面的作用至关重要。国家课程框架强调家长、家庭和社区参与儿童成长过程的重要性。

为所有6岁以下儿童提供服务的《国家学前保育与教育课程框架》与政府在《国家学前保育与教育政策》中所阐明的愿望是一致的。《国家学前保育与教育政策》是在学前保育与教育领域颁布的重要文件(《国家课程框架》,全国教育研究和培训委员会,2005),以及下文详述的课程设置基础上制定的。

该课程框架的主要目的是通过为儿童保育和早期教育实践提供指导方针,以提升幼儿教育质量和优势。该框架旨在为所有学前保育与教育服务提供者提供指导性文件。该框架希望为从事学前教育的专业人员、服务提供者、学前保育与教育教师或保育人员、社区和邦政府提供支持,从而为儿童从出生到上小学的这段时期提供丰富的早期激励及学习经历。同时,该文件也可能会引起幼儿家庭的关注。

1. 在印度长大

印度不但具有重视儿童早期生活的传统,并且在促进儿童发展、启迪儿童心智、树立基本的价值观和传授社会技能方面也有着丰富的实践传统。在过去,这一传统主要是通过代代相传的儿童保育实践经验在每个家庭中传递的。然而，在过去几十年中，印度社会和家庭背景都发生了很多变化。

众多家庭和社区表明印度在地理、社会、文化、语言和经济方面存在极大的多样性，而儿童的身体素质、情感和社交能力也各不相同。城市和农村社区为儿童提供了各种机会，并且在为儿童提供高质量的学前保育与教育方面面临着不同的挑战。社会经济地位及社会文化多样性塑造了印度家庭生活的性质和成长环境。

所有儿童都需要一个安全、养育的成长环境以获得最佳发展。为使儿童获得最佳发展，应给有特殊需求的儿童及其家庭提供有关疾病早期干预和预后方面的帮助和信息。其他家庭也可能会面临很大压力，而这些压力会影响他们支持儿童进行早期教育的能力。家庭需要一些支援服务，帮助其发挥作为主要保育人员的关键作用。

由性别、社会身份、残疾和其他排斥性因素导致的歧视和不平等现象在社会上普遍存在，从而加剧了以上问题的严重程度。政府需要积极解决这些问题，确保所有儿童都能有权享有免费、普及的学前教育，普遍获得综合性服务。无论家庭收入、社会地位、地域隔阂或存在其他潜在的障碍，所有儿童都应享有并有权获得全纳和公平的机会，发展其独特的优势。

近年来，很多儿童都在儿童保育中心、学前教育项目和其他以社区为基础的早期学习环境中接受家庭以外的学前保育与教育。无论儿童是在家庭，或是在社区接受学前保育与教育，利用其与家庭关系的独特优势开展早期学习经历都是非常重要的。要正确对待社会背景及家庭结构的多样性问题，通过计划中的规定，平衡每个家庭中父亲、母亲及其他家庭成员在儿童抚养过程中的责任。因此，印度应该优先考虑提升家庭、社区的能力和服务水平，以确保儿童在幼儿阶段能够得到优质的保育和教育服务。

因此，学前保育与教育应在受保护、有利的环境中展开，涉及保育、健康、营养、早期学习等不可分割的多种因素。有必要优先考虑并对学前保育与教育进行投资,因为这是打破多重劣势代际传递和消除不平等现象最为有效的方式。所以,投资学前保育与教育无疑会带来长期的社会效益和经济效益。

2. 对印度儿童的愿景

《国家学前保育与教育政策》(*The National ECCE Policy*)旨在通过提供自由、普遍、全纳、公平、愉悦和适用于具体情境的机会,让所有6岁以下的儿童都能获得全面发展,为其奠定学习基础、充分发挥其潜力,并提高儿童主动学习的能力。

对印度儿童的愿景反映了我们对儿童和童年的信念,以及从个人或是社会层面来讲人类生活的可能性和期望。怎样才能被视为充满潜力的儿童?针对这一问题,人们认为儿童具有不同的长处和能力。人们对童年和儿童的观点也各有不同,而且并非每名儿童都会获得同等的机会去发挥自己的潜力。然而,一个良好的儿童形象可以激发人们促进发展儿童的个人优势,并去改善儿童生长环境中那些限制其充分参与学前教育的不利条件。该课程框架支持树立一个印度儿童的共同形象,用以指导地方、各邦和国家层面为促进学前教育进行努力。

该课程框架认为:儿童应是快乐、健康、自信的;每个儿童都是独特的,拥有各自的个人优势和能力;要尊重其独特的社会、语言、文化遗产和多样性。随着儿童的成长和学习,他们可以探索、询问、发现和发挥其理解力,最终成为能够进行自我管理的终身学习者。此外,儿童对多样性非常敏感,在与他人和周围环境交往的过程中,他们将学会如何沟通、关爱他人、提升创造力。

对儿童设定的愿景目标:

- 健康、快乐
- 乐于提问
- 自信
- 善于沟通
- 富有创造力

- 关爱他人
- 思想开放
- 灵活
- 对差异敏感
- 尊重他人
- 留心观察
- 终生学习

3. 学前保育与教育基本原理

人在 6 岁前的发展速度比任何其他发展阶段都迅速。因此,这一阶段是人生中的一个非常时期。神经科学研究已经证实了儿童幼儿阶段发展的重要性,因为儿童在 6 岁时大脑的发育成熟度已经达到了 90%。研究还表明,大脑的发育不仅受到健康、营养和保育质量的影响,而且还受到儿童在幼年所处的心理和社会环境的影响(其发展轨迹如下图所示)。在心理层面,不利的社会环境或情感疏忽会对儿童的发展造成负面影响,并且这种影响是无法逆转的。这使很大一部分来自贫困或边缘化家庭的儿童在生活机会和机遇方面陷入危险境地。支持性的学前保育与教育服务能够弥补这一差距,从而为个人和社会带来比后期干预更为积极的长期结果。

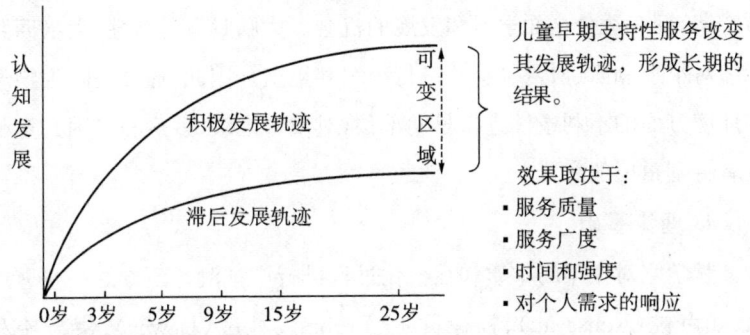

参考资料:*No Wolves Along the Way*:*Towards a National ECD Model in Kyrgyzstan*, Hugh McLean & Rakhat Orozova, UNICEF, 2009.

科学研究还表明,幼儿期的儿童在认知、语言、社会和心理活动能力发展上存在某些"敏感期"或"关键期"(早期发育的敏感期如下图所示)。这些阶段对制定儿童学习和发展框架具有重要意义。

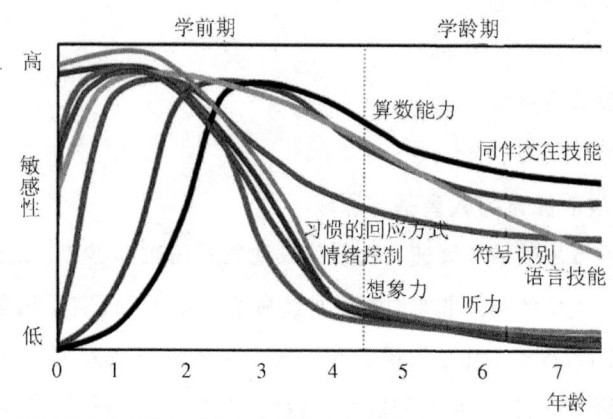

参考资料:Adapted from Nash, *Early Years Study*, 1999, Shankoff, 2000.

学前保育与教育是为终生学习奠定基础的时期,应促进形成有利和具有启发性的环境,为儿童的长期发展和学习做出积极贡献。因此,为儿童学前阶段中的几个连贯的分阶段制定一个计划框架就显得尤为重要了。

在儿童早期教育阶段,良好的学习计划有助于确保儿童(尤其是在敏感期)拥有适合全面学习和发展的机会。大脑具有可塑性,大脑回路能够对早期刺激进行反应,并进行组织和重组。因此,通过消除生物学和环境方面的不利条件进行早期干预,对发育迟缓、残疾和贫困儿童都具有特别重要的意义。

4. 理论基础

哲学家对童年的本质和社会化过程进行了推测。西方的一些思想家,如卢梭(Rousseau)、福禄贝尔(Frobel)、杜威(Dewey)、蒙台梭利(Montessori)都是幼儿教育的先驱。杜威强调日常经验为儿童提供了绝佳的学习机会,并认为应该将儿童的本能、活动和兴趣作为教育的起点,而福禄贝尔则认为行动和直接观察才是教育儿童的最佳方法。他们的思想为课程中设计感官和实践活动开辟了道路。他们洞察到探索、游戏、艺术、韵律、歌谣、运动和积极参与的重要性,认为这些因素都应纳入课堂动态之中。

印度思想家也提倡要对幼儿进行观察,注重儿童在活动中对不同材料的兴趣程度。甘地(Gandhi)、泰戈尔(Tagore)、奥罗宾多(Aurobindo)、吉朱拜·巴德卡(Gijubhai Badekha)和塔拉拜·莫达克(Tarabai Modak)首先在学前保育与教育领域提出以儿童为中心的理念。他们认为,必须用儿童的母语进行教育,注重儿童的社会和文化环境,社区也应积极参与儿童的学习过程。语言是自我表达的真正媒介,儿童应该使用母语或方言自由地表达思想。

近年来,从事发展心理学和儿童发展研究的学者,如皮亚杰(Piaget)、布鲁纳(Bruner)、维果斯基(Vygotsky)、尤里·布朗芬布伦纳(Urie Bronfenbrenner)和加德纳(Gardner)在研究的基础上,进一步强调游戏和活动是儿童学习的自然模式;儿童在不同的社会和文化环境中进行生活和学习,会对其学习和发展产生不同影响。皮亚杰强调,儿童通过吸取经验,然后在自己的理解范围内构建知识体系,并且还会不断调整和使用新信息来理解一些认知和经验。维果斯基则认为,儿童积极参与各种社会和文化体验,并会在学习和发展过程中积极和一些经验更为丰富的人展开互动。杰罗姆·布鲁纳(Jerome Bruner)进一步提出,儿童在展示记忆中的信息和知识时会表现出三种不同但又互相关联的模式:动作性模式、映像性模式、语言或符号模式。

他通过螺旋式课程概念对此进行了解释。螺旋式课程涉及信息的结构化过程,这样一来,人们可以在简单化的层次教授复杂的思想。儿童首先通过具体经验学到知识;然后,会在更为复杂的层次中再现所学到的知识。因此,在讲解某个课题时,应逐渐增加难度(这就是螺旋式的比喻)。

这其中的基本原则是:学习是一个积极和互动的过程;在此过

程中，儿童通过游戏和与同龄人及更有经验的人互动进行学习。儿童积极参与体验社会和文化、不断做出调整，并利用新信息来理解一些认知和经验。最为重要的是游戏能够引导儿童进行学习和获得发展。

基于这些实践者和思想家的深刻见解和哲学思想，学前保育与教育计划应该基于对童年本质的发展和学习模式的理解。

二、学前保育与教育目标

学前保育与教育目标是促进儿童发挥最佳潜能，并为其全面发展和终身学习奠定基础。虽然父母和家庭对儿童的幸福生活负有主要责任，但社区与学前保育与教育中心之间强有力的伙伴关系对儿童的幸福及以下目标的实现至关重要。

学前保育与教育计划的广泛目标是：

· 确保所有儿童都能得到重视、尊重、有安全感并形成积极的自我概念。

· 根据所有儿童的潜能，为儿童的身体和运动发展奠定坚实基础。

· 养成良好的营养、健康和卫生习惯，培养儿童的自助技能。

· 使儿童能够展开有效的沟通，培养儿童理解语言和用语言进行表达的能力。

· 促进儿童感官的发展和整合。

· 通过提供一些探索、调查和试验的机会，激发儿童的好奇心，发展对周围世界的概念性理解。

· 加强亲社会技能、社交能力和情感健康的发展。

· 培养审美意识，鼓励进行创造性的学习。

· 学习适应文化和适合发展的行为并形成相互尊重、关爱他人的核心价值观。

· 确保实现从家庭、幼儿保育和教育中心，及正规学校教育间的平稳过渡。

- 扩大全面个性发展的范围。

三、早期学习和发展的原理及其对实践的启示

早期教育中与学习和发展相关的实践和原理是建立在思想家的观点、观察以及研究基础之上的。每一条原理都阐明了具体的思想；同时，这些原理又像发展的各个领域一样彼此相互联系。每个原理的现实意义都会受到文化和个人先决条件的影响。

1. 发展和学习发生在所有领域，儿童在一个领域的发展会影响到另一个领域。儿童是能进行思考、感知和互动的人，并且培养他们所有的发展领域是非常重要的。一个领域的变化和发展会促进或阻碍另一个领域的发展。

2. 儿童的发展和学习过程遵循一个顺序：后期习得的能力（技能和概念）建立在儿童已知和运用过的能力基础之上。在生命的最初几年，成长、变化和发展基本上都是遵循一种可预测的模式。然而，在不同的环境和文化中，发生变化的方式是不同的。了解发展顺序有助于展开儿童早期刺激活动，并制定课程计划。

3. 儿童发展和学习具有个体差异性。虽然学习和发展遵循着一种可预测的模式，但发展过程中可能存在个体差异，而且每个儿童作为独立个体都具有各自的独特性。世界上没有两个完全一样的儿童，即使在同一个家庭也是如此。每个儿童都有自己独特的发展模式、成长和发展的时间及独特的学习方式。每个儿童都有自己的优势。

4. 儿童全面发展并从体验式学习中受益。这意味着儿童通过触觉、味觉、嗅觉等感官，并通过具体操作的方式进行积极探索，以达到最佳的学习效果。儿童应该对学习充满兴趣，并以高度的动机和积极的态度，参与到学习当中，在各个领域探索并学习某些技能。

5. 人从一出生就开始学习。从出生开始，儿童的身心都处于非常活跃的状态。他们通过所有感官和刺激进行学习。无论是积极的还是消极的幼儿保育和刺激都会对儿童的发展产生累积性的影响。护理和

早期刺激促进大脑发育,形成各种神经联系,所以,必须在幼儿期对儿童进行最佳刺激,并且要防止长期积累的缺陷。

6. 发展和学习是生物成熟度和经验不断相互作用的结果。儿童的遗传基因可以预测其健康成长的状况,但要是在幼儿期营养不足,就很难发挥这种潜力。另外,对身患先天性疾病的儿童进行系统、个性化的干预措施,可以最大限度地降低对其学习和发展产生的不利影响。考虑到这一点,幼儿教育工作者保持很高的期望,并运用其所拥有的知识、创造性和毅力,帮助每个儿童找到迈向成功的方法是非常重要的。

7. 几个关键的发展期。研究表明,人在生命周期的某些阶段发展速度是最快的。例如,儿童语言发展的最佳时期是0至3岁、与同龄人的社交能力则是在3至5岁。因此,应利用这些"机会之窗",确保儿童在特定的学习和发展"黄金时期"获得所需的环境投入和支持,从而获得预期的结果。

8. 儿童的学习经历一个螺旋式过程:包括产生意识、探索、探究和应用。儿童进行的任何新知识的学习都始于意识。儿童通过对各种物体、实践或人的体验,形成并在新环境中利用所学的新知识。在这一阶段,儿童开始探索更深层次的信息,其认识也继续保持螺旋式上升。残疾儿童表现出很大程度的个体差异,课程应该做出适当调整,以确保为儿童提供适合其发展的材料和体验。

9. 儿童在刺激、养育、支持、保护的环境中学习和发展。在生命的早期阶段,儿童从感官或行为反应转变到符号或表象知识。他们在社会环境中,从与周围儿童、成年人以及各种材料的有意义互动中学习。在儿童成长初期,成年人必须提供养育的环境。在帮助儿童发展同理心与合作精神、文化社会化和自我调节、语言习得和交流、同伴关系、自我概念和身份形成等方面,成年人扮演着重要的角色。

10. 儿童的发展和学习很大程度上受到社会和文化背景的影响。儿童的发展和学习是密切相关的,这在很大程度上取决于儿童的家庭、周围环境、社区和整个社会的影响。每种文化都有自己的规范、结构和行为,都以自己的方式解释儿童的行为和发展。教育者必须要对文化是如何塑造思维方式方面保持敏感性,同时也要考虑到不同儿童生活的不同环境,以及在为儿童发展和学习做决定时,要考虑到多种环境的问题。

11. 儿童有好奇心和求知欲。儿童的好奇心很重,并且天生就有学习的欲望。儿童观察发生的事情,进行交谈、讨论并进行反思,拓展对各种可能性的想象力,提出一些问题并进行解答。幼儿在探索和学习的过程中构建起对整个世界的认识和理解。他们从教师、家庭成员、同龄人、年龄较长的儿童身上,或是通过书本和其他媒介学习。学前保育与教育教师和保育人员必须使用多种教学策略来满足儿童不同的学习需求。

12. 儿童通过游戏学习。游戏对儿童的健康和发展来说至关重要。儿童自发的游戏能使其有机会去探索、试验、动手操作和解决问题,这对知识的构建尤为重要。游戏有助于发展具象思维和抽象思维。儿童参与各种游戏(如运动类游戏、语言类游戏、模拟或角色扮演类游戏、建构类游戏和规则性游戏)将影响其学习动机、偏好和方法。发展积极的学习方法对今后取得学业的成功有很大帮助。成年人必须为儿童提供探索、游戏和应用的机会。

四、课程中的问题及关注焦点

1. 多种语言

"语言在沟通、信息交流、阅读技能发展、阅读理解能力以及今后的学业成就中发挥着重要作用。但是,在学前保育与教育计划中,却很少有人关注语言的习得和经历。"(《学前保育与教育立场文件》)

在像印度这样一个使用多种语言的国家中,语言习得和语言教学是一个多层面的问题。即使幼儿并没有接受正式的语言教学,语言习得依然是儿童身体、社交和认知全面发展的一部分。在幼儿园或是学前保育与教育中心,使用任何一种印度语作为互动媒介,都会给来自不同语言和方言背景的儿童带来问题(特别是在城镇中)。学前保育与教育教师和保育人员要在儿童早期环境中同时接触不同的语言,这对他们来说也是一个巨大的挑战。另外,进入所在地区幼儿园或学前保育与教育中心,甚至直接进入使用其完全不熟悉的邦语言教学的小学,都会给儿童设置巨大的障碍。据观察,这类儿童在全国各地都面临着巨大的困难,由此导致的结果是他们甚至在升入五年级之后仍然无法理解本邦语言。这加剧了儿童的挫败感,最终可能会迫使他们被彻底赶出教育系统。

印度语言的多样性给幼儿教育工作者带来了诸多挑战。然而,如果以系统的方式加以利用的话,也同样可以为儿童带来一些提供丰富语境的机会。

• 家庭语言或母语应该成为学前保育与教育中心的互动媒介。但是,儿童的母语可能不止一种语言,这可能会给来自不同语言背景和方言的儿童带来一些问题。因此,允许儿童在课堂上尽量使用语言进行表达是很重要的。语言与儿童的身份认同和情感安全密切相关。因此,在学前保育与教育中心鼓励儿童用不同的语言进行交流是很重要的。

• 研究证实儿童在6岁前可以学习多种语言,因此在促进母语学习的同时,利用学前保育与教育作为一个接触学校语言的机会也是很有价值的。这样,儿童就能为进入学校学习做更好的准备。但应该分阶段进行,要首先鼓励儿童熟练应用母语和家庭语言,然后,再引入正式的学校语言(地区语言或英语)。

• 英语被视为改变社会地位和取得成就的途径。所以,学前阶段对英语的需求普遍且呈现不断增长的态势。来自各阶层、职业和地区的大多数家长都明确希望孩子学习英语。然而,国际上普遍认为对儿童而言,在概念形成的早期教育阶段,通过儿童的母语或家庭语言进行教学是最合适的方法。与那些母语和教学语言不同的儿童相比,参加以母语进行管理的学前保育与教育计划,儿童面临的理解性问题相对较少。当儿童对母语或家庭语言感到舒适,并能熟练应用时,便能够支持其在随后的学习中熟练掌握第二语言。然而,当引入学校语言(可能是地区语言或是英语)时,学前保育与教育教师及保育人员必须继续对儿童的第一语言(母语或家庭语言)保持积极的态度,这一点是非常重要的。同样,要提高社区意识和调动家长教育的积极性,让父母认识到什么样的方法适合其子女的发展。应该为父母和家庭提供一些有关双语或多语言学习及家庭语言重要性的材料。

• 多语言课堂。从学前保育与教育或者发展教育学的角度来看,学习语言要遵循"听、说、读、写"四个步骤。在早期教育中,教学的重点是在课堂,把通过和同龄人自由玩耍当成促进听、说能力发展的主要活动。教师还应该尝试学习儿童家庭语言中的一些单词和短语。在多语言课堂中,应该鼓励儿童用自己的语言进行表达,还要留意儿童的语言并相互学习。这在游戏情境中是一个自然而简单的过程。在这里,多语言和儿童的学习能力并不是问题,关键在于教育体系拥有解决问题并找到适当解决办法的能力。

• 培训支持。对学前保育与教育教师和保育人员来说,在幼儿教育环境中同时应对不同的语言是一项挑战。学前保育与教育教师和保育人员必须接受培训,以保证儿童继续提高母语或家庭语言的熟练度,特别是在大多数儿童都不使用这种语言的情况下更是如此。学前保育与教育教师和保育人员需要提供持续、专业性的资源来支持家长在家使用母语或家庭语言、使用双语或多种语言。

2. 全纳性

印度的不同文件,对有特殊教育需求的学习者进行了不同的界定,并且一段时间以来,政府已经从医疗护理模式转为更加注重儿童权利的模式,这一模式接受多样性并兼具包容性。"早期教育的全纳性"意味着残疾儿童能够进入主流的早期学习环境。主流学习环境应该使用以儿童为中心的教学方法,来满足儿童个性化的教育需求(Singh,2005)。在过去,为残障儿童提供的服务一直以来都是基于"医疗模式",该模式强调儿童在"缺陷"和"保育"方面的需求(Oliver,1996)。但在本质上,这种模式限制了儿童的发展机会和学习结果,并对残障保持消极的态度。由于现有的特殊教育早期学习中心不足(特别是在印度农村地区),学前保育与教育中心必须在形式上和实质上坚持全纳教育。

全纳教育的基本前提是平等对待每名儿童,而不是根据个人、教育、社会、情感或身体障碍把儿童进行隔离。虽然学习者可能有特殊的教育需求,并且可能需要有差别的教学来学习特定领域的概念,但确定儿童可以培养的优势却是非常关键的。因此,儿童必须要有一个锻炼这些能力,并将其发挥到最佳水平的空间。

提供学习机会、让儿童参与其中并获得支持,是优质、全纳学前教育计划和服务的典型特征。在创设一种能够满足儿童个人需求的包容性环境时,遇到的挑战既包括基础设施,也包括人员方面。但如果能明确承诺采用全纳的教育理念,所有儿童都拥有和同龄人一起学习的权利,很多挑战都能够得到解决。因此,有必要让所有学前保育与教育项目都能关注儿童的特殊需求,并做出积极反应,包括培训学前保育与教育教师和保育人员,使其具有识别儿童特殊需求的能力、使用适合特定年龄的游戏和学习材料,使其身体适应周围环境并对家长进行辅导。

· 识别儿童早年的特殊教育需求对帮助其应对以后生活中的挑战至关重要。因此,父母和其他利益相关者能够认识到这一点,并接受指导和培训就非常有必要了。

· 必须对员工进行培训,并要求其全心致力于全纳教育过程。从课程角度来看,要理解早期识别和干预的意义、灵活设置易于理解的课程、在自然环境中做出调整以减少障碍、使有不同程度障碍的儿童都能理解课程内容、制定合适的评价和评估程序、推动能力建设,赋予利益相关者解决态度障碍的权力,所有这些都是非常重要的。这个过程同样也使同龄人学会接受和尊重差异性。

· 对"高危儿童"的家庭预防工作应该注重加强亲情和建立积极的

家庭态度。为残障儿童及其家庭提供的全纳经历包括提升归属感、建立积极的社会关系和友谊、充分发挥其发展和学习的潜力。

3. 多年龄段分组

在学前保育与教育中心,很多教师都想尽办法来满足所有学习者的需求。在学习上,一些儿童可能会存在困难,有些则表现良好,其余的则介于两者之间。每个儿童都有自己的学习进度。在这些儿童中,每个人都有不同的学习方式,且兴趣也各不相同。然而,大多数情况下所使用的课程却是"一刀切"的,放之四海而皆准,并期望所有儿童在学年结束时都能达到各项标准。

针对这种情况,学前保育与教育教师和保育人员多会使用"差异化"概念来满足学习者的不同需求。从最基本的层面来讲,学前保育与教育教师和保育人员在课堂上要关注学习者的差异,并可以通过以下方式进行区分:(1) 内容——儿童需要学习什么或儿童将如何获得信息;(2) 过程——学生为理解和掌握学习内容参加活动;(3) 产出——使儿童最终能够练习、应用,并将自己学到的知识加以利用;(4) 学习环境——教室或学前保育与教育中心运作的方式及给人的感觉。

有充分证据表明:如果教学方式适合儿童的准备水平、兴趣和学习资料,他们会在学校取得更大的成功以及具有更高的满意度(Tomlinson,2000)。因此,让儿童与自己相似水平的同龄人、具有差异性的群体、有相同或不同兴趣的儿童临时或经常共处于同一班级学习是非常有益的。

根据以上理论,多年龄段分组指的是"为提供有效指导,在同一间教室里,对不同年龄和特定年龄的学生进行分组"(Miller,1995,第29页)。多年龄段的环境不是因为经济需求或是入学人数减少采取的措施,而是为了儿童的利益特意设置的。其目的不是按照特定年级完成具体学习目标,而是让不同年龄和能力的儿童按照自己的节奏取得进步。

研究表明,在课堂上进行多年龄段分组对低年级和稍大一些的儿童都是有益的。根据莉莲·卡茨(Lilian Katz)博士的观点,"混合年龄群体类似于家庭和邻居群体。纵观历史,这些群组以一种非正式的方式为儿童的社会化和教育提供了很大帮助。在幼儿期采用混合年龄分组可以增加群体的异质性,从而能够利用儿童经历、知识和能力方面的差异"。此外,儿童可以互相学习,也可以从较大的儿童那里学习,从而促进合作学习技能。在农村地区,多年龄组常常能够有效满足社区的实际需求。在社区建立"安格瓦迪中心"或学前保育与教育中心室是符合实际的。相同年龄的学生人数不足、学校的物质或人力资源有限等各种原因似乎都使在学前保育与教育中心进行多年龄段分组变得切实可行。

4. 男女平等

儿童早期阶段为性别社会化奠定了基础。性别社会化是个人学习以一种特定方式行事的过程,并且很大程度上要符合社会的信仰、价值、标准、态度和榜样。早期的性别社会化从人一出生就开始了,并且是一个根据性别来学习社会文化角色的过程。从一开始,男童和女童就会受到家庭成员和周围环境的区别对待,并且还要了解男童和女童的各种区别。儿童的衣服和玩具都是由大人选择和提供的。因此,儿童到两岁的时候,已经形成了某种性别刻板印象。随着儿童达到学龄前年纪,他们开始发展与他人相关的自我意识。

某些性别不平等现象可能会从婴儿期贯穿整个生命周期。家庭、教师和整个社会对男童和女童寄予不同的期望,这可能会使性别刻板印象持续存在。然而幼儿教育时期也是一个从刚开始就促进性别平等,并促进性别敏感度和信仰发展的重要时机。学前保育与教育干预可以通过营养、医疗保健补偿或激励来促进性别平等(Arnold, 2004)。性别敏感课程需要打破对性别的刻板印象。这一点在早期教育中尤为重要。

• 成人支持、保护并帮助儿童参加能够培养其思想、身体、社交技能和行为方式的活动。

- 保育人员不应持有性别刻板印象,而是要对男孩和女孩寄予平等和适合的期望,并且要为儿童提供平等机会。他们可以提供机会让儿童对性别进行探索,并帮助他们增加对性别的理解。

- 学前保育与教育教师和保育人员都接受过性别培训,知道如何进行常规的性别分析。这使他们能够看到社区的性别歧视,并积极将其排除在课堂之外。女童和男童应受到同等的关注和尊重。要保证每天给男孩和女孩提供机会,让其阐发观点、进行评论,给予回答问题的等待时间、反馈意见和参与课堂的机会。这样,他们便能学会平等地评价自己和他人。无论性别或是其他方面存在哪些差异,都应该平等地向每个儿童传达信息,每个儿童都是有价值的,应该受到重视。

- 通过玩耍和参与没有性别偏见的活动,尽可能多地促进儿童进行积极的学习。故事、歌曲、活动和引导性的计划应该描绘具有相似角色的男童和女童,以及从事不同职业的男性和女性。不同性别的人都应该能够成为领导者、英雄和问题的解决者等。

女童会做一些男童不做的事情,或者有些事情做得比男孩多,而有些事情做得少。因此,男童和女童有着不同的想法、经历和行为。然而,学龄前儿童喜欢模仿成人,角色扮演是他们展示所做和所知事情的好方法。女童喜欢假扮成男童或是父亲的角色,而男童则喜欢扮演女性角色。在扮演的过程中,他们能够了解对方的性别。教师和保育人员可以探索男童和女童的感受,并在讨论他们的感受时让两性都感到舒适。如果教育工作者能够很好地对待每个儿童,孩子可能会更容易相互倾听、分享和互相尊重地一起玩耍。

- 男性学前保育与教育教师及保育人员很少。鼓励男性担任学前保育与教育教师,以便学习者能够向男性榜样学习。

- 鼓励家庭和当地社区参与并支持该计划。需要让父母关注该计划并对其进行教育,有助于他们在家里也采取这些做法。帮助他们理解并停止对男孩或女孩的歧视是非常重要的。

5. 早期正规教学的弊端

调查表明,《国家教育政策》(1986)所倡导的以游戏为基础、以发展为导向的早期教育(ECE)计划并未成为被普遍遵守的规范。在所有主要城市所做课程调查表明:3 至 5 岁儿童正在使用的规定教学大纲(一类和二类)对儿童认知和身体发展的认识都不够透彻。儿童在接受教育的过程中要定期接受测试和考试,并且要按时完成家庭作业。正规教育正在对儿童产生危害,这是对学前保育与教育存有误解而导致的结果。

风险有短期风险和长期风险之分。短期风险是儿童表现出压力和焦虑的症状,长期风险会对儿童动机、智力和社会行为产生深远的影响。

以上发现与所谓的"受损性情假说"产生了共鸣。莉莲·卡茨的学习性情理论(1985)描述了儿童对学习存有"自然倾向"和"情感态度"。卡茨认为,学习性情是"相对持久的思维习惯或对经验做出反应的典型方式"。在卡茨看来,培养对学习经历的积极态度和性情是幼儿教育课程的基础。儿童性情的一个主要特征是他们对环境具有敏感性,也就是说儿童在成年人和同龄人的环境中,通过互动式体验来获得、支持或弱化对环境的敏感度。然而,早期正规教学、结构化的课程实践、反复出现的消极后果(成年人的批评或是无法成功完成任务),可能会导致儿童产生"无助"的感觉。我们经常注重儿童的知识、技能和认知领域,很少考虑他们的情感和性格。因此,儿童善于学习、理解经验、反思、好奇、创新、机智、感到疑惑或感到困惑的性情在很小的时候就遭到了破坏。

- 当学前保育与教育教师和保育人员表现出好奇心和创造力,并重视儿童相同的倾向时,这些特质就可能会在课堂上得到很好的发展。
- 学前保育与教育教师或保育人员能够影响父母对儿童性格的认知,缓解父母对儿童性格方面的担忧。

6. 学前保育与教育教师或保育人员入职准备

实施学前保育与教育计划的工作人员是决定计划实施质量最为重要的因素,但也是教育系统(《学前保育与教育立场文件》)中最容易被忽视的方面。人们很少重视学前保育与教育教师的入职准备、训练、辅导以及给予重要、持续性的支持。这导致学前保育与教育教师及保育人员可能根本没有做好准备,或者是准备不够充分。另外,有些课程已经过时,有些培训缺乏实际意义。目前,为工作人员提供的培训在时间、培训方法、理论和实践上存在很大差别。大学和政府认可的课程设置规定了固定的课程和时间,并为培训者和组织者设定了参考标准;而有些私人机构没有课程和时间标准,这就导致有些教师根本无法为幼儿制定完善的学习计划。另外,有些机构根本没有给教师提供任何入职培训,或持续的专业发展和不断的支持。

- 鉴于在培训时间上存在巨大差异,我们迫切地需要制定标准,并且要为学前保育与教育各部门的教师和保育人员提供更好的职业发展机会。教师应在幼儿保育中心的教室环境中与幼儿一起相处,并在有监督和指导的培训下完成课程。
- 为学前保育与教育教师和保育人员提供切实所需的持续培训(通过定期的现场指导提供支持)和专业发展,来培养学前保育与教育专业人员所需的各种技能。
- 学前保育与教育教师的学习课程应该包含儿童从出生到8岁,带有连续性的整个发展过程,以便对儿童的发展和学前保育与教育实践有更加全面的理解。
- 最好从当地社区或地区选拔教师。候选人应当接受过幼儿教育和儿童发展方面的培训,或是二者其中的一项,或获得了小学教育专业的学位。并且,还拥有适合与幼儿相处的性格特点。学前保育与教育教师和保育人员的教育和教学方式对儿童的积极性和学习具有很大影响。因此,学前保育与教育教师和保育人员具有同幼儿建立温暖、友爱关系的能力和性格特质是至关重要的。

• 在社区成员参与和积极合作的背景下,可以选用非常了解当地社区社会文化背景的男性和女性来担任幼儿园教师。可以为女性提供入职培训、强化训练和支持,以解决儿童的发展需求问题。更为重要的是,她们可以充当当地的咨询顾问,为妇女、少女和其他保育人员提供有关健康、儿童保育和早期教育的有用信息。人们认为,当地社区的妇女在这一过程中是潜在的变革力量。

• 在制定计划时,师生比例和小组规模是需要考虑的关键因素。小组内儿童年龄越小,在教室配备数量充足的教师就越重要。要根据儿童的年龄、活动类型及具有特殊需求的儿童数目配备合适的人员。适当的师生比例能够促进儿童和教师之间的关系。

7. 入学准备

通常情况下,人们对入学准备的理解基于这样一个假设,即所有儿童在进入小学之前都要预先具备一套技能。在印度,人们认为儿童进入小学前就应该具备阅读、书写和算术的基本技能(通常被称为 3Rs: reading, writing and arithmetic)。在印度,许多儿童是第一代学习者,他们入学时并没有在社交、学业和语言方面做好准备。全国范围内,低年级儿童的学习水平较低,可能就是源于以上原因。众所周知,越来越多的儿童进入学校,辍学、留级、入学太迟或过早等情况频繁发生,教育差距也因此越来越大。

人们需要认识到儿童的早期教育、成长和发展是多层面、累积的过程,并且会受到个人、社会、文化和环境因素或变化的影响。最近,印度的一项研究(儿童早期教育与发展中心,2013)表明,语音、沟通技巧和认知活动(如顺序思维和分类等)都是需要关注的领域。但是,在探讨入学准备或儿童在入学前应该了解哪些信息时,我们应参考以下三个基本因素:

• 儿童早期生活经历的多样性和不均衡性;

• 幼儿发展和学习的巨大差异性;

• 入学儿童对学校持有适当、合理的期望值,及学校支持个体差异的程度(国家幼儿教育协会,1995)。

入学准备的概念不仅仅包括儿童的准备情况。入学准备目前包括三个相互关联的维度:(1) 准备就绪的儿童;(2) 准备就绪的学校;(3) 准备就绪的家庭和社区。"对于上学,儿童并不是天生就做好了准备,或是尚未做好准备。他们的技能和发展受到家庭及入学前与其他人和环境互动的影响。"(Maxwell & Clifford,2004)。当儿童、学校和家庭获得了所需的能力和技能,并支持儿童顺利完成从家庭到保育与教育中心,再到小学的过渡时,我们就认为儿童已经准备就绪了。以下将对此做详细的介绍。

准备就绪的儿童

- 儿童渴望学习,因此能够顺利地过渡到小学环境。
- 儿童用母语或第一语言进行学习,作为双语和多语言教学的起始和补充。
- 针对那些入学时没有或对特定技能掌握很少,以及没有任何学前保育与教育经历的儿童,小学课程应该包括以儿童为导向、教师支持的活动,还要强调亲身实践和综合学习来充分提高其入学准备。
- 做好阅读、写作和算术方面的准备。
  ○ 阅读准备就是提高对印刷材料的熟悉度、增加词汇量并提高阅读书籍的能力。
  ○ 写作准备涉及精细运动发展、理解指向性并发现写作的意义。
  ○ 算术准备包括预先掌握数字概念、数字分类、等级划分、顺序思维、序列化、问题解决和推理(形状、颜色)技能。

准备就绪的学校

- 让儿童有机会在各个领域发展其行为和能力。
- 学校接受儿童以不同的进度学习。
- 学校可以做出改变,以接受和适应不同类型的学习者。
- 拥有有效、能满足儿童需求的幼小衔接计划,真正关注并帮助儿童的家庭、文化和社区建立有意义的联系。
- 幼儿园和低年级的课程设置应基于儿童之前的学习,技能学习和实践应通过有意义的体验来获得。
- 通过不同的策略(如将学前保育与教育教师和小学教师一起培训、使用幼小衔接的课程计划)确保学前保育与教育阶段顺利过渡到小学阶段。
- 教师必须知道如何教导儿童,并拥有足够的资源。

> **准备就绪的家庭**
>
> - 支持性、养育和激励性的家庭环境是小学阶段及以后儿童学校表现最强大的预测因素之一。在学前保育与教育计划中,以家庭和安格瓦迪中心为基础的激励对母亲和儿童都是必不可少的,能够让父母参与其中,解决他们在信仰、态度和承诺方面存在的问题。
> - 让父母、家庭成员和儿童一起读书、做游戏、唱歌、讲故事并与之交谈。
> - 确保父母承诺让儿童在适当的时间入学,以便及时进行干预。

各个方面都同等重要,必须要共同协作,以确保儿童、家庭和学校系统实现顺利过渡。

第二章 发展和学习目标

一、发展领域

每个儿童都是独一无二的个体,并且具有可进一步提高和发展的能力。良好的学前保育与教育计划应尊重所有儿童不同的发展进度,并确保儿童能够充分发挥其身体、社交、情感、道德和智力方面的潜力。因此,在幼儿期提供优质的护理和教育的主要目的是让儿童发展成一个全面的个体,并在各个发展领域都充分发挥其潜能。儿童的发展可以分为 6 个主要领域。课程必须采用以游戏为基础、注重生活技能发展的综合方法,从而能够在下面几个领域实现全面发展。

1. 0 至 3 岁

> **感官和知觉发展:**
>
> - 通过视觉、听觉、嗅觉和动觉体验发展五种感官。
> - 学习控制和协调五种感官的反应。
> - 协调感官认知和简单的运动行为。
> - 产生位置和空间关系的意识。

身体、健康和运动发展：
- 发展大型运动肌的协调和控制能力。
- 发展小型运动肌的力量和协调性。
- 整合身体多个部位的运动。
- 提升运动中的平衡感。
- 充足的营养和良好的健康状况。
- 开始表现出个人卫生的技能。
- 认识到安全规则的重要性。

语言发展：
- 开始发展积极的听力技巧。
- 使用富有表现力和接受性的沟通技巧。
- 开发词汇量并使用语言进行对话。
- 发展言语和非言语的沟通技巧。
- 展示早期读写能力（让儿童准备好阅读和书写），如识别和区分声音、语音意识、印刷意识和概念、认识字母、识别字母及其发音、组词造句。
- 使用方法展示构思技巧（涂写、标记和画图），以达成各种目的。

认知发展：
- 发展物体恒存性认知（知道物体有其内在性质，在改变位置时，保持其特性并且在人视线范围以外，物体依然存在）。
- 感知分类的发展取决于事物的外观、感觉和味道。
- 发展对事物、人和实践记忆的能力。
- 开始开发相关的词汇和技能（对比、分类、序列化、空间、数量、长度和计数等）。
- 培养观察、推理和解决问题相关技能。
- 通过操控物体、提问、预测和概括来探索物理、社会、自然和环境。

创造力和审美能力发展：

• 开始以绘画、黏土模型和其他艺术形式表达事物、事件和想法。

• 培养对音乐和舞蹈的表达、享受和情趣。

个人、社会和情感发展：

• 显示其能力、偏好和特征的意识。

• 发展自我概念、自我控制和自助技能。

• 培养主动性和好奇心、独立性和自主权。

• 显示出对行为及其后果的意识。

• 在日常活动中显示出专注力、参与度和持续性。

• 参与扮演游戏、使用物体进行表达。

• 和同龄人建立友谊，表现出合作精神，并参与小组活动。

• 发展对成人的依恋、与成人建立情感纽带。

• 发展同理心，学会以适当方式控制情绪和表达情感。

2. 3 至 6 岁

感官和知觉发展：

• 能够使用不同感官（视觉、听觉、触觉、味觉、嗅觉）控制动作和识别物体。

• 产生空间、方向、距离和数量等意识。

身体、健康和运动发展：

• 发展大型运动肌的协调性和控制能力。

• 发展小型运动肌的力量和协调性。

• 利用身体正确表达空间感和方向感。

• 协调肌肉灵敏性、眼手协调。

- 培养平衡感和身体协调性。
- 识别不同食物、养成健康的饮食习惯。
- 表现出健康的习惯、良好的个人护理和卫生,及遵守安全准则、做出选择和避免危险的能力。

语言发展:
- 提升听力和理解技能。
- 使用表达性和接受性的沟通技能。
- 发展言语和非言语沟通技能。
- 增加词汇量,并将语言用于多种目的。
- 表现出认读能力和对阅读的热爱(让儿童为阅读和写作做好准备),如识别和区分声音、语音意识、印刷品意识和概念、识别字母及其发音、拆分词句、组词造句及早期写作。
- 表现出对写作的兴趣和能力。
- 培养家庭语言能力,掌握学校的过渡语言和/或英语,并达到初级熟练程度(如有需要)。

认知发展:
- 理解各种概念,包括数字识别和数字概念及应用(与比较、分类、排序相关的知识和技能;对空间、数量、长度、体积关系的理解及其相关词汇;计数等)。
- 预测并在测量中进行估算;数据处理。
- 培养与顺序思维、批判性思维、观察、推理和解决问题相关的技能。
- 通过操控物体、提问、预测和概括来探索物理、社会、自然和环境。
- 区分发生在过去、现在和未来的事件。
- 构建与人、地点和地区之间关系的知识。

创造力和审美能力发展:
- 以绘画、黏土模型和其他艺术形式表达物体、事件和想法。
- 培养对音乐和舞蹈的表达、享受和情趣。
- 通过材料展示创造和发明才能。

个人、社会和情感的发展:
- 发展自我概念、自我控制、生活技能或自助技能。
- 在新的体验和学习中培养主动性和好奇心。
- 发展独立性和自主性意识。
- 表现出能力和偏好意识、欣赏同他人的异同点,表现出行为及行动意识。
- 养成相关习惯,在日常活动中增加专注力、参与性和持久性。
- 发展人际交往能力,对同龄人、家庭、教师和社区表现出尊重。
- 表现出合作、同情、社会关系、小组互动、亲社会行为、表达感情、接受别人的情感等。
- 提高适应和控制情绪的能力。

发展领域:

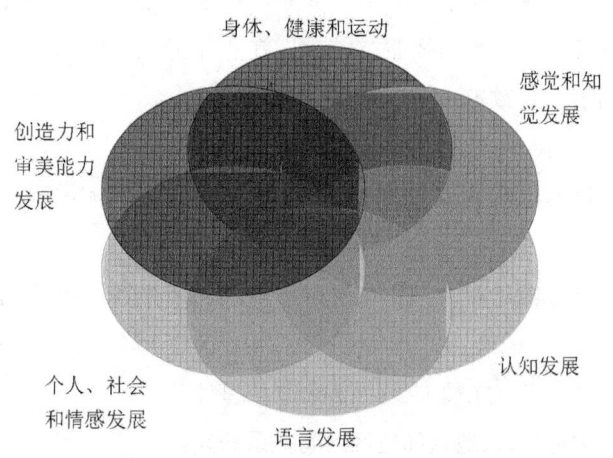

学前保育与教育计划应该通过全面满足幼儿和母亲在保育、营养、健康和福利方面的需求，提供对所有领域发展的咨询服务，从而确保儿童"全面发展"，并反映保育和教育不可分割的属性。全面发展方法对于提供涵盖所有发展领域相互关联的活动至关重要；同时，要牢记儿童的各种需求。

二、教学方法

学前保育与教育计划认识到儿童通过游戏和亲手操作进行学习会取得最佳效果。该年龄段的儿童天性好奇，他们用自己的感官去探索周围的世界。任何花费时间观察过幼儿的人都会发现，儿童处于和周围环境不断互动的过程中。他们想触摸看到的一切物体。对儿童而言，最重要的事情除了玩耍还是玩耍。此外，儿童通过动手操作、体验和积极参与到学习过程中进行学习。因此，学前保育与教育计划也应采取一种以玩耍和活动为主的方法。在这种模式下，学习过程以儿童的需求、兴趣、能力和社会背景为基础。这种方法把激励的学习环境作为基础，通过一些有计划、让人感到愉快的活动或任务，吸引儿童进行积极思考和学习。儿童被视作能够构建知识、在教学过程中的活跃参与者，并且在成年人的推动下，教和学是一个知识共同建构的过程。

什么是玩耍？

玩耍对儿童而言是天生、自发、愉快、有益的，并且还带有自我激励性。虽然儿童玩耍并非为了学习，但结果显示玩耍能够促进儿童的成长和发展。

近年来，人们认为玩耍是一种发生在可描述、可再现环境中的行为倾向，并在各种可观察的行为中都有所体现（Fein & Vandenberg, 1983）。玩耍主要分为四大类型：

功能性玩耍：儿童利用其感官和肌肉探索并试验各种材料，学习事物是如何一起运作的。这满足了儿童积极主动和探索的需求。

> **建构性玩耍**：儿童学习使用不同材料，基于某个特定的计划，制定和使用实现目标的策略。
>
> **角色扮演玩耍**：儿童扮演某个角色，假装成为另一个人，并使用真实或假的物体来扮演角色。儿童重现之前的经历过或见过的行为，用语言和动作演示所扮演的角色。
>
> **规则性玩耍**：儿童逐渐学会和他人玩耍，控制自己的行为，并遵守先前设定好的规则。然而，玩耍的重点是享受快乐而不在于输赢。在玩耍过程中，儿童一起做游戏，相互合作，而不是彼此对抗。

> **什么是活动？**
>
> 一项好的活动应是：
>
> • 教师针对某一特定学习领域或多个领域，为儿童精心策划的一系列体验中的一部分（不是孤立的学习体验）。
>
> • 能让儿童全身心积极参与。
>
> • 给儿童足够的挑战，以帮助其在各种情况下使用多种方式练习和应用各项技能和知识。
>
> • 使儿童以快乐、有趣的方式学习。

牢记上述观点，将幼儿课程定义为一个包含三部分的有组织的框架（Bredekamp & Rosegrant，1992）：

• **背景**：激励和学习发生的地点、环境；

• **内容**：课程的主题、儿童学习的目标和目的；

• **过程**：学习的教学方法。学前保育与教育教师或保育人员与儿童互动、创造学习机会以及儿童实现课程目标的方式。

若想很好地实施这三个要素中的任何一个，都必须要了解儿童在每个发育阶段的成长和学习情况，儿童的个体优势、兴趣和需求，儿童所处的社会和文化背景（Bredekamp & Copple，1997）。这些学习维度

(被称为适合发展的实践)指导教学和学习的各个方面。当学前保育与教育教师和保育人员了解适合发展的做法时,他们就可以利用这些信息来指导儿童的学习。

儿童学前保育与教育:	儿童学前保育与教育:
• 平衡玩耍和活动之间的关系,为儿童语言、智力、社会情感和身体发育提供刺激性环境	• 并不基于教授阅读、写作和算术(3R技能)的课程大纲,也不是采用简单唱唱歌就结束回家的教学方法
• 以儿童为中心,通过个人、小组或集体活动和一对一交流来满足个别儿童学习和情感方面的需求 • 为阅读、写作和算术能力发展奠定基础 • 为儿童之后阅读、写作和算术做好准备 • 通过互动,间接培养儿童自我控制能力,从而使其实现自律	• 并不像学校以教师为中心进行正规课堂教学 • 并不像小学阶段那样进行阅读、写作和算术的正式授课 • 并不是小学低年级向下的延伸 • 并不要求绝对服从,或执行严格的课堂纪律 • 并不要求通过测试来了解儿童学习和发展情况

参考资料:V. Kaul, *Early Childhood Education Programme*, NCERT.

三、指导原则

树立儿童全面和综合发展的愿景,在带有发展连续性的每个子阶段及相互联系的发展领域都要侧重于学前保育与教育。因此,有必要将儿童学前时期划分为0至3岁及3至6岁两个阶段。

在整个生命周期中,生命个体前3年保育与教育的重点是,在采取正确保育方式的同时,创建培育性、激励性和保护性的环境。在初级保育阶段,支持儿童发展需要增强适应性和保护性因素,并减少危险因素的数量、持续时间和严重程度。为促进全方位的发展,3至6岁儿童需要保育、保护和有计划、以玩耍为主的教学方案,需要更多的自由玩耍。

同时,也需要带有导向性的指导,促进成人和儿童、儿童与儿童之间的互动,以及在所有发展领域全面发展。随着儿童逐渐进入小学阶段,保育和教育的重点将放在入学准备的技能和概念上。根据《国家学前保育与教育政策》,各个分阶段具有以下特点:

• 0 至 3 岁:生存、安全、保护性环境、医疗、营养(包括最初 6 个月婴幼儿的喂养方法)、对成人的依恋、社会心理激励、在家庭和保育中心安全、养育和刺激的环境中进行早期互动。

• 3 至 6 岁:保护儿童免受危害;卫生保健、营养、对成人的依恋;适合儿童发展、以玩耍为基础的学前教育;为 5 至 6 岁儿童做好结构化、有计划的入学准备。

计划应该适合个人和社会需求。年龄的划分需要具有参考性,而且活动必须根据儿童的发展水平进行计划和调整。

1. 0 至 3 岁:注重保育、激励和互动

保育系指保育人员(母亲、兄弟姐妹、父亲和儿童保育提供者)为儿童的健康成长和发展提供必要的食物、医疗卫生、激励和情感支持的行为和实践。对儿童的成长和发展而言,各种实践本身,以及在实践过程中为儿童付出的感情和对其所做的回应都是至关重要的(Engle,1997)。

可以通过不同部门合作,共同改善儿童保育的实践和资源,包括健康、儿童早期发展、社区发展、妇女创收、饮用水卫生及环境等领域。保育实践方式和资源会因文化不同而有所不同,甚至也会因文化中群体和社区的不同而产生极大的差异。不同文化在满足其年轻人需求的方法上存在诸多差异。了解保育实践和资源将有助于成人确定哪些是创建生态环境所需的重要、相关和必要的实践和资源。

然而,作为人类,我们的相同之处要多于不同之处。在所有文化中,儿童对食物、医疗卫生、保护、住所和爱的基本需求都是相同的。从出生至 3 岁,对儿童关注的重点不是必须学习什么,而是需要得到怎样的照顾。幼儿保育中一个最基本方面是,婴儿和蹒跚学步的幼儿需要安全的环境,使其有机会积极运用所有感官。除了营养和完善的医疗卫生和保健之外,他们还需要和成人(最好是同一个成年人)每天都进行互动,从而能够自信地探索和体验对其成长能力做出反应的世界。

在学前保育与教育中心和家庭中,最主要的保育人员的养育和互动方式会对儿童的动机和学习产生很大影响。以下内容描述了在家庭和学前保育与教育中心,能够提供指导、有助于实现高效保育和激励实践的一些原则和过程。

家庭中的保育、激励和互动:
- 传统习俗经常可以为幼儿提供温暖和支持。当用母乳或其他方式喂养时,必须对婴儿进行按摩、抚摸、怀抱、和幼儿交谈,建立母婴之间的联系和依恋。
- 父母和家庭成员可以在保育中心了解育儿方法,并在家里操作保育和激励实践。
- 提供多种互动,儿童在没有太多保育人员参与的情况下(自由玩耍时间)能够一起玩耍,如果有需要可以独自玩耍,并且在常规活动中和保育人员一起玩耍。
- 防止和保护儿童免受虐待和暴力侵害,因为遭受攻击的儿童和受害儿童很可能在以后的生活中继续扮演这些角色。
- 让男性承担对妇女和儿童健康及营养的责任。
- 警惕一些情绪低落、活动水平低下或发展里程碑延迟的迹象,找出原因并采取相应措施。
- 在早期教育中,讲故事对促进语言发展具有重要作用,应该鼓励在家为儿童讲述当地和民间的故事。
- 父母双方共同努力,促进儿童的语言发展(可能包括两种或多种语言)。

学前保育与教育中心的保育、激励和互动:

- 确保环境支持儿童的现有文化、社会经济背景及个人需求等。
- 每天都保持日常活动的一致性,在熟悉、舒适的环境中提供良好、可预测和多样的体验。
- 展示儿童的艺术作品、家人和朋友的照片,鼓励和激励他们更多地参与,并培养儿童的自信心。
- 儿童从游戏、玩耍和有指导的角色扮演中进行学习。儿童能理解大人简单的语言,并能学会表达和进行对话。选择特定年龄段感兴趣的谈话主题和有操作及创作空间的材料。
- 确保在日常活动中将所有发展领域整合在一起,包括身体运动、粗大运动和精细运动的协调性、语言发展和社交情感体验等。
- 为幼儿提供指导,使其养成合理的饮食和睡眠习惯,与家庭或小组进行合作,以社会可以接受的方式处理挫折和冲突。
- 准备儿童母语或家庭语言的书籍和学习材料(本地开发的也可以)。这对提高儿童及其家庭所讲语言的地位,鼓励双语和多语言学习具有重要意义。
- 注意儿童的信号和需求,准确地解读并迅速、恰当、一致地做出反应。
- 邀请家长参与,将相关的当地和家庭文化带到保育环境中,有助于幼儿从家庭到保育环境的过渡。
- 3岁以下儿童对照顾他们的成年人的态度和反应非常敏感。为了让儿童感到舒适和安全,让与其建立起情感纽带的看护者一直照顾他们是非常重要的。
- 以儿童为中心、回应式方法要求每名儿童都得到自己所需的时间,不能强迫儿童进行口头回答。非语言交流应该由保育人员进行解释,并用语言表达出来。

2. 适合 0 至 3 岁婴幼儿发展的建议性活动

大约年龄	0 至 3 个月
应做到的事情	**需求及照顾者应提供的保育服务**
• 通过所有感官了解世界 • 用眼睛追踪人和物体 • 对人脸和鲜艳的颜色做出反应 • 伸手、发现手和脚 • 能抬头并转向声音方向 • 哭泣,但被抱着时能够感到被安慰 • 开始微笑 • 开始发展自我意识	• 保护免受身体伤害 • 提供充足的营养(纯母乳喂养最佳) • 提供充分的卫生保健(免疫接种、必要的口服补液疗法、卫生) • 成为让儿童依恋的成人 • 能够理解并对婴儿的信号做出回应 • 提供通过视觉、触觉、听觉、味觉等感受的物品 • 被抱着唱歌和摇摆 • 为婴儿按摩,有益于促进健康并增进与婴儿的联系
大约年龄	**4 至 6 个月**
应做到的事情	**需求及照顾者应提供的保育服务**
• 经常微笑 • 更喜欢父母和年长的兄弟姐妹 • 重复动作,获得有趣的结果 • 专心聆听,并在与他人交谈时进行回应 • 大声笑、模仿各种声音 • 探索手和脚 • 把物品放进嘴里 • 当有支撑物时,可以坐着、翻身、疾走、弹跳 • 在不使用大拇指的情况下抓住物体	以上所有内容,以及: • 提供探索世界的机会、各种可以玩的物品 • 提供适当的语言刺激 • 在安全、宽敞、干净的环境中,通过自由玩耍、成人和儿童经常性互动(如幼儿游戏、传统歌曲和歌谣、各种游戏材料、个性化的成人关注和互动、探索机会、故事、婴儿图书和绘画等)来关注健康、营养和早期心理和社会刺激 • 经常和儿童进行游戏和互动,刺激其认知、语言、社交和运动方面的发展 • 让儿童接触音乐,并随之舞动 • 以名字称呼儿童以发展自我认同
大约年龄	**7 至 12 个月**
应做到的事情	**需求及照顾者应提供的保育服务**
• 记住简单的事情 • 识别自我、身体部位和熟悉的声音 • 知道自己的名字和其他常用词汇	以上所有内容,以及: • 提供适当数量和质量的食物来满足儿童的营养需求 • 添加一些辅食 • 创建一个安全的探索环境

• 说出第一个有意义的词 • 探索、敲击、晃动物体 • 找到隐藏的物品,把物品放入容器当中 • 能独自坐着 • 爬行、自己站起、走路 • 可能会对陌生人感到害羞或不安	• 与儿童一起进行各种活动,根据儿童天生兴趣为其提供探索的空间 • 提供机会让儿童探索、触摸、品尝、嗅闻并对环境做出反应来培养儿童的自信心 • 定期为儿童洗澡、洗手,以促进养成良好的卫生和健康习惯 • 定期和儿童进行积极互动,通过拍手、躲猫猫、推拉玩具、阅读绘本、哼唱歌曲和歌谣等来促进儿童语言、想象力、动手操作能力和概念的发展 • 为儿童讲故事,提供听故事的机会 • 和儿童建立亲密和温暖的关系,通过给儿童关爱、情感付出、赞扬儿童的成就来建立信任关系
大约年龄	**1至2岁**
应做到的事情	**需求及照顾者应提供的保育服务**
• 模仿成年人的行为 • 说出并理解单词和想法 • 喜欢听故事和尝试各种物品 • 平稳行走、爬楼梯、跑步 • 坚持独立性,但喜欢熟悉的人 • 确认物品的所有权 • 发展友谊 • 解决各种问题 • 表现出自我成就感 • 喜欢帮助他人完成任务 • 开始角色扮演游戏	以上所有内容,以及: • 如果有需要,医疗保健须包括驱虫 • 支持获得新的运动、语言和思考技能 • 提供培养独立性的机会 • 帮助学习如何控制自己的行为 • 提供学习照顾自己的机会 • 提供游戏和探索的机会 • 和其他儿童一起玩耍 • 每天阅读或讲故事 • 提供与其他儿童和成年人建立联系和进行互动的机会,促进自我和社会意识发展
大约年龄	**2至3岁**
应做到的事情	**需求及照顾者应提供的保育服务**
• 享受学习新技能所带来的快乐 • 快速学习语言 • 不停忙着做事情 • 能控制手和手指 • 容易受挫 • 表现得更加独立,但依然依赖于成人 • 能把熟悉的情景表演出来	以上所有内容,以及: • 让儿童有机会自己穿衣、如厕、洗手、刷牙、梳头等 • 为儿童提供物品,让其能够进行分类、匹配、想象、推、拉等行为 • 在儿童周围环境中,配有身体各部位和其他常见物品的名称 • 为儿童提供进行选择和参与不同任务的机会

	・提供从具体到抽象学习、思考和理解的机会 ・提供机会聆听并且有机会表演短小故事和歌谣,使之参与富有想象力的游戏和解决简单问题的活动 ・识别并特别关注"处于危险中"的儿童。对所有儿童进行发育筛查、提供关键的干预措施,从而为儿童发展提供机会 ・有必要尽早识别障碍或残疾,并提供医疗干预、家长咨询和培训,为残障儿童和发育迟缓儿童提供必要的激励

参考资料:Adapted from Kaul,2009,NAEYC,1985,1995 and Donhue-Colletta,1992。

3. 3 至 6 岁:注重保育、早期教育和入学准备

印度是一个由多个地区、多个地方性文化组成的多元化社会,这就需要对学前保育与教育采取灵活和有针对性的方法。这一社会现实还要求教育工作者具备一定的敏感性,将学前保育与教育计划和儿童的文化背景联系起来,并将儿童现有的经验和知识作为学前保育与教育计划的基础。在制定一个适合该年龄段儿童发展的课程框架时,需要考虑以下几方面:

> **背景**:
> ・扎根于儿童家庭和社区的幼儿教育计划可能更富有成效。确保计划要反映家庭价值观、社会和文化背景、儿童周围的环境以及儿童已经学到的知识和经历。
> ・提供灵活的课堂安排,能够让儿童从大组别活动转换到小组别活动,或是从安静活动转换到更具活力的活动中去。
> ・每名儿童都能在展示板上中找到并识别自己的作品,并因此感到自豪。
> ・要定期布置展示板,从而激发儿童的好奇心,激励他们互相交谈并进行讨论。

> - 在学前保育与教育中心的一些地方建立学习角或活动角,根据不断变化的主题和话题配置资源,并为儿童提供机会,让其根据需要发展和探索实践技能。
> - 对儿童的优势、需求和兴趣提供灵活的方法,或者根据具体的学习情况做出调整。
> - 确保父母和社区能参加学前保育与教育计划的制定和实施。

内容:
- 用课程总体目标和阶段目标指导儿童的学习过程和对儿童的观察过程。
- 长期和短期计划均旨在有效实施计划。
- 选择与儿童自我、与他人关系和对周围世界理解相关的话题或主题。
- 儿童学习方式具有多样性,因此,学前保育与教育教师需要为儿童计划各类体验和活动。
- 学习机会应该相互联系,在有意义的背景下将发展领域的学习经验联系起来,反映儿童的真实生活背景。
- 活动应与参加计划的儿童年龄和发展相适应,并与文化背景相联系。
- 儿童的学习是螺旋式而不是线性的。因此,教师有必要通过材料和活动为儿童提供机会,多次复习之前介绍过的概念,以便让儿童加深理解。体验的过程应该从简单到复杂,从具体到形象,再到抽象。
- 为照顾残疾儿童,需要做出一些调整,如改进活动和游戏材料以满足个人需求。

过程:
- 学前保育与教育计划的持续时间应为 4 小时。计划应在一天中提供一定的休息时间,如果持续时间较长(如一整天的计划),则应确保午睡时间。

- 幼儿注意力持续的时间为15—20分钟。因此,活动的持续时间应该保持在20分钟左右,并有额外的时间来结束和开始下一个活动。但是,计划应该要留有余地和具有灵活性,以满足各种不同的需求。

- 例行活动可培养儿童的安全感。因此,在日常计划中应遵循一些常规做法。

- 平衡结构化和非结构化活动、活跃和安静活动、室内和室外活动、自我指导和成人指导的学习活动,以及个人、小组和大组别活动。这些活动应与儿童所处环境相关,对儿童而言应该是愉悦并富有挑战性的。

- 根据学习任务的性质,以及儿童的兴趣和学习方式、能力水平和年龄为依据进行分组。

- 儿童应首先对母语或家庭语言感到舒适,并达到熟练掌握的程度,这将有利于以后对第二语言的掌握。能够熟练应用母语进行交流、获取信息、解决问题和进行思考的儿童,能够很容易地以同样的方式学会第二种语言。因此,应该鼓励儿童首先熟练掌握母语或家庭语言,随后再引入正式的学校语言(一般可能是地区语言或英语)。持续坚持并充分接触两种语言对双语能力的发展非常重要。

- 学前保育与教育教师和保育人员应该向父母展示在家里如何照看儿童,以进一步加强儿童在保育与教育中心所获得的学习体验,并积极寻求儿童父母的支持。

- 鼓励家庭成员参与计划的活动和管理,家庭成员必须在学前保育与教育中心参与儿童的学习经历。

- 学前保育与教育中心及社区合资企业具有积极的影响。合资企业有助于学校员工、学生和家庭成员制定和实施完善的学校计划,且有助于获取可用的资源和服务。

4. 3至6岁适合发展的建议性活动

大约年龄	3至5岁
儿童应做到的事情	儿童的需求及照顾者应提供的保育服务
• 享受学习新技能的乐趣 • 快速学习语言 • 总是忙个不停 • 能控制手和手指 • 容易受挫 • 表现得更加独立，但依然依赖于成人 • 能表演出熟悉的场景 • 注意力持续时间更长 • 尚不明事理，吵闹 • 经常说话，提出很多问题 • 想要真正成年人的物品 • 参与艺术相关的活动 • 谨慎地验证身体技能和勇气 • 在角色扮演游戏中表现出情感 • 喜欢和朋友一起玩，不喜欢失去 • 有时会分享和轮流做某件事情	• 提供培养良好运动技能的机会 • 亲身实践探索，通过行动来学习 • 为儿童提供物品，鼓励其进行分类、匹配、想象、拉推等行为。 • 让儿童有机会自己穿衣、如厕、洗手、刷牙、梳头等 • 在儿童周围的环境中，配有身体部位和其他常见的物品的名称 • 提供从具体到抽象的学习、思考和理解的机会 • 通过听音乐、说话、阅读、唱歌等方式鼓励儿童学习语言 • 提供机会让其听故事、学习歌谣、参与富有想象力的游戏、提出问题、做一些简单的解答、尝试促进主动和互动式学习。通过"感觉良好"的体验建立积极的自我形象 • 参与提升读写能力的活动，如提高语音意识、接触周围的印刷品和视觉词汇、通过创造模拟或真实的字母，以及在纸上涂鸦和做标记的方式进行体验式写作 • 进行书写前和阅读前的技能检测 • 提供自我表达的机会（绘画、绘图、用黏土或泥土进行创作），鼓励创造性 • 鼓励有节奏的舞动 • 提供学会合作、帮助和分享的机会 • 提供承担责任和做选择的机会 • 鼓励在完成计划的过程中发展自我控制、合作和坚持的能力 • 支持他们获得自我价值感和成就感 • 组织其参加培养积极主人翁意识的活动 • 识别并特别关注"处于危险中"的儿童。对所有儿童进行发育筛查，为儿童的发展提供机会 • 尽早发现残障儿童，通过医疗干预、家长咨询和家长培训，为残障儿童和发育迟缓儿童提供激励 • 持续提供机会，通过各种个人、小组和大组别活动（以自由或指导的方式），促进成人和儿童、儿童和儿童之间的互动，以及与游戏材料和环境之间的互动

大约年龄	5 至 6 岁
儿童应做到的事情	儿童的需求及照顾者应提供的保育服务
• 注意力持续时间更长 • 经常说话，提出很多问题 • 想要真正成人使用的物品 • 天性好奇，有让人难以置信的学习能力和求知欲 • 在发现周围世界的过程中，通过感官来探索和尝试 • 参与艺术相关的活动 • 谨慎地验证身体技能和勇气 • 在角色扮演游戏中表现出情感 • 喜欢和朋友一起玩，不喜欢失去 • 变得独立，并且自控能力增强	以上所有内容，以及： • 提高成人指导和自由活动的比例，增加更多大组别活动，更多地关注特定的入学准备。上述所有情况都变得更加复杂 • 阅读准备：图片和声音匹配、形状、语音；增加词汇量；语言表达，通过绘本、讲故事、图表等培养儿童阅读兴趣 • 书写准备：手眼协调、书写兴趣、从左至右的方向性 • 数学：根据一两个属性培养排序和分类技能、序列化、图形识别或图形制作、推理、解决问题、形成概念（数字概念、用适当的词汇观察和描述形状和空间概念）、物品分组计数（多、少、相等概念）、理解计算概念 • 身体和运动发展：通过跑步、走路等活动提高身体意识、力量和协调能力；稳定性活动，如跳跃、平衡木行走等；操控技巧，如抓、扔、踢等；还有一些其他运动和健身活动 • 创造力和审美能力：运用想象力和创造力设计和表演音乐和舞蹈 • 社交情绪：积极的自我认同、培养自信和独立性，控制自己的情绪和需求
• 任何年龄段的儿童，其成长都具有不稳定性 • 儿童对刺激和关注不做出反应	• 保育人员知道何时去寻求帮助，并且如何提供保育和友好的环境 • 保育人员要抽出额外时间陪儿童玩耍、交谈、为儿童按摩身体 • 鼓励与其他儿童玩耍和互动

参考资料：Adapted from Kaul, 2009, NAEYC, 1985, 1995 and Donhue-Colletta (1992).

第三章 制定计划和实践

一、学前教育学习环境

在制定有效的学前保育与教育计划时，要确保环境适合幼儿的多种学习方式。2 至 6 岁的儿童获取知识的方式与年龄较大儿童的学习方式截然不同。在早期,婴幼儿通过与世界的直接感官接触获得最佳的学习效果。他们通过接触、探索和尝试新物体来掌握知识。可以说,婴幼儿几乎是通过"做中学"和亲身实践的方式进行学习的。室内和室外玩耍区是促进儿童学习的物理环境,必须为儿童在安全的环境中进行探索、发现和学习提供机会。

- **室内环境**设置应该考虑到幼儿的兴趣和发展需求。大型的室内空间可以划分为配备适合书架和家具的学习角或活动角。要考虑到最为重要的一点是:物理教室空间的质量及所提供的材料会影响儿童的参与度及成人与儿童之间互动的质量。

关于如何布置幼儿园教室的更多细节,请参考下一部分。

- **室外环境**为儿童提供了一个玩耍、探索和社交互动的空间,因此,室外环境在儿童发展中发挥着同等重要的作用。所有儿童必须有机会参加日常的户外运动。每天必须要留出特定的休息和户外活动时间。儿童可以利用这些时间自由地在攀爬设施和运动场玩耍,进行一些包括肢体训练和平衡在内的有组织活动;也可以做一些实践性的活动,如在园艺区挖掘、种植等;布置在室内和室外都可以玩耍的玩沙区和玩水区;为有特殊需求的儿童改进学习材料。

1. 学前教育教室布置

学前保育与教育教室的布置必须遵循灵活的原则。要根据课程计划和活动,如歌唱、讲故事的大组别活动,以及绘画、积木和个人玩耍等小组别活动进行调整。教室也应该布置学习角或活动角,如创意角、图书角、游戏角,可以让儿童根据自己的兴趣玩耍,选择自己喜欢的活动。下面是一个灵活使用教室空间的最佳案例:

- **大组别活动期间教室的安排**(以"圆圈时间"为例):在早晨的"圆圈时间"里,要给儿童周围留出足够的空间。这样,迟到的儿童能够很容易地加入圆圈,并在几乎不产生干扰的情况下参与到活动中来。
- **圆圈时间**:在此期间,儿童和学前保育与教育教师坐在一起,围成一个圈。圆圈时间可以用来进行讨论、读书、唱歌等活动。围坐成一个圆圈可以让所有儿童能清楚地面对彼此。教师坐在和儿童同种类型

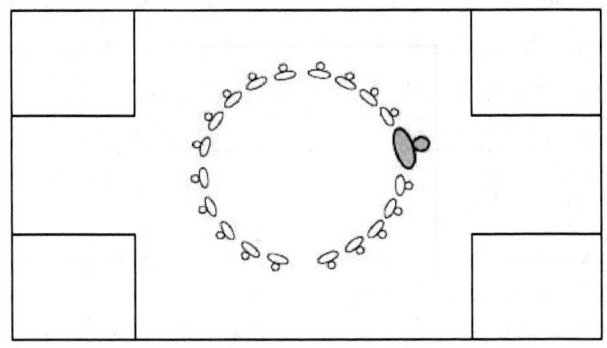

的椅子或垫子上，表明学前保育与教育教师是作为引导者，而非主导者。

• **小组别活动期间的教室安排**：课堂应该允许学前保育与教育教师让特定年龄段的儿童参与小组活动。在此期间，其他儿童可以在四个角落的活动角各自玩耍（自由玩耍）。应鼓励儿童选择自己感兴趣的活动角，这样会激励他们参与到学习过程中来。同时，学前保育与教育教师在小组活动中可以把重点放在一些具有挑战性，并且需要成人指导的活动或讨论上面。以这种方式，可以将儿童分成一个大组和四个小组，使学前保育与教育中心的空间得到有效利用。要确保学前保育与教育教师在带领一组儿童时能够观察到四个角落里的所有儿童。

• **自由玩耍**：给儿童提供自由玩耍的机会是很重要的。当儿童有机会根据自己的兴趣进行选择时，其参与活动的时间往往会很长（15—20分钟），而且也很少需要教师监督。这样的机会可以帮助儿童做出简单的选择，这也是解决问题所需的技能。另外，当他们长时间关注此类活动时，有助于增加其注意力的持续时间。

2. 学习角或活动角

在学前保育与教育环境中，物理空间被划分为各种兴趣区域。儿童可以在这里进行探索、制作物品、试验和发掘自己的兴趣。在教室里建立多个分开、配备各种资源的兴趣区和学习角，这些资源可以使儿童积极参与，并可以根据主题变化资源配置。幼儿通过与周围环境中的物体进行互动可以学到很多东西。他们天生好奇，喜欢探索和尝试，并从这样的经历中学习。

需要在幼儿园教室设置的重要学习角有:玩偶和角色扮演游戏角、阅读或故事书角、拼图和积木角以及绘画角。还可以轮流设置其他的一些学习角,如创意角、书写角、科学角、音乐角等。

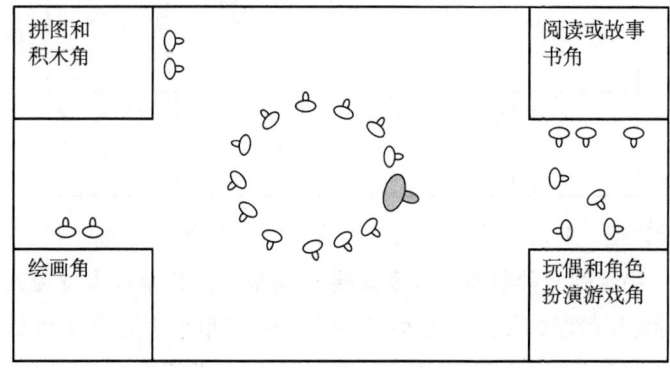

- **阅读或故事书角**:幼儿需要有机会去触摸、感觉书和嗅闻书的气味。当儿童接触书本时,他们会首先确定书的正面和背面,并学习如何翻页。学前保育与教育教师在课堂上读完一个故事后,把这本书的复印本放在图书角,将会很有益处。这样,儿童便有机会重新阅读这本书。在开始理解这本书的内容时,就会产生积极的阅读兴趣。经过几次接触,儿童就会和不同的图书建立起联系,而且有时会根据自己喜欢的故事或书中的插图找到"最喜欢的书"。对儿童而言,在获得读写能力之前,通过这样与各类图书进行互动的经历是至关重要的。教室里各种各样的儿童图书、杂志和自制图书都应该放在阅读角里。书籍可以包括大型纸板书、绘本、当地民间故事书、简单故事书、与主题相关的图书、漫画、报纸等。

- **角色扮演游戏角**:儿童经常喜欢假扮成教师、家长、警察或医生。这虽然只是儿童的幻想,但却是一个重要的学习途径。通过把在周围环境中看到的事物表演出来可以增强儿童的记忆力。同时,这也是他们解决问题,参与换位思考的一种方式。这里的材料可以包括:各种玩偶、玩偶大小的家具和衣服、炊具(罐子、盘子、勺子等)、仿真食物(用泥土做的蔬菜或水果)、装扮衣物(如围巾、帽子、披肩、夹克衫、小沙丽、长条布等）以及梳子和镜子。

- **拼图和积木角**：通过玩积木，儿童开始了解形状、大小和颜色。他们可以比较这些积木，将其排列成某种形状（如铁路轨道），或者创造出复杂的三维结构。积木可以搭建成各种不同的结构，从而能够培养儿童的创造性思维。另外，儿童有时还会合作搭建某个结构，这就需要他们彼此交流并开展团队合作。拼图和积木角要配备不同颜色、形状和大小的积木。要包括拼图、匹配的卡片、系带的绳子或卡片、穿线绳和串珠；还要放置小型玩具，如汽车、卡车、动物、人物和其他与儿童兴趣和周围环境相关的玩具。

- **创意角**：通过画图、着色和玩泥巴，儿童开始认识到现实生活中的很多物体和实践都可以用多种方式表现出来。这可以刺激象征性思维的发展。象征性思维是一项重要的写作前期技能。此外，这些活动还可以让儿童手指和手部肌肉进行精细运动，这可以为今后的书写做好准备。创意角的材料可以包括：不同类型的纸张、蜡笔、铅笔、可擦除的记号笔、石板、彩色粉笔、布条、颜料、刷子、胶带、橡皮泥或黏土、擀面杖和面板、用来做拼贴画和雪糕棒的旧报纸和杂志。

- **书写角**：书写角可以为儿童提供发展早期读写能力的机会。应该允许儿童进行试验，并且不应该为书写角的各项活动提供指导。这个角落应该备有鼓励儿童对书写进行探索的材料，如不同类型和大小的纸张、笔记本、便签本、粗铅笔、邮票和印台、打孔器、绳子、信封等。

- **科学角**：科学角并不需要作为教室里一个固定的角落，因为儿童也能在教室的其他区域学习一些科学概念和技能。众所周知，儿童通过游戏和调查能够取得最佳的学习效果。可以在科学角配备专注于某一个主题的材料，如斜坡和车轮、放大镜、贝壳、植物、种子、磁铁和铁屑、秤和重物、卷尺或其他当地可以利用的材料。

- **音乐角**：应该为儿童提供一个舒适的放松空间。如果有可能的话，可以在音乐角配备录音机和各种音乐（包括光盘和磁带）。这个角落可以为儿童提供丝带或围巾等材料，发展儿童的创造力。音乐角还必须鼓励儿童体验和探索不同乐器的声音,如铃铛、供打击的碗、长笛、手鼓、管弦乐以及其他地方乐器。

注意事项:

- 所有材料不应该一次性全部展示,因为对儿童而言接受起来还存在困难。要考虑每两周更换一次角落的材料。儿童需要时间练习,但如果材料从来没有任何变化,他们便会觉得无聊,并失去对角落的兴趣。
- 要让活跃、吵闹的角落(积木角和建筑角)和安静的角落(阅读角、游戏角和玩具角)保持一定的距离。
- 所有角落都应该配有文字和图画标识,并通过画小人儿的方式说明在那里同时可以容纳多少名儿童。通过这种方式,儿童便能够理解。
- 每个角落的容器都应该贴上标签,并且应该在储物架上贴上类似的标签,告诉儿童材料应该放置的地方。儿童会慢慢地学会在用完材料后进行清理和护理。

3. 墙面展示

在墙面上展示儿童的艺术作品和计划是非常重要的。儿童会觉得自己的工作是有价值的,这不但有助于儿童记住所参加的活动,还有助于培养其自尊心。父母也会为孩子感到自豪。当看到孩子的作品在保育与教育中心展示时,他们会对儿童的教育表现出更为积极的兴趣。所有展示都应该张贴在与儿童视线水平的位置。

在墙面上展示的其他图片必须与当前所授课程直接相关,如和当月的主题相关。最好是能给图片贴上标签,因为这可以帮助幼儿理解,书面文字可以用来表示物体,反过来也能帮助儿童理解阅读和书写的目的。还可以张贴班级里儿童或者所在社区的照片。

4. 家具和垫子

如果教室配备家具,那么,家具必须符合儿童所需尺寸。这样,儿童坐在上面或是做游戏时就会感觉舒服。家具应该具有圆形边缘,其高度也要让儿童坐着舒服,并且可以自由地使用双手。在幼儿园的教室里，也可以不配备家具，可用彩色的垫子来标记就座的区域。在选择垫子时，要把材质作为优先考虑的因素。儿童坐在垫子上并专注于任务时必须要感到舒适。

5. 书架

放置玩具、拼图和其他学习材料的书架高度应该要低一些，以便儿童轻松拿取，进行探索。可以使用储物架或低的间隔板隔开学习角，并清楚地标记界限。

将物品放在特定位置、进出卫生间和盥洗室或从一个区域移动到另一个区域遵循固定的"交通"路线上。

6. 分组

使用正确的分组方法可以确保学前保育与教育计划的有效性。研究表明，多年级和混合年龄分组从整体上来说更适合幼儿。在课堂环境中，教师可以灵活地利用分组，划分个人任务、小组别或大组别任务，再到整个班级参与的任务来促进学习。

- **个体或多年龄段的小组和能力**：如果一个班里的儿童年龄相仿，就要考虑根据他们的发展需求和能力对其进行分组。要为每个小组提供一系列活动，以满足儿童发展的需求。

如果一个班级里有不同年龄的儿童，可以考虑根据年龄进行分组，让每组儿童在一起相处。课程计划应该满足各个年龄段的发展水平，要将每名儿童都考虑在内。观察、收集和记录能够提供儿童优势和需求的信息数据。下一步是为每个儿童制定计划和设定目标。

- **个人、小组和大组间互动**：在计划一天的安排和游戏时，要确保在安静的个人时间与大组别与和小组别的互动之间保持平衡。个人时间可以设定在安静、自由玩耍的角落，如阅读角、写作角和拼图角。小组时间经常是充满活力和喧闹的。在这期间，可以开展唱歌、歌谣、手指游戏、角色扮演、科学、数学和一些体育活动。小组时间应该适合整个课程，并且符合主题和计划。要为小组计划进行室内互动和室外互动的机会,平衡积极和安静的活动。一个大组别的安静时间可以包括大声朗读故事环节。小组别的互动可以包括儿童在创意角制作拼贴画,或者是在积木角搭建建筑造型。

学前保育与教育的学习环境计划应该具有创造性和富有想象力。在计划具体活动时,要考虑到整个儿童的发展进程。一个经过全面思考和计划的活动能够涉及发展的多个领域。

二、基本的学习和游戏材料

在幼儿教育阶段,儿童是通过与周围环境的互动进行学习的。因此,环境应该具有激励性,要配有各种材料激发和保持儿童的好奇心、兴趣并促进其学习。所有幼儿保育和教育中心都应该提供充足、多样、适合儿童发展和年龄的游戏设施和材料。

- 学前保育与教育中心应该提供适合儿童发展的游戏材料,以促进其实现全面发展。
- 材料应该安全、卫生、质量优良。要为小组活动提供充足数量的材料,而且对儿童来说要易于操作。
- 材料应该促进粗大动作和精细动作发展,帮助儿童进行包括构建和重建在内的发现和探索。应该通过艺术、绘画等促进儿童感官探索、社会互动与创造性表达。
- 教材和教学策略应根据儿童的需求和背景而有所不同。应优先考虑可适应各种能力和多种用途的材料。可以采取一些策略,如简单指导,使用具体材料或例子、将学习任务从易到难排序、重复练习技能、通过调整材料增加稳定性(使用尼龙搭扣)、增加可利用性(如开发用于夹住材料的手夹板)、增加视觉清晰度或独特性(增加颜色反差或特殊照明)。
- 应该根据儿童、教师和家庭使用的用途对材料进行区分;应该优先考虑采用具有多种用途的材料。

- 应该鼓励教师利用现有资源开发学习材料。父母、当地的玩具制造商、手工艺人和其他社区成员应该参与到为儿童创造游戏材料的活动中来。
- 可以选择一些用于不同用途的天然材料。

一些基本的学习和游戏材料包括：

1. 室内材料

- 用来做建筑游戏的积木。
- 动手操作玩具。
- 用来做想象力游戏和角色扮演游戏的材料——玩偶、木偶、面具、厨房用具、镜子、旧眼镜框、钱包、旧鞋、秤、钟表等。
- 开发语言技能的材料——图书和绘本、用于讲故事的木偶、故事卡、会话卡、教学用的闪视卡、图片多米诺骨牌、歌谣和故事集、视觉辨别工具、听觉和视觉联想工具、石板、粉笔、蜡笔、黑板、画纸等。
- 发展认知技能的材料——用来培养感官技能的音箱、视觉辨别卡、触摸卡、感知袋（手伸进去抓物品进行辨别的不透明袋子）、各种食物以及环境中的材料，用来发展认知技能的卡片、图片拼图（匹配、整理、排序、分类、解决问题、记忆和顺序思维）以及自动调节的游戏拼图。
- 用于创造性表达的音乐和艺术材料，如颜料、蜡笔、素描、铅笔、画笔、棉花、线、黏土、小刀、纸、剪刀、布、树胶和胶水、珠子等；多种方式使用的开放性材料。
- 大自然中的学习材料。
- 当地可利用的游戏材料、教师利用现有资源制作的学习材料。

2. 室外材料

游戏设施，如攀爬脚扣、秋千、运动场、运动器材、自行车、跳绳、球、可移动物品（盒子、塑料箱），用来锻炼平衡、跳跃、攀爬、摆动、摇摆和骑行能力的区域。

用来投掷、接住、踢和滚动的材料，如大球、小球、旧轮胎、吊环等。

沙子和水域游戏区布置，如沙坑、马克杯、勺子、杯子、铲斗、筛子、滤网等。

三、计划

有效的计划是学前保育与教育计划必要的先决条件。下列计划要素对学前保育与教育中心有效处理事务是很有必要的。

- **长期计划**：涉及儿童有权获得广泛且平衡的课程，以解决所有发展领域的长期目标。长期计划应该涵盖儿童在幼儿保育和教育环境中度过的整个时间范围（大概从6个月到6岁）。长期计划需要考虑计划中的课程是否涵盖了规定课程的所有基本要素，以及如何将对环境重要的其他因素也包含在内。在对6岁以下儿童的教育中，所有发展领域都可能涵盖在日常经历中。从一个学期或时间段到下一个学期或时间段，要采用不同的方法来强调不同的学习领域。

- **中期计划**：涉及从一个学习阶段的学习领域过渡到下个领域，并从一个环境或班级变换到另一个环境或班级的连续性和进展情况。中期计划会设定一些长期目标、课程方针和原则，并会确定儿童在特定时期内要学习的知识和技能。在这一阶段，将不同的学习领域和主题或话题联系起来，才能实现最有效的课程组织。

最有效的中期计划是利用每个发展领域的概念、知识和技能的发展情况。例如：一旦儿童开始能够区分三角形或矩形面和角的数量，接下来应该为其计划学习哪些概念？

在围绕中心思想选择主题或单元的过程中，可参考以下标准：

> 单元、主题或话题要考虑以下要素：
> - **参与性**：要让儿童感兴趣，并积极参与到学习当中。
> - **相关性**：与儿童先前的知识积累和经验，以及当前的环境相关，并将学习置于和儿童生活环境相联系的情境之中。
> - **挑战性**：拓展儿童先前的知识和经验，增强其能力和理解力。
> - **重要性**：有助于理解主题或话题的跨学科性质，从而理解人类经验的共性。

参考资料：*Making PYP Happen*，IBO，2007.

- **短期计划**:是为满足特定小组或个别儿童需求而制定的带有差异性的计划(具体到每周或每天)。短期计划提供了活动、经历、资源、分组和教学策略的所有细节。这些细节都是通过对幼儿的持续观察和评估确定的。要教授的内容在长期和中期计划中就已经进行了规定。现在要做的是如何以相关和有意义的方式将概念、技能等教授给儿童。整个计划过程可以总结如下:

计划阶段		
长期计划 证据	广度和平衡性; 课程范围; 时间框架	参考 → 理想的目标和结果; 《国家学前保育与教育课程框架》;学前保育与教育政策与原则
中期计划 证据	渐进性和连续性;概念、知识、技能和态度;综合和特定领域的活动;选择主题、话题、项目	参考 → 长期计划;计划原则
短期计划 证据	所有发展领域的学习目标和指标;活动;支持;资源;评估	参考 → 中期计划;对儿童的观察;先前学习评估;对前期主题和活动的评估

参考资料:Adapted from Julie Fisher, 1998.

鉴于以上内容,建议学前教育计划应该包含:年度计划、周计划和日常计划。

1. 年度计划

制定全年计划的方法之一是确定每个月的主题,以及将在不同发展领域进行的活动。

一些建议的主题包括:

- 身份和关系:我自己、我的家庭和社区
- 保持健康:食物、身体、健康、卫生和清洁、安全
- 自然:植物、动物、鸟类、水果和蔬菜
- 物理环境:空气、水、地球、宇宙和季节

- 社会环境：国家、节日和庆典、社区、交通

根据每个主题，拟定发展和学习的目标和指标，确保所有发展领域都可以通过一种综合方式得以解决。这也将有利于平衡活动和体验之间的关系，适合儿童的发展，保证儿童能有足够机会重新温习概念和技能。要为不同年龄段的儿童设计出难度逐渐增强的活动。

2. 周计划

周计划应由学前保育与教育教师设计。这样能够保证可以根据活动和主题来制定计划，同时适合相应的年龄。在制定每周计划时，应保证在一周的课程当中涵盖所有发展领域主题相关的活动。

以下是两份可以作为参考的周计划样本。这些范本仅供参考，并不要求必须严格遵循。周计划表应适用不同计划的具体要求和背景。下面两个例子都提供了 4 个小时的时间表（其中包括半小时间餐或正餐时间）。

例 1

时间	星期一	星期二	星期三	星期四	星期五	星期六
9:00—9:30	入园					复习本周学过的概念；强化本周对儿童进行重点训练的各项能力
	检查个人卫生					
	考勤和祷告					
	做热身运动，如瑜伽、随音乐舞动或用都拉克鼓演奏音乐等					
09:30—10:00	进行与某个主题相关的语言交流活动：讨论、讲故事、歌谣、阅读故事书					
10:00—10:30	室内活动（自由玩耍或有组织的活动）					
10:30—11:00	间餐					
11:00—11:30	与认知概念和能力相关的活动（可以与主题相关，也可以不相关）					
11:30—12:00	语言和早期读写活动——自我表达、认识音素、看故事书、图片阅读、字母和发音匹配					
12:00—12:30	创意表达活动（可以与主题相关，也可以不相关）					
12:30—13:00	室外活动（自由玩耍或有组织的活动）					

国家学前保育与教育课程框架　103

例 2

日期/时间	30分钟 早晨圆圈时间 （欢迎问候、祈祷、交谈）	80分钟 自由玩耍和使用材料做游戏		30分钟 室外游戏	40分钟 故事或歌谣 再见圆圈时间		30分钟 入学准备活动
		3—4岁 （40＋40分钟）	4—6岁 （40＋40分钟）				
1	对话主题：生活在陆地和水里的各种动物和鸟类	自由玩耍	缺少了什么？	做操	安格瓦迪工作人员讲故事	吃饭时间为30分钟，饭后，年幼的儿童会回家，年长的儿童会留校	
2	对话主题：照顾各种动物和鸟类（培养儿童的同理心）	用蜡笔连点成画（使用动物图片）	自由玩耍	跳、走	安格瓦迪工作人员讲故事		5—6岁儿童每天都会留下来做一些入学准备活动
3	对话主题：动物和鸟类是如何帮助人类的？	分类（大小/谷粒）	自由玩耍	把球投进篮子里	唱不同的动物歌谣		
4	对话主题：鸭子或鸡的生命周期	倾倒游戏	自由玩耍	大鸟和小鸟游戏	了解图书		

续表

日期/时间	30分钟	80分钟		30分钟	40分钟	30分钟
	早晨圆圈时间（欢迎问候、祈祷、交谈）	自由玩耍和使用材料做游戏		室外游戏	故事或歌谣 再见圆圈时间	
		3—4岁 (40+40分钟)	4—6岁 (40+40分钟)			
5	蝴蝶的生命周期；用木偶讲故事	用蜡笔连点成画（蝴蝶图片）	自由玩耍	跳、走	角色扮演	
		自由玩耍	用蜡笔连点成画			
6	对话主题：蝴蝶的生命周期；讲故事并用粉笔在黑板上画图讲解	分类（大小谷粒）	自由玩耍	把球投进篮子里	分享书写和插图	
		自由玩耍	分类（大小谷粒）			

3. 日常计划

日常计划是儿童一天要做事情的顺序安排，这样儿童就能提前知道接下来要做的事情。一般而言，日常计划应包括"活动板块"。每天的日程表必须要满足个人需求。因此，日程安排上可能会出现一些变化。

应该按照以下方式来规划日常安排：

- 平衡活跃活动和安静活动。
- 为个人、小组和全班提供指导和互动活动。
- 允许在学习环境中对各种材料进行积极探索。
- 鼓励采用灵活的方法，满足儿童的不同需求。
- 兼具室内和室外活动。
- 在儿童为主导和教师为指导之间保持平衡。
- 在结构性和灵活性之间保持平衡。

要在家长可以看到的地方展示日常计划。同样，日常计划表要贴在于儿童视线水平的位置，并要张贴时间表，告知儿童一天的各项活动。

日常计划样本：

1. 清晨圆圈时间（30 分钟）：欢迎、问候、祷告、交谈。

2. 利用材料做游戏（80 分钟）：自由玩耍和有教师指导的游戏（各 40 分钟）。

3. 室外游戏（30 分钟）。

4. 再见圆圈时间（40 分钟）：和特定主题相关的故事、歌谣。

5. 入学准备活动（30 分钟）：针对 5 至 6 岁儿童。

在该样本中，每天要在规定主题上至少分配 1 个小时。

四、儿童发展和学习评估

评估要坚持以儿童为中心，根据儿童水平计划各种体验和活动是学前保育与教育计划的基本和重要组成部分。评估是对儿童发展的信息整理和分析,有助于明确儿童在学习的不同阶段了解、理解能做或能感觉到的事情。通过评估可以了解儿童的兴趣、成就及在学习过程中可能存在的困难,从而能够针对下一步的保育、激励和学习制定计划。因此,评估提供了一个支持在学习中完善课程的平台。为确保计划能够满足儿童的发展需求,必须要保持他们发展和学习的状态。

1. 评估儿童表现的原因

评估的目的是要向计划制定者、儿童及其家庭提供有关儿童学习和发展的有用信息。评估还有助于确保尽早发现发育迟缓、有特殊教育需求和特殊能力的儿童,而且还有助于计划的评估、修改和开发。

评估和报告原则:

• 对儿童的评估是形成性、持续性的,并且是根据课程计划的经验而得出的。形成性的连续评估意味着通过解释儿童每天的体验,观察和记录儿童的发展。其目的是认识和鼓励发展儿童的优势,并解决学习或发展方面的差距。

• 评估是一个对学习者、教室和互动等各项信息进行收集、整合和解释的持续过程。在早期教育阶段,学前保育与教育教师需要持续不断地通过观察儿童的行为、作品和其他创造物品、记录、核查表和档案及互动来评估儿童的进步。

• 儿童年龄越小,获得有效评估的难度就越大。儿童早期的发展非常迅速、是间接性的,而且受到经历的影响比较大。儿童在评估中的表现受到儿童情绪状态和评估条件的影响。

• 在这一阶段,评估必须根据对儿童在各领域中活动的质量进行判断,并且要通过每天的互动进行观察,从而对儿童的身体健康发展状况进行评估。绝对不能让儿童参加任何口头或书面形式的考试。

• 同样,还可以进行家庭观察,鼓励父母参与对幼儿的评估。为了实现长期目标中的阶段性成就,应该对当前取得的成就给予奖励。

- 评估的价值远不止评估儿童的进步,还可用于评估计划,确定员工发展需求以及计划未来的互动形式。
- 教师必须以各种方式记录每个儿童的学习情况。这会使他们不断改进教学方案,并且还会帮助他们支持和协助儿童实现方案所规定的学习目标。记录文档还将为管理人员和教学人员就如何改进计划、组织下一步工作、问询问题和提供资源等方面提供有效信息。
- 每份文件都应提供给父母和儿童查看,并由中心保存,直至儿童转到另一个学习中心,参加其他幼儿园计划或是进入其他学校为止。届时,档案资料必须要移交给家庭成员,然后再将其存入孩子要转入的学习中心或交付到学校管理员手中。
- 所有家长应该每年至少收到两次书面或口头形式的儿童发展总结报告。

2. 评估内容

学前课程将为学习者提供建构意义的机会,主要通过以游戏和活动为基础的方法帮助儿童获得各种技能。评估能够进一步确保解决儿童的整体性问题,活动的重点是在所有发展领域开展综合性学习。因此,应该对儿童在每个领域的进步和表现都做出反馈。

对儿童学习的评估包括学前保育与教育中心教师和保育人员对儿童的观察,有助于改进计划以及帮助儿童完成适合其发展的各项任务。

3. 评估的时间及方式

持续性评估应该是学前保育与教育计划必不可少的一部分。评估至关重要,可以利用评估来判断保育和学习过程的有效性,使学前保育与教育教师和保育人员及儿童确定其优势和劣势,以及确定计划的有效性。要明确告知父母及家庭评估的目的和方式。对儿童学习的观察和记录应与日常学习紧密结合,帮助学前保育与教育教师和保育人员了解儿童已经了解的知识,以便计划下一阶段的学习。

可以采取不同的方法和工具(如母婴保护卡、世界卫生组织生长曲

线图)来观察和记录儿童的发展和学习情况。为了能够对儿童有一个平衡的评价,请慎重选择方法和工具。评估工具和策略如下所示:

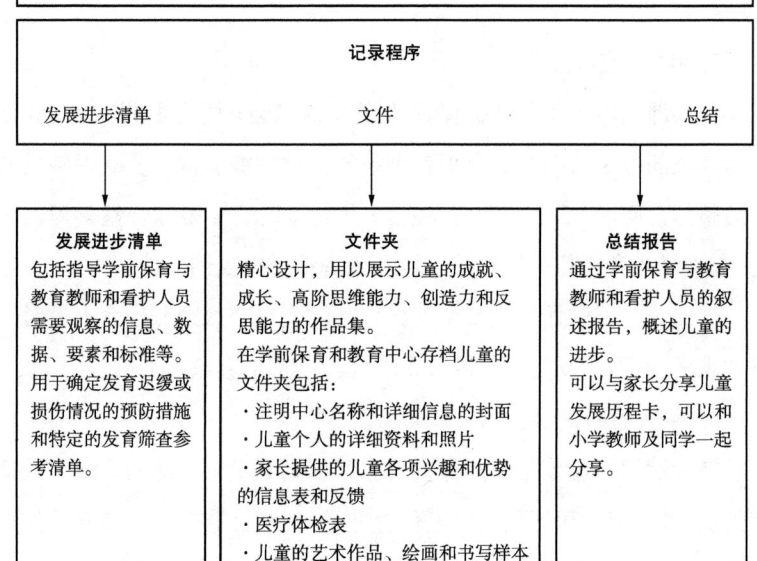

五、学前保育与教育教师和保育人员的角色

学前保育与教育教师和保育人员参与儿童的很多经历,是促进儿童全面发展的促进者,他们扮演着以下角色:

- 观察儿童、确定其需求和能力,并随着儿童的发展步伐前进。
- 设计适合发展、全面、富有挑战性的活动。
- 促进儿童学习,实现课程目标。
- 调整活动以适应残障儿童的学习能力,如可以让一个有视觉障碍的儿童获得多种感官体验。
- 通过关注多个方面,如物理环境和设施布置、活动和事件的时间安排以及分组,来组织支持性的学习环境。
- 与儿童建立积极的互动关系,并认识到课堂互动是彼此互相学习的过程。这样,教师和保育人员就能在照顾儿童的过程中继续学习和帮助儿童。
- 尊重儿童及其所处的社会环境。
- 注重设计和开展活动,还要关注持续的互动过程,并将学习与儿童所处的环境相联系。
- 与每个儿童建立起积极的关系。
- 以冷静、尊重和友好的方式和儿童进行语言交流。
- 确保残障儿童能够融入学前保育与教育课堂。
- 在早期诊断和干预方面为有特殊需求的儿童提供帮助。
- 与家长合作。
- 制定儿童从幼儿园到学前班或小学的过渡计划。

为实现以上内容,教师需要享受和儿童在一起的时光,熟知儿童的发展过程和幼儿早期课程,并应善于开展关于课程的实际教学。在幼儿保育和教育中,其他重要的成年人也是儿童计划不可或缺的一部分,必须要做出贡献。

六、与父母和家庭结成伙伴关系

在制定一个有效的学前保育与教育计划时,父母的参与和融入同样非常重要。该计划提议,学前保育与教育中心的工作人员应该和儿童家庭进行频繁且积极的沟通,分享发展报告、举行会议、发放个人笔记、让家长知道最新的事件和活动形式,从而和父母建立起积极的合作关系。学前保育与教育教师、保育人员应积极寻求儿童父母的支持,向父母展示如何才能在家里巩固并加强儿童在学前保育与教育中心所学到的经验。这些做法会帮助父母感到更加自信和舒适,并且会受到鼓励,积极地加入儿童保育和教育中来。

父母独特的作用:
- 为儿童获得最佳的发展和学习提供养育、有益和支持的环境。
- 鼓励儿童在家进行探索和试验,并以最佳的方式利用日常活动中的大量偶然和终生学习的机会。
- 与教师建立信任和互相尊重的关系。
- 与学前保育与教育教师及保育人员一起分享,并为儿童的发展制定计划。
- 参与开放日,为家长和社区举办其他活动。
- 不要在幼儿期强迫儿童学习正式课程和参加比赛,要尊重儿童的能力和个性。

学前保育与教育教师和保育人员的独特作用:
- 通过和每个家庭的初步接触来了解每个家庭。了解儿童不同的文化和社会经济背景,并知道如何与不同的家庭进行沟通。
- 在开学典礼或会议上,主动与家庭建立密切和积极的关系,并继续为后续的定期家长会提供舒适的环境。
- 制定一个能够促进家长和教师关系的计划。
- 为儿童父母和家庭提供帮助和支持。
- 寻找与家庭进行联系的方法,以便双方保持长久的联系。

- 通过深入了解各个家庭来建立起信任。常用的方法有：家访、在不太正式和不让人感到紧张的环境中举行见面会、所有家长都能理解的书面沟通（如给儿童家里寄信，告知父母儿童在最近一周内喜欢做的事情等）。
- 通过邀请家长来学校，观察课堂并给出反馈，营造一个包容性的环境。
- 定期、非正式地或在计划中的活动期间接待儿童的父母和家人。
- 帮助父母增进对儿童发展的了解，并提升他们的育儿技能。这可以通过为父母或其他家庭成员举办持续的讲习班来实现。帮助父母了解幼儿全面发展、养成健康生活方式的重要性，了解均衡饮食的意义、不同食物的营养价值、健康体检和免疫接种的时间表、儿童的生理和心理健康、处理行为问题等。
- 通过各种方式和父母进行定期沟通，告知他们孩子的进步和学校即将开展的活动。
- 定期将儿童的作品寄到家里，让父母和其他家庭成员知道儿童在学校都做些什么。
- 提出对儿童发展的关切，并与家长讨论如何才能最好地满足儿童的特殊需求。
- 如有必要，推荐社区专家为儿童提供额外的帮助。
- 邀请家长和家庭成员参与课堂，与班上儿童分享他们的传统、民间传说、音乐、舞蹈、食物等。计划要参考家庭成员的想法和观点，寻求能够支持和帮助设计活动的志愿者家长。

七、支持性要素

本书中所采取的灵活课程需要一些确定的先决条件作为支持性要素：

- 精心设计、儿童友好、条件完善、富有激励性的保育和教育环境。
- 与环境和文化相适应的课程内容。
- 适合发展的学习和游戏材料。
- 活动、歌谣和故事。
- 《儿童活动手册》。
- 《培训者指南》和《教师指导手册》,这两本书的作用是:处理成人和儿童的互动,物理环境和设备安排、为课堂做准备、根据小组日常计划维持并丰富课堂。帮助教师有效地讲授课程,并使用调整和调节的方式来满足儿童不同的需求。
- 对学前保育与教育教师和保育人员进行培训,培养其各项技能,并帮助其成为能够进行反思的实践者。
- 执行支持性监督、教师评价和项目评估。

附录 主题教学方法

以主题为基础的教学方法是一种非常有效的教学法。这种教学法能让教师有机会通过围绕各个主题对课程进行整合,教授一系列技能和内容。这种教学方法重视儿童的兴趣,并且可以为培养儿童兴趣提供很多机会。该方法能帮助儿童以有意义的方式学习知识和各项技能。

可以根据下列原则制定和应用主题:
- 设计活动时,要将儿童的兴趣考虑在内。
- 设计各种能鼓励儿童通过感官进行探索的活动。
- 为儿童提供亲手体验真实物品的机会,让他们自己去调查并动手操作。
- 帮助儿童在已知知识以及能够做事情的基础上,发展新的知识和技能。
- 提供涉及语言、认知、社交、情感、创造性和身体等所有发展领域的活动。

• 为儿童提供多种体验式活动和身体活动、社交互动、独立性以及培养自尊的机会。

• 尊重儿童因文化背景和家庭经历展现出来的个体差异。

• 积极规划,使儿童家庭成员以不同的方式和机会参与学前保育与教育。

推荐的有意义的主题和概念:

• 建立和维护身份和关系:我自己、我的家庭和社区。

• 保持健康:食物、身体、健康、卫生和清洁、安全。

• 自然界和环境:植物、动物、鸟类、水果和蔬菜。

• 物理环境:空气、水、地球、宇宙、季节。

• 社会环境:国家、节日和庆典、社区、交通方式、对自然的依赖和爱护。

安格瓦迪学前保育与教育中心
工作人员培训模块

(2017年9月　妇女与儿童发展部)

简　介

  该培训模块是安格瓦迪中心工作人员职业培训的一部分,主要侧重于学前保育与教育(ECCE)培训。该模块在为期26天职业培训中选取了5天的培训内容,目的是给教师提供培训指导,帮助其对安格瓦迪中心工作人员进行培训,使他们能够更好地为3至6岁儿童进行规划,并开展适合的学前教育(ECE)活动。

  该培训模块旨在帮助安格瓦迪中心工作人员了解学前保育与教育的课程和教学方法,以确保幼儿实现最佳和全面的发展,使其能够在6岁时开始接受正规学校教育。培训模块还介绍了3岁以下儿童的心理发展特点,这部分内容可以帮助安格瓦迪中心工作人员就早期激励问题给父母或看护人员提供专业咨询。

  本次培训之后,将定期进行复习或专题培训,以期进一步提高受训人员的知识水平和技能。

培训时间安排表

	课程	时长	时间安排	附录及视频
	第一天			
	热身课程	15 分钟	9:00—9:15	
第 1 节	课程介绍 1）智力发展及儿童全面发展：0—6 岁阶段的重要性 2）0—6 岁学前保育与教育：入学准备和终生学习的目标和重要意义	1 小时	9:15—10:15	视频 1：《机会之窗》
第 2 节	0—3 岁 1）幼儿发展的重要领域 2）发展领域与里程碑（发育标志）	1 小时	10:15—11:15	附录 1：《0—6 岁儿童发展里程碑》 附录 2：《儿童发展养育事宜讨论表》
第 3 节	早期激励 1）重要性 2）早期激励活动、婴幼游戏和发展所需的游戏材料	2 小时	11:15—13:15	附录 3：早期激励活动
午餐		1 小时	13:15—14:15	
第 4 节	母婴保护卡（MCP）	1 小时 15 分钟	14:15—15:30	
第 5 节	使用母婴保护卡给父母提供早期激励咨询	2 小时	15:30—17:30	
	第二天			
	热身课程	15 分钟	9:00—9:15	
第 6 节	3—6 岁 1）发展领域与里程碑 2）儿童学习：玩耍的重要性 3）入学准备	1 小时	9:15—10:15	附录 1：《0—6 岁儿童发展里程碑》 附录 4：《儿童如何学习》 视频 2：《儿童户外玩耍》 视频 3：《入学准备》
第 7 节	学前教育（ECE）课程框架和日常教学简介 1）什么是平衡的学前教育？ 2）设置学前教育课程和日常教学原则 3）学前教育课程简介及共享阅读，学前教育日常教学和安格瓦迪中心工作人员（AWW）手册（如果适用）	3 小时	10:15—13:15	

续 表

	课程	时长	时间安排	附录及视频
	4）基于主题的年度计划、月计划、周计划和每日使用的活动书籍			
午餐		1小时	13:15—14:15	
第8节	开发适合儿童（跨领域）发展的活动和低成本的教学、游戏材料	3小时15分钟	14:15—17:15	视频4:《与儿童开展创造性活动》
	第三天			
第9节	实地考察 1) 建立安格瓦迪中心（AWC），增加学龄前儿童学习活动——活动角、时间和空间的组织和管理 2) 在安格瓦迪中心训练员使用学前教育配套资料和现有的教学和学习材料，以讨论的形式就学前教育进行3—4小时的日常教学展示	4小时15分	9:00—13:15	
午餐		1小时	13:00—14:00	
第10节	残障早期症状识别和转诊	1小时	14:15—15:15	附录5:四张关于残障早期症状的海报
第11节	残障儿童"全纳"教育	1小时45分钟	15:15—17:15	附录6:四张残障儿童管理策略的海报 附录7:残障儿童全纳策略
	第四天			
	热身课程	15分钟	9:00—9:15	
第12节	技能培养： 1) 发掘故事题材和讲故事辅助资料 2) 讲故事 3) 韵律歌曲和歌谣	2小时	9:15—11:15	视频5:《看图讲故事》
第13节	技能培养： 组织自由的户外运动	2小时	11:15—13:15	视频6、视频7、视频8:《自由活动》（娃娃屋、积木区、户外球类运动）

续　表

	课程	时长	时间安排	附录及视频
午餐		1小时	13:15—14:15	
第14节	技能培养:开展自由式和引导性对话	1小时30分钟	14:15—15:45	视频9:《引导性对话》
第15节	技能培养:早期读写和算术能力	1小时45分钟	15:45—17:30	视频10:《早期读写能力——字母发音识别》 视频11:《早期读写能力——使用书籍阅读故事》 视频12:《早期算术》 视频13:《儿童数字启蒙活动》 视频14:《培养印刷文字阅读意识》 视频15:《早期写作活动》
第5天				
	热身课程	15分钟	9:00—9:15	
第16节	对儿童进行评估 1) 档案 2) 观察 3) 儿童评估卡	2小时	9:15—11:15	
第17节	规划四小时的常规教学	2小时	11:15—13:15	附录8:印度学前教育影响研究建议
午餐		1小时	13:15—14:15	
第18节	规划四小时的常规教学	1小时	14:15—15:15	
第19节	1) 学前保育与教育庆祝日的指导方针和实施计划 2) 提倡学前教育的重要性	1小时30分钟	15:15—16:45	附录9:学前保育与教育庆祝日指南
第20节	参与者的反馈	45分钟	16:45—17:30	

第一天

第1节：课程介绍

时长：1小时
预期学习结果：
参与者将：
1) 了解幼儿早期大脑发育过程及幼年阶段的重要性。
2) 了解学前教育和保育概念、意义及入学准备。

所需材料：

白板、水彩笔、活动挂图、翻转板、视频1（学前教育节目《机会之窗》）、印度国家教育研究与培训委员会（NCERT）韦尼塔·考尔（Venita Kaul）编写的《学前教育计划》（1997，第17—21页）。

方法：

活动1：分享本人童年经历（30分钟）

1) 让参与者分享一段童年愉快和不太愉快的回忆。10分钟后，开始分享记忆，帮助参与者敞开心扉，畅所欲言。

2) 在参与者分享各自童年回忆时，捕捉其经历的关键词，并写在活动挂图上。

3) 进行扩展讨论，同时强调童年时光和记忆在人生中的作用及影响。举例说明成年人是如何记住孩提时代所学到的童谣。

4) 展示案例视频1《机会之窗》，并讨论婴幼儿时期大脑发育的重要性。

活动2：安格瓦迪中心（AWC）在解决儿童发展需要方面的作用（30分钟）

在白板上写下几个问题，并询问参与者对这些问题的看法。可以参考以下类似问题：

- 你们大多数人都和幼儿一起工作过吗？你有没有观察他们的行为？如果有，你的观察结果是什么？
- 你觉得幼儿有哪些发展需求？
- 幼儿成长需要怎样的环境？
- 为什么和幼儿接触很重要？
- 安格瓦迪中心在确保和促进高质量学前教育和保育方面发挥怎样的作用？

培训师内容提要：

总结讨论，重点突出以下内容：

- 幼年及智力发育的重要性。

◇ 0—3岁是儿童一生中最重要的阶段。

◇ 此时，大脑最具活力、发育最迅速，对外界也是最敏感的。

◇ 基因、营养和健康状况具有重要作用，但儿童所处的环境对其成长和发展也同样非常重要。

- 学前保育与教育在为提供促进学校准备的激励环境方面具有重要意义，对于贫困儿童家庭更是如此。
- 学前保育与教育的性质：涵盖健康、营养和保育的整体干预机制，其中也包括心理、社会和情感需求时期。
- 在促进入学准备和儿童全面发展上，父母、社区和"儿童发展综合服务计划"(ICDS)的作用。
- 从广义角度来讲，入学准备指的是儿童上学的准备程度如何。安格瓦迪中心如何让即将上学的儿童做好准备？父母和家庭如何支持幼儿早期教育？
- 讨论：儿童为入学"做好准备"或"没做好准备好"并不是与生俱来的。缺乏机会才是问题症结所在。

第 2 节:0—3 岁

时长:1 小时
预期学习结果:
参与者将:
1) 了解儿童发展连续性的关键方面。
2) 获取有关发展领域和里程碑的知识。
所需材料:
关于发展领域和里程碑的材料、写有发展里程碑的记录卡片、记号笔、《国家学前保育与教育课程框架》(第 25—29 页)。
方法:
活动 1:早期发展连续统一体、领域和里程碑简介(30 分钟)
1) 让参与者列出自己家和社区中几名儿童的名字。询问他们的年龄及其能够做的事情(例如:6 个月大的幼儿可以撑起头部,9 个月大的幼儿可以不借助外力自己坐直身体)。
2) 询问参与者这些儿童是否属于正常发育,判断依据是什么。
3) 使用附录 1 与小组成员讨论 0—3 岁儿童发展领域及其重要意义。
背景说明:
儿童发展本质上具有整体性,但可以进一步细化为不同领域:身体运动、认知、语言、社会情感、创造性以及审美。这 5 个领域是相互依存的,其中每一领域都与另一个领域相关并彼此影响,每项技能都融合了其他技能。例如,辨别并说出一个物体的颜色是认知能力和语言能力相结合的结果。这些领域的发展程度都取决于适当的激励机制和学习机会。

儿童在这 5 个发展领域的统一体中会取得各种进步,一些主要进步被称为里程碑或"发育标志"。这些发育标志的出现是循序渐进的,并且在特定的年龄范围内是可预测的。同时,更为重要的是每个儿童都是与众不同的,会按照自身的情况调节发展速度。因此,所有儿童在同一年龄段获得的技能也有所不同。

活动 2:了解 0—3 岁儿童的发育标志(30 分钟)。

1) 将参与者分成 4—5 人的小组。

2) 按照发育的不同领域分发技能卡片,并在上面标注范例。

3) 要求参与者按年龄顺序排列卡片。

4) 最后,所有组别都按正确顺序将卡片进行排序。

培训师内容提要:课程总结

询问为什么了解发育标志非常重要,以及这些知识如何为儿童提供适合其年龄的体验。展示关于儿童发展的真/假判断表。读出表中内容并请参与者回答真或假。请参阅附录 2 中的问卷,以指导讨论。

第 3 节:早期激励

时长:2 小时

预期学习结果:

参与者将:

1) 了解早期激励的重要性。

2) 培养设计和开展激励活动的技能,并向儿童的父母进行咨询。

所需材料:

记录纸、纸板箱、旧照片、线绳、胶水和制作玩具的"废旧物品"。

方法:

活动 1:回应性照顾和早期激励的重要性(30 分钟)

在参与者已经了解儿童的成长方式后,

1) 询问其幼儿获得最佳发展所需要的条件,及成年人如何帮助儿童获得所有发展领域的技能。

2) 解释早期激励如何影响儿童发育及其原因。讨论回应性照顾、充分和早期激励的重要性——与儿童的玩耍和沟通。

培训师内容提要：

游戏、交流、适当喂养都有助于儿童健康成长和学习。一些参与者可能认为新生儿太小，无法与之交谈或玩耍。以下是能够促进各种发展领域激励活动的例子：与新生儿进行眼神交流、轻轻摇晃新生儿、对婴幼儿发出重复的声音、回应他们发出的声音、给其玩具和物品及进行其他交流活动。

活动 2：对儿童开展回应性活动（15 分钟）

1）向参与者询问他们看到父母与儿童一起玩的游戏和各种交流活动，及这些活动是如何使幼儿受益的。

2）在活动挂图上列出答案，并将这些答案运用到下一个活动。

活动 3：开发适合年龄的早期激励活动和游戏材料（1 小时 15 分钟）

1）准备卡片，注明 0—3 岁之间不同年龄的儿童的发育标志和发展领域。

2）将参与者分成 4—5 人的小组，并分发卡片。

3）要求参与者设计游戏和交流活动，并准备相关的游戏和学习材料。

4）提出一些与年龄相适应的激励活动。

对于新生儿，可以开展简单活动，如眼神接触、微笑、唱歌或说话，及拥抱都是适合其年龄的活动。给新生儿提供自由活动手脚的机会和空间是很重要的。

1—6 个月婴儿：看着婴儿的眼睛、微笑并和其说话、对婴儿的声音和手势做出反应。

6—12 个月幼儿：让幼儿独立做事情，如吃饭、玩家里的常见物品。

12 个月幼儿：让幼儿折叠东西、将物品放入容器、推拉玩具、鼓励幼儿行走、在周围环境中接触物体并写上标签、玩文字游戏。

对于 2 岁及以上儿童，可以帮助其计数、比较（搭配、分类、归类）、使用简单的自制玩具、提供绘画机会。询问简单的问题、鼓励儿童说话、唱歌、背诵、表演童谣、听绘本故事。因为这个年龄的儿童能够理解对错的概念,利用传统故事和游戏培养对儿童的期望行为。在培养良好行为时,温和纠其错误行为比责骂更有利于其社会情感的发展。

5) 要求参与者向小组其他成员展示他们的活动和材料。

培训师内容提要:

进行课堂总结,强调幼儿早期激励是要给其创造一个有利的发展环境,使儿童能发挥最大潜能。关于课程活动详情,请参照附录3。

第4节:母婴保护卡

时长:1小时15分钟

预期学习结果:

参与者将:

1) 了解母婴保护(MCP)卡的重要性。

2) 学会有效利用母婴保护卡进行早期激励。

所需材料:

母婴保护卡。

方法:

活动1:介绍母婴保护卡(1小时15分钟)

1) 提出以下问题并给出答案,以检测参与者对母婴保护卡的了解程度。

• 此卡的用途是什么?学习、了解和帮助采用对儿童更好的做法。

• 谁是卡片的持有人?母亲和其他家庭成员。

• 谁可以使用母婴保护卡?安格瓦迪中心工作人员(AWWs)、助产护士(ANMs)、官方认可的社会健康活动家(ASHAs)、父母和其他照顾者。

• 社区中谁是看护者?母亲、父亲和其他家庭成员,如(外)祖母或(外)祖父母。

2) 向小组展示母婴保护卡,并讨论育儿和回应式护理的重要性。

3) 讨论母婴保护卡建议的活动,及其在促进儿童生长和发育的作用。

4) 解释每个部分的重要性,及健康、回应式喂养和早期激励之间的关系。

5) 让参与者回顾针对不同年龄组的指导方针,并举例说明上一节课提出的激励活动。

背景说明:

母婴保护卡是一种工具,可以帮助父母和看护者提高对幼儿激励、健康、营养和保护等方面的育儿水平。该卡借鉴了神经科学提出的关于激励、营养和保护对儿童(包括残障儿童)最佳发展具有重要意义的学说,并就免疫、营养补充和回应式喂养,及父母和看护者对儿童进行早期激励等方面提供有价值的信息。

安格瓦迪中心工作人员可以使用该卡片说明幼儿取得的进步,并告知家长适合其年龄的发育标志及其意义,以及如何通过早期激励活动促进这些发育标志的产生。更为重要的是强调父母可以通过与幼儿接触的所有时间进行早期激励,将激励活动与其他日常活动(如喂养、洗澡和穿衣)结合起来,以促进幼儿发育。例如,母亲可以在喂食时看着儿童的眼睛、对儿童微笑、说话、唱歌。强调父亲花时间与儿童互动是同样重要的。

培训师内容提要:

进行课堂总结,强调利用早期家庭环境为儿童未来成长奠定基础。安格瓦迪中心工作人员应与父母和其他照顾者建立牢固的伙伴关系,并支持他们创造一个关爱和养育的环境,以帮助儿童获得最佳发展。

第 5 节:使用母婴保护卡给父母提供早期激励咨询

时长:2 小时 15 分钟

预期学习结果:

培养参与者技能,给父母提供如何促进幼儿成长和发育活动的建议。

方法:

活动 1:与幼儿家长就回应式护理和早期激励进行沟通(45 分钟)

1) 将参与者划分小组进行角色扮演。要求其中一个小组成员扮演安格瓦迪中心工作人员,另一个扮演父母或看护人。要求安格瓦迪中心工作人员的扮演者向父母或看护人扮演者推荐适龄的激励活动。检查其是否了解可用于组织家庭游戏活动的物品,以及这些物品的使用方法。

2) 介绍一个母婴保护卡上推荐的活动,并演示如何给育儿者提供咨询,同时强调以下几点:

- 与儿童父母定期举行会面。
- 倾听儿童母亲的意见,并对其进行观察。
- 了解其现有做法。
- 表扬父母或看护人做得好的方面。
- 就其育儿知识或实践存在欠缺和不足提供建议。
- 解释卡上提到的每项活动及其重要性。
- 解释发育标志,帮助父母、看护人了解儿童的发展。
- 如果儿童没有达到预期的里程碑,请指导家长或看护人在家中开展激励活动。
- 鼓励父母或看护人花更多的时间陪伴儿童,并告知如何通过日常活动进行陪伴。

背景说明：

指导看护者进行激励活动。

大多数家庭都想为儿童提供最好的照顾。必须赞扬他们的付出和努力，帮助他们在家庭环境中继续给幼儿提供早期激励。他们可能并不知道游戏玩耍和互动对于促进儿童最佳发展的重要性。因此，应该给他们提供以下建议：

- 要取得儿童的关注。
- 与儿童沟通，回应儿童。
- 以灵敏和反应迅速的方式逐步开展游戏活动，选择适合幼儿年龄和技能的活动。
- 在活动期间以幼儿为主导。
- 帮助幼儿完成新任务，表扬儿童的努力。

3) 有些儿童可能无法按照年龄达到发育标志。展开小组讨论，演示如何利用母婴保护卡，为父母或看护人就早期激励和育儿方面提供咨询。

背景说明：

发育迟缓、残障或营养不良的儿童可能需要额外的支持才能获得最佳发展。与家庭或社区中的其他儿童对比时，育儿者通常能够发现幼儿在达成某些发育标志方面发展缓慢，但在进行规划以及采取适当激励活动方面，他们需要更多的支持。育儿者可能并不总是根据需要经常喂养或经常与幼儿进行交流，他们应该了解这些儿童的特殊需求，及其能力水平，这一点极为重要。

活动 2：在促进幼儿发育和照顾上给家庭提供支持（45 分钟）

1) 准备卡片，列举儿童没有达到发育标志的情况（如 1 岁儿童在没有外力帮助下不能站起来）。

2) 将参与者分成 4—5 人的小组，并分发卡片。

3) 询问参与者如何使用母婴保护卡给父母提供咨询，以及就卡片上的情况推荐怎样的激励和游戏活动。

4) 要求小组代表发言。

活动3：幼儿的全面发展——解决挑战和给予关注（30分钟）

1) 要求参与者列出在给父母或看护人提供咨询时所面临的挑战，以及看护人在育儿时可能会面临的问题。

2) 邀请小组代表分享这些挑战和关注点。

3) 帮助制定可行的解决方案。

培训师内容提要：

提醒参与者，他们将在培训计划的其他部分了解更多有关幼儿营养和健康需求，及照顾儿童的信息。但为了便于贯彻培训计划，他们将就幼儿早期发展、营养和健康等方面进行单独的学习，应确保对幼儿进行全面的观察，并在家长咨询时提供综合性的解决方案。

提醒课程参与者将卫生和营养结合在一起的必要性，包括给营养不良、残障及发育迟缓儿童提供转诊服务。强调在面对严重和急性营养不良（SAM）病症儿童时，要与助产护士（ANMs）、官方认可的社会健康活动家（ASHAs）及营养资源中心合作的重要性，以及在面对发育迟缓和残障儿童时，要与区域性早期干预中心进行合作。

第二天

第6节：3—6岁

时长：1小时

课程预期结果：

参与者将：

1) 了解3—6岁儿童的适龄发展里程碑。

2) 了解幼儿的学习方式。

3) 了解玩耍对学习和发展的重要性。

4) 了解入学准备的概念。

所需材料：

记录纸或彩色卡片、水彩笔、碗、视频 2《儿童户外玩耍》、视频 3《入学准备》。

方法：

活动 1："包裹"传递（10 分钟）

1) 将参与者分成几组，并在便笺纸上事先写好 3—6 岁年龄段儿童各方面的发展里程碑。

2) 将所有便笺纸放入充当包裹的碗中，并将其传递给所有小组成员，同时通过鼓掌或唱歌制造一些音乐或声音。当音乐或声音停止时，所有小组成员都应该选择出一张便笺纸，然后读出给定的指示，小组成员一起共同做三件事情：

- 查看写在便笺上的里程碑，并确定它属于哪个领域。
- 说明相关的年龄组。
- 为特定年龄组的儿童推荐一项与里程碑相关的活动。如便笺写着"识别颜色和形状，找出蓝色圆圈"，那么，拿到便笺的小组会解释这是用于认知发展领域的活动，并说明该活动适合的年龄组。例如：这个领域可能是适用于 4—5 岁的儿童。然后小组成员互相讨论，并提出一项与 4—5 岁儿童认知发展相关的活动。之后，包裹可通过上述方式再次传递。

在以上活动结束后，询问参与者：

- 选择活动时参考儿童的年龄和发展水平有何重要性？
- 判断一项活动是否适合儿童的发展，应该参考哪些指标？

培训师内容提要：

通过游戏和整个小组讨论的方式，对特定年龄儿童的发展指标达成共识。可以参考附录 1 给出的 3—6 岁儿童的发育里程碑。

活动 2：儿童活动及其意义（20 分钟）

1) 将参与者分成 4 人一组。给出两个讨论问题：

- 儿童喜欢什么样的活动和任务？为什么？
- 你认为儿童从中能学到什么？

2）请所有小组分享他们的回答，并注意其选择活动的原因。在记录纸上列出所有原因。

培训师内容提要：

培训者可以从讨论中获得线索，并针对儿童的特点和学习方式进行讨论。培训师还可提供一些关键信息，如学龄前儿童不止通过听成年人说话进行学习，还会通过观察他人（包括比其年长的儿童）、玩耍、探索周围世界、不断尝试、犯错和提问来学习。儿童的学习方式详见附录4。

活动3：玩耍对儿童发展的重要性（15分钟）

1）通过展示关于儿童在学前教育过程中玩耍的视频2，详细阐述在儿童发展中玩耍的类别和作用。讨论年龄较小的儿童如何独自玩耍，或两人一组玩耍，以及随着年龄的增长他们如何学习遵守规则，在小组和团队中玩耍。

2）视频结束后，讨论游戏的重要性，并提出以下问题：

- 儿童在视频中做了什么？
- 你是否认为他们学到了什么？如果是，他们都学到了哪些知识和技能？
- 你认为玩耍如何能提高学习能力？

培训师内容提要：

强调玩耍对促进儿童所有领域发展的重要性和作用，主要内容总结如下：

- 运动技能是在儿童学习触碰、抓握、爬行、跑步、攀爬和平衡的过程中发展起来的。当儿童摆弄小玩具、串珠子时，良好的运动技能就得到了发展。
- 儿童学会通过玩耍解决问题。当探索周围世界时，他们会学习颜色、数字、大小和形状方面的知识。同时,学会比较和分析,这有助于其养成科学思维的倾向。

- 儿童聆听他人,并通过角色扮演重新定位其角色和责任,同时培养语言和读写技能。
- 在玩耍的过程中,儿童需要合作、谈判、轮流以及按规则进行游戏,这是融入社会的重要技能。儿童开始制定、理解以及协商规则,并了解现实生活中人的社会角色。

活动 4:入学准备的概念和意义(15 分钟)

1) 询问参与者对入学准备的理解,并将答案写在活动挂图上。

2) 向参与者播放关于入学准备的视频 3。

3) 继续讨论什么是入学准备,以及儿童离开安格瓦迪中心后和进入小学前做好入学准备的重要性。培训者可参考《国家学前保育与教育课程框架》第 23 和 24 页,进一步了解入学准备的情况。

第 7 节:学前教育(ECE)课程框架和日常教学简介

时长:3 小时

课程预期结果:

参与者将:

1) 熟悉《国家学前教育课程框架》。

2) 能够在自己培训时使用给定的材料。

3) 学习根据国家课程设置及遵循规划原则制定年度、月、周和每日的计划。

4) 了解如何合理使用儿童活动书籍和其他材料。

所需材料:

介绍《国家学前教育课程框架》主要特点的幻灯片、《各邦学前教育课程框架》资料、安格瓦迪中心手册、学前教育配套资料、学前儿童活动用书、《国家学前保育与教育课程框架》、印度国家教育研究与培训委员会韦尼塔·考尔编写的《学前教育计划》(1997,第42—45页)、记录纸。

方法：

活动1：学前保育与教育规划——共享阅读和小组演示（1小时）

1）向受训学员介绍所有国家规定材料。进行10分钟演示，并向参与者展示所有材料，讨论材料开发的基本原理。

2）讨论国家学前教育课程框架，并强调在安格瓦迪中心进行学前教育的日常教学的同时，要将其与安格瓦迪中心工作人员手册、活动资料、活动用书、学前教育配套资料相结合。详情请参考下图：

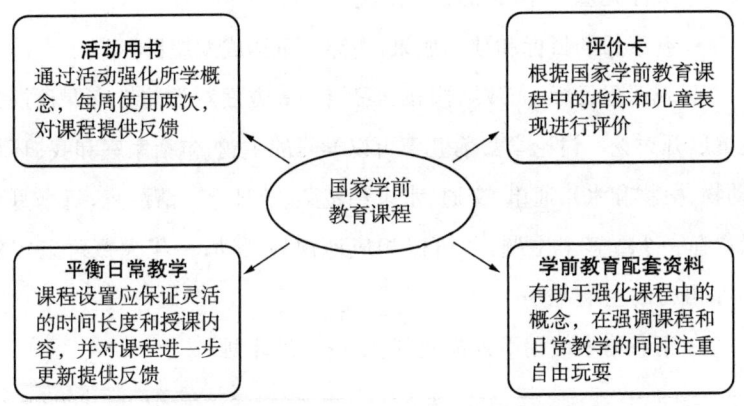

3）将参与者分成四组，把学前教育课程框架说明中的某一部分指定给每个小组进行分享阅读，并讨论如何将其与现有学前教育的参考资料联系起来，如学前教育日常教学、安格瓦迪中心手册、活动用书和评价卡。

4）让参与者进行小组演示，总结课程内容和现有学前教育资料的联系，并指出目前存在的差距。其余小组可以在演示后进行提问。

活动2：基于主题制定年度计划、月计划、周计划和每日计划（1小时30分钟）

1）询问参与者是否为自己或家人制定了短期和长期计划，以及他们是否计划财务支出、这些计划是否有目标。

2)在听取参与者的回答后,向其说明长期、中期和短期课程规划的重要性(参见《国家学前保育与教育课程框架》第52—54页)。

3)分享制定计划的基本原则。详情参见印度国家教育研究与培训委员会韦尼塔·考尔(Venita Kaul)编写的《学前教育计划》(1997,第42—45页)。制定的计划应符合以下要求:

- 平衡室内和室外活动、自由和有组织活动、个人和集体活动、大型和小型集体活动。
- 灵活应对即时需求和情况。
- 关注儿童的年龄和发育水平。
- 基于长期目标和预期成果,引导儿童达成发展目标。

4)就课程目标、大致结构和学习结果等方面对学前教育课程框架设置展开讨论。讨论学龄前儿童可以学习的主题,包括家庭和我、环境(动物、植物和水)、通讯、交通、水果和蔬菜、节日等。请注意,每个月可以选择一个或多个主题,并可以相应地规划活动;一年大概可以规划10个可行的主题。

5)请参与者使用下列模板,制定一个月计划。

月份	主题	语言	认知能力	创造力	身体	识字和算术能力(4—5岁)
4—5月	自我、身体部分、感官					
6—7月	我的家庭、住宅、学校					
8—9月	环境(植物、食物)					
10—11月	环境(动物)					
12—1月	环境(水、空气)					
2—3月	交通或社区服务人员					

6）要求一或两个小组分享他们的计划,检查是否给所有发展领域安排了足够的时间,包括每天的活动,并为年龄较大和较小的儿童制定单独的计划,将年龄较大儿童计划的重点更多放在培养入学准备技能方面。

7）根据样本月计划,要求参与者根据给定的模板将其进一步划分为周计划,并将其应用于一天的日常工作中。

月份				
主题				
副主题				
	第一周	第二周	第三周	第四周
第一天				
第二天				
第三天				
第四天				
第五天				
第六天				

8）要求参与者介绍他们的小组工作,并从实施角度讨论月计划的可行性。

活动 3:活动用书简介(30 分钟)

1）向参与者介绍不同年龄段儿童的活动用书,并讨论儿童书籍的重要性。强调活动用书不能替代课堂过程,而应该通过个人活动强化课堂上引入的概念。讨论使用儿童活动用书时的注意事项:

- 给儿童介绍活动用书里的活动要指令清楚。
- 根据儿童的需求和学习节奏灵活使用活动用书。
- 告知儿童不强制要求同时或在规定时间内完成活动表上的

任务。

- 不要每天都使用活动用书,每周两份活动表对幼儿来说已经足够了。
- 就活动用书使用和儿童进步和家长进行交流。

第8节:开发适合儿童(跨领域)发展的活动和低成本的教学、游戏材料

时长:3 小时 15 分钟

预期学习结果:

参与者将:

1) 开发适合儿童年龄的活动,以发展语言、认知和入学准备能力。
2) 开发可让学习变得有趣的教学材料。
3) 熟悉学前教育配套资料的构成和使用策略。

所需材料:

旧报纸、纸、素描笔、彩色蜡笔、剪刀、透明胶带、图表纸、空盒子、罐子、故事书、《学前教育配套资料使用指南》、视频4《与儿童开展创造性活动》。

方法:

活动 1:回忆发展领域(15 分钟)

1) 将参与者分为四组,并提出以下问题:

- 您能回忆起发展领域吗?请列出这些领域的名称。
- 针对 3—6 岁的学龄前儿童,每个领域都应开展哪些活动?请根据每个领域列出一些活动。
- 您认为所有儿童都能同时实现里程碑吗?为什么?

培训师内容提要:

讨论幼儿之间存在多样性的问题。儿童在每个领域的发展和成长都存在差异性。每个儿童的学习速度都有所不同。有特殊需要儿童的

发展方式不同于科学家总结的儿童平均速度。有些儿童身上表现出了发育加速,就像年龄较大的儿童一样;还有一些儿童身上表现出发育迟缓,更像年幼的儿童一样;还有一些儿童的发展会后来居上。

背景说明:

发育领域概述:

・粗大运动技能:需使用大量肌肉来坐、站、走、跑以及保持平衡等。

・精细运动技能:眼睛和手进行协调配合,能够吃饭、绘画、穿衣服、搭积木、写字和做许多其他事情。

・语言和识字技能:说话、使用肢体语言和手势、交际、理解他人说的话、在读写中看到意义、预读写技能。

・认知技能:思维技能,包括学习、理解、解决问题、推理和记忆、分类、按顺序思考及形成概念。

・社交和情绪技能:与他人互动、与家人、朋友和老师建立关系;学会合作、回应他人的感受、尊重多样性;尊重他人权利、调节情绪,提高内在自律性。

活动 2:开发特定领域的活动(1 小时 15 分钟)

1) 参考《各邦学前教育课程框架》,培训师将在所有五个发展领域中进行选择,并展示至少两项活动,如身体和运动、语言、认知、社会情感和创造性发展等。

2) 参与者将观察演示,同时牢记一个关键问题:这些活动需要哪些技能、概念或能力?

3) 播放关于儿童开展创造性活动的视频 4。

4) 在开展活动后,请参与者在记录纸上写下所有答案。培训师就语言、认知和社会情感发展的基本信息,向参与者做进一步阐述。

5) 将参与者分组,要求每组为在所有上述发展领域设计至少三个活动。如果需要,其余小组可以提供建议,做进一步修改。

背景说明：

在规划活动时，参与者需要关注每个领域下列出的技能和概念：

认知发展领域：

- 识别形状、颜色、身体部位、物体名称等。
- 发展感觉器官：听觉、触觉、视觉、味觉、嗅觉。
- 培养学前数字概念。
- 发展认知技能：识别、匹配、分类、排序、顺序思维、连续思考、模型制作、注意力集中和注意力长度。
- 解决问题。
- 识别数量和数字。

创造力发展领域：

- 培养想象力。
- 培养创造力。
- 通过艺术表达。
- 欣赏他人。
- 良好的运动协调能力。
- 专注力。

语言发展领域：

- 听：对话、故事、歌曲和诗歌、关于物体、事件、节日、家人和他人的描述。
- 说：表达自己的观点、分享经验、提出各种问题、用完整句子作答、扩展句子、添加或创建新词，利用想象力、解释周围的物体和事物。
- 早期阅读。

  ◇ 扩展词汇和口头表达

  ◇ 加强对安格瓦迪中心语言的理解

  ◇ 培养对印刷文字的意识

  ◇ 培养对故事书和阅读活动的兴趣

◇ 培养音素意识

◇ 识别各种单词和字母

◇ 手持书籍：如何手持、翻页及假装阅读等

· 早期书写。

◇ 将书写视为是和日常生活相关的活动

◇ 根据听到的故事进行绘画

◇ 在特定故事或诗歌中塑造自己喜欢的角色

◇ 进行虚构写作

◇ 自由绘画

◇ 创造性拼写

· 撕碎纸并粘贴特殊的形状。

· 手持书籍：如何手持、翻页及假装阅读等。

活动 3：介绍学前教育配套资料（30 分钟）

1) 与参与者一起介绍和分享学前教育配套资料；

2) 强调安格瓦迪中心工作人员可获得的三类资料：

· 学前教育配套资料：采购部门可以从市场进行采购。

· 教师和"安格瓦迪中心"工作人员准备的资料。

· 当地可用的低成本材料。

培训师内容提要：

强调所选材料应安全、卫生且对儿童友好。当地可用的材料可以包括：瓶盖、旧轮胎、塑料瓶、木制玩具、树叶和小卵石等。

3) 展示各邦学前教育配套资料全部样品并加以介绍。要求参与者分组完成以下任务：

· 根据发展领域选择适合的配套资料。

· 在四个游戏角安排学前教育配套资料，分别为建筑操作角（积木角）、图书角、角色扮演游戏角和手工艺术角。

· 每个小组使用学前教育配套资料演示一个活动。

活动 4：开发特定领域的教学和游戏材料（1 小时 15 分钟）

1) 就安格瓦迪中心工作人员可开发教学材料的范围展开讨论。

2) 举办关于开发以下材料的研讨会，并讨论所有材料的用途，留出时间练习如何使用材料。

安格瓦迪中心工作人员建议开发的游戏和学习材料如下所示：

感知和认知的发展	口语表达及早期读写能力
触摸板 系列卡片 顺序思维卡 四块和八块拼图 蔬菜、水果、动物、车辆等的词语卡片 用硬纸板做的多米诺骨牌	图片卡（用于单词和字母识别和讨论）、数字和字母卡片、图画书、特定故事或概念的木偶、面具、图画书、图表等
角色扮演游戏	
手指木偶或绒布木偶 制作布娃娃 制作木偶或面具	

第三天

第 9 节：实地考察

时长：4 小时

预期学习结果：

参与者将：

1) 了解什么是儿童友好型学习环境。

2) 学习如何组织空间和活动角。

3) 培养开展学前教育活动的核心技能。

所需材料：

文具（蜡笔、素描笔、纸、剪刀、透明胶带、订书机、釉面纸等）、之前课上开发的教学材料、白板、《国家学前保育与教育课程框架》（第 81—

97 页)。

方法：

活动 1：3—4 小时例行演示（3 小时）

1) 参观附近的安格瓦迪中心，学前保育与教育中心需要充满活力，而安格瓦迪中心符合其中的大部分标准。

2) 划分为两个小组，并参观两个安格瓦迪中心，每个小组配有一名培训师。

3) 每位培训师应使用各邦学前教育(ECE)课程框架、学前教育配套资料和现有的教学材料，在其中一个安格瓦迪中心规划并进行 3—4 小时的学前教育日常教学演示。

4) 根据以下问题要求学员观察中心和一天的日常工作：

- 安格瓦迪中心的室内外教学环境如何？
- 是否严格遵守日常教学？是否每次活动都有足够的时间？
- 培训师如何介绍概念？
- 使用了哪些材料？
- 培训师如何从一项活动过渡到另一项活动？
- 培训师如何组织活动以满足不同年龄段的儿童群体？
- 所有儿童都参与活动了吗？如果是，培训师如何保证做到这点？如果没有，培训师应注意哪些事情？

活动 2：观察分享（45 分钟）

1) 回到培训中心后，就参观中的上述问题进行讨论分享。

2) 要求参与者详细分享他们的观察，包括至少一个积极因素和一个问题。

培训师内容提要：

强调日常工作的关键要素：

- 活动涵盖所有发展领域。
- 应该包括自由游戏和集体游戏。
- 应该将集体和个人活动、安静和积极活动进行有机组合。
- 为所有儿童提供参与的机会。

背景说明：学习环境

室内环境	室外环境
• 整洁、干净、安全、有组织、有吸引力 • 备有用于课堂活动及儿童睡觉的垫子 • 在和儿童视线高度持平的墙壁上，展示儿童的作品、主题画及海报 • 配有供安格瓦迪中心中心和教师随时参考的日常教学表 • 设置3—4个活动角（如配有积木和拼图且需要动手操作的建筑操作角、配有娃娃和玩具的角色扮演游戏角、图书角、手工艺术角） • 和儿童身高匹配的地方设有一块低矮的黑板，有粉笔供儿童涂鸦和绘画 • 标记各种物品、展示儿童名牌、建设配有大量印刷读物的阅读环境 • 适合儿童的家具和材料	• 提供安全、干净的饮用水和烹饪用水 • 配有洗手设施和肥皂 • 配有适合游戏和活动的安全空间和游乐场、适合儿童年龄的室外游乐材料和设备（如球、轮胎、沙坑、秋千） • 设有围栏及可上锁的大门

活动3：实践经验：如何建立学习环境（15分钟）

1）回到培训中心后，将参与者分成多个小组，并为每个组分配一个游戏角。

2）要求每个小组根据安格瓦迪中心的配置，在训练室中布置所分配的游戏角。在此过程中，可以使用学前教育配套资料和在之前课堂中开发的教学材料。

3）要求每个小组向其他参与者展示其活动角，解释每个活动角的材料、配置、使用方法及如何使儿童受益。

第10节：残障早期症状识别和转诊

时长：1小时

预期学习结果：

参与者将：

1）了解重大残障迹象，包括身体运动、视觉、听觉和智力等方面。

2) 了解转诊和干预的重要性。

所需材料：

视觉辅助工具：四张关于残障早期症状的海报（附录5）。

方法：

活动1：残障早期症状识别概念及重要性

1) 要求参与者识别其村落、社区、家庭中患有残障的儿童和成人。让所有参与者讨论不同类型的残障；

2) 在记录纸上列出如下信息：

儿童或成人姓名	障碍类型	你是如何识别的？依据是什么？	患者可以做什么？不可以做什么？

培训师内容提要：

讨论应引导参与者了解残障对个人发展和运动的限制。这里需要强调的一点是，残障仅是限制患者某些区域的能力，但他们可以做很多事情。例如，失明儿童虽然可能无法看到，但具有学习、参加课堂，与朋友一起玩耍等能力。

3) 讨论残障早期症状识别概念及其重要性。讨论残障如何影响儿童的成长，识别四大残障的早期迹象。使用海报进一步解释早期迹象（附录5中的海报）。

4) 告知参与者残障儿童转诊的重要性。当认为儿童在发育上没有走上正轨时，应让儿童进行全面评估，并联系医院、国家健康计划局（NHM）、基层健康护理中心（PHC）、各区早期干预中心（DEIC）开展进一步治疗和干预，或联系社会与健康活动家（ASHA）、卫生部女性卫生随访员（LHVs）寻求转诊帮助。

第 11 节:残障儿童"全纳"教育

时长:2 小时 30 分
预期学习结果:
参与者将:
1) 理解"全纳"概念。
2) 了解将残障儿童(CWD)纳入安格瓦迪中心的重要性。
3) 了解"安格瓦迪中心"管理残障儿童的基本策略。
4) 学习如何调整活动和辅助工具以将残障儿童纳入安格瓦迪中心。

所需材料:
1) 四张关于残障儿童管理策略的海报(附录 6)。
2) 记录纸、硬纸板、涂色活页纸、空火柴盒、鹰嘴豆、沙子、鹅卵石、树枝、靠垫、围巾。
3) 关于残障儿童"全纳"学前教育策略的案例讲义(附录 7)。

方法:

活动 1:"全纳"学前教育概念介绍(30 分钟)
1) 使用海报讨论"全纳"学前教育概念、重要性和管理策略。
2) 开展问答环节。

活动 2:案例研究:焦点小组讨论(45 分钟)
1) 将参与者分成约 5—6 名成员的小组。
2) 请他们阅读并讨论下面提到的两个案例,并回答以下问题:
  • 苏雷什(Suresh)和迪帕克(Deepak)可以得到哪些激励和发展机会?
  • 残障儿童的早期教育有多重要?
  • 迪帕克可以进入安格瓦迪中心学习吗?如果可以,安格瓦迪中心工作人员怎么才能把他纳入课堂和活动中?

案例 1

苏雷什(Suresh)现年 4 岁。他进入当地学前教育中心学习。其祖母在每个工作日上午 9:45 将他送到学前教育中心。苏雷什希望安格瓦迪中心工作人员那麦斯特(Namaste)那时候也到达中心。他参加了学前班的所有活动,如唱歌、锻炼、玩游戏、涂色以及听"安格瓦迪中心"工作人员讲故事。他学会了在吃饭前后洗手,午饭吃从家里带的食物以及在安格瓦迪中心得到的补充食物。他在安格瓦迪中心与其他儿童进行互动和交流。有时,他也会和其他儿童打架。苏雷什的免疫记录由安格瓦迪中心工作人员负责跟进。

案例 2

迪帕克(Deepak)也和苏雷什(Suresh)一样 4 岁。迪帕克(Deepak)视力不佳,经常在走路时跌倒。他的母亲不允许他走动太多。因此,他总是待在家里,坐在家中的一个角落里,一直摇晃着身体。迪帕克的兄弟姐妹上学了,所以家里没人跟他说话。迪帕克由母亲喂饭,因为她担心如果让迪帕克自己吃东西,会弄得乱七八糟。

培训师内容提要:

培训师与参与者讨论学前保育与教育的重要性,明确如何帮助儿童实现整体发展,以及将儿童送到"安格瓦迪中心"的好处。然后,培训师可以进行延伸讨论,探讨残障儿童是如何被剥夺平等发展机会这一基本权利的,强调这样做是多么不公平,进而讨论人们对将残障儿童纳入安格瓦迪中心的态度以及"全纳"教育遇到的种种障碍。总结一些有助于将残障儿童纳入安格瓦迪中心的积极观点。

同样重要的是要向参与者指出,残障儿童是一个异质群体。这意味着所有残障儿童都不一样。例如,在有视力障碍的儿童当中,有些人视力较弱、有些部分失明、有些完全失明,而有些人则患有视野狭窄障碍。因此,每个儿童都是独一无二的,根据残障的程度,需要在安格瓦迪中心的环境、活动、辅助设施及医疗方面进行适当的调整。

活动 3：在"安格瓦迪中心"中为残障儿童调整和准备辅助设施和活动（60 分钟）

培训师内容提要：

残障儿童"全纳"教育面临的最大障碍是，安格瓦迪中心工作人员不知道如何让儿童参与课堂活动。通过对辅助设施、活动和中心设置进行微小调整，可以将大部分残障儿童纳入安格瓦迪中心。

将参与者划分为 7 个小组。要求每个小组选择下面的一项任务。提供材料，给他们 30 分钟做准备。之后，请参与者分享他们的工作。

- 涂色活动：向参与者提供一些涂色活页纸，并要求他们调整纸张位置，以便视力残障儿童可以进行涂色。
- 撕碎纸片和粘贴活动：提供一些供撕碎和粘贴的活页纸，并要求参与者为视力障碍儿童调整活动。同时，要求小组讨论在为听力障碍儿童或智障儿童开展该活动时应注意的事项。

培训师内容提要：

可以通过将稻草、火柴棒、羊毛、线、绳子、细枝等放在涂色的活页纸上，或者扎出图形整个轮廓的小孔，从而帮助有视觉障碍的儿童感觉并涂色。在儿童涂色之前，要给予其大量抓蜡笔和涂鸦的机会。因为儿童看不到，要确保将撕碎的纸、胶水或蜡笔放在儿童手中。允许儿童在开始活动之前熟悉这些材料。对于有听力障碍的儿童，确保儿童按照要求进行操作。对于智障儿童，可能需要多次指示和示范。儿童可能无法遵循多条指令。所以，将任务简单化。他们会怎么做？这个儿童可以首先学会撕纸吗？

- 声音辨别与声音意识：要求小组用空的易拉罐或火柴盒为听力障碍儿童制作音箱。在两个易拉罐或火柴盒里分别装满鹅卵石、沙子、木豆、大米等材料。根据所发出的声音将这些盒子进行匹配。小组成员还能想出更多基于声音的游戏吗？

培训师内容提要：

该活动将帮助儿童辨别声音。在听的过程中，筛选不需要的声音，并选择自己想听声音的能力是很重要的。听力受损儿童可能在这方面有困难。声音辨别活动有助于儿童意识到其所处环境中的声音。培训师也可以用身体发出声音，如打响指声、舌头的喷喷声、呼吸声和有节奏的拍手声（参见附录7）。

• 讲故事：询问参与者如果他们要给一个听力受损的儿童讲一个简单的故事（如《一只乌鸦口渴了》），他们需要做哪些调整？让他们演示如何利用适当的辅助工具讲故事（如图片卡、故事的裁剪图）。

• 大小和形状：让每组准备大、中、小几个三维图形（三角、圆和长方体），可以用来向视力有障碍或智力有障碍的儿童展示形状和大小的概念。询问参与者：还有哪些概念需要调整材料，以及如何调整现有材料？

培训师内容提要：

所有儿童，特别是残障儿童都受益于教学材料的使用，这些材料使他们提高参与度、专注力、实现积极的学习。安格瓦迪中心工作人员可以利用硬纸板或塑料板制作和切割各种形状和尺寸。例如，这些三维图形的辅助工具可以用于患有视觉障碍的儿童，他们可以通过触摸这些图形，勾画轮廓来学习形状的概念。安格瓦迪中心工作人员还可以提供不同形状和大小的积木。学习形状和大小概念时，还可以在活页纸上绘制形状，并放置厚布、砂纸、硬纸板、厚纸，儿童可以触摸和学习这些形状（参见附录7）。

• 请小组讨论对于身体和手都僵硬的脑瘫儿童需要做出哪些调整：

◇ 如何帮助一个身体非常僵硬，不能坐在教室里的儿童坐在椅子上？

◇ 当其他儿童可以拿蜡笔和涂色笔时，你能给这个抓力很差的儿童提供怎样精细运动活动，让其感到自己并没有被忽视？

培训师内容提要：

培训师可探讨脑瘫患儿正确坐姿的重要性。这有助于儿童参与活动，因为他现在可以坐起来，环顾四周，知道发生了什么事情。对于不能自己坐着的儿童，安格瓦迪中心工作人员可以用枕头来提供支撑，或者用布、围巾把其固定在椅子上合适的位置，也可以用旧轮胎帮助儿童坐起来。由于活页纸主要涉及手部活动，手指僵硬、没有握力或者手握成拳头的儿童可能在这些方面存在困难。当别的儿童做着色、撕裂、粘贴、折叠等活动时，可以给这样儿童布置张开手和加强肌肉的活动，如捏橡皮泥、滚擀面杖、揉纸、挖取和倾倒沙子、用黏土球滚成"蛇"型、挤压软球以及其他此类活动，从而使其能够有机会锻炼活动手、手掌和手指。同时，也要对教学材料进行调整，如使用橡皮筋或"夹持器"来提高儿童对蜡笔的握持力（见附录 7）。

- 向小组介绍一个儿童的情况，这个儿童动作非常缓慢，并且无法学习一个简单的任务，比如即使经过多天的教导仍然无法用手拿一支蜡笔。或许她在智力上有问题，如何教给儿童这个技能？

培训师内容提要：

无论儿童需要做什么，都应该用简单的语言慢慢解释，甚至可能需要演示该活动。例如，如果要教儿童拿蜡笔或铅笔，应该解释这个动作，把这个看似简单的活动分解成更小的步骤，如拿蜡笔，用大拇指和其他手指握在可以用来着色的部位，一直抓紧不能放松。

多感官方法非常有用，可以帮助所有儿童，包括残障儿童。人们可以利用真实的材料、视觉提示，如图片卡、身体动作和韵律来强化学习。

为了丰富讨论内容，请参阅详细讲义来了解关于残障儿童"全纳"教育策略的更多实例，详情请参阅附录 7。

第四天

第 12 节：技能培养——讲故事、随歌曲和韵律做操

时长：2 小时

预期学习结果：

参与者将：

1）学习如何开发故事。

2）学习如何开发讲故事所需的材料。

3）学会更有效地讲故事，并教授韵律歌曲。

所需材料：

白板、毡笔、活动挂图、视频 5《看图讲故事》、当地可用的材料、用于开发讲故事的辅助工具（旧报纸、杂志、图片、旧布等）、适当图画书和故事书的样本、讲故事的辅助工具。

方法：

活动 1：了解故事发展（20 分钟）

1）展示安格瓦迪中心工作者关于向儿童讲故事的视频 5。要求参与者观察会话，同时寻找以下和故事相关的信息：背景、长度、适合年龄组、角色、使用语言、声音变化和事件顺序。

2）视频结束后，请与会者讨论视频、讲故事的过程及其观察结果。使用活动挂图来写出参与者的评论。

3）将评论按照主题进行总结，例如故事的长度、背景、人物、语言、顺序和故事的结尾。

4）讨论能让儿童感兴趣的故事长度、主题和表演。

5）讨论讲故事的目的和技巧，探讨讲故事是一种培养儿童语言技能、创造力和想象力，及培养良好习惯的重要工具。

活动 2：为幼儿开发故事和讲故事的辅助工具(45 分钟)

1) 将参与者分成 4—5 人的小组,要求他们为幼儿开发一个故事。

2) 要求每个小组开发一种讲故事的辅助工具(例如故事卡、手指木偶、手偶等)。

3) 讨论为什么故事选择很重要,并进行总结。告诉参与者他们将在使用辅助工具时讲述自己的开发故事。

培训师内容提要：

在开发故事时,请牢记以下关键概念：

- 故事要有开头、中间和结尾
- 故事可能有很多角色,但应该有一个主要角色贯穿故事始终
- 故事的环境可以说明故事发生的地点
- 主角有一个待解决的问题
- 主角采取行动解决问题

参考资料：McGee, Lea M., and Donald J. Richgels. *Designing Early Literacy Programs：Strategies for At-Risk. Preschool and Kindergarten Children.*

活动 3：讲故事的演示(40 分钟)

1) 让故事开发课中每个小组选一位代表,使用他们开发的故事和辅助工具讲述故事。

2) 要求所有参与者非常仔细地观察讲故事的过程。

3) 在演示结束后,要求参与者批判地评估所观察的故事及讲故事的技巧,提供有关提高故事发展和讲故事质量的建议。

4) 总结会议,强调讲故事对幼儿的重要性,并强调讲故事时需要注意的方面,如声音调节、语调、座位安排和视觉辅助工具的使用等。

活动 4——韵律歌曲演示(15 分钟)

1) 让参与者围坐成一个圆圈,让其中的一个人演示韵律歌曲。

2) 讨论唱歌时候带有动作和不带动作各自的好处。

培训师内容提要：

讨论儿童动觉运动、韵律歌曲和韵律歌谣的重要性。运动让儿童将概念与行动联系起来，并通过实际经验进行学习。但仅重复歌曲和歌谣就成了死记硬背。

讨论每天为幼儿讲故事和唱韵律歌曲，因为能够帮助培养儿童的语言能力。向参与者解释，该活动为幼儿提供了以下机会：

- 建立想象力和好奇心
- 增加词汇量
- 提高听说能力
- 带领儿童感受不同的故事情境
- 学会用完整的句子表达
- 理解说明
- 培养提问技巧
- 通过经验进行学习，并将概念与行动联系起来

第 13 节：技能培养：组织自由的户外运动

时长：2 小时

预期学习结果：

参与者将：

1) 了解计划的自由游戏对创造力、社会情感、认知发展、语言发展、学习坚持和完成任务的重要性，以及给儿童提供一种宣泄情感的渠道。

2) 学习组织和管理自由游戏活动，以便所有儿童都有机会在自己选择的活动角里玩耍。

3) 学会促进自由游戏。

所需材料：

四个活动角的材料（角色扮演游戏角、手工艺术角、图书角、建筑操

作角；详情参见活动1下列的材料清单）、球、接力棒、《国家学前保育与教育课程框架》（第44—48页）、关于自由活动的视频6和视频7。

方法：

活动1：了解有组织的自由游戏（40分钟）

1) 播放视频6和7，其中儿童参与自由游戏。视频播放后，请提出以下问题进行讨论：

- 你观察到了什么？
- 儿童们在活动角里做了什么？说了什么？
- 在组织自由游戏时有任何计划吗？
- 安格瓦迪中心工作人员在自由游戏中做了什么？
- 您在不同领域的自由游戏中观察到哪些学习和发展机会？
- 怎么能做得更好？

培训师内容提要：

记录所有回答并强调自由活动的作用：

- 儿童学会做出选择和简单的决定，并变得更加独立。
- 他们是积极的参与者，而不是仅仅被动的接受者。
- 自由游戏是儿童表达自己想法、情感、进行社交活动和探索周围世界的自然方式。他们还会学习一些执行技能，如坚持完成一项任务或一个概念，并体验完成的乐趣。

活动2：组织课堂和自由活动材料（35分钟）

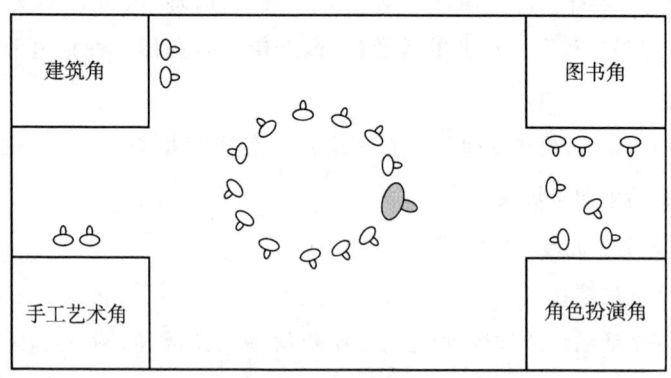

描述四个游戏角以及角内可能包括的材料：

• 角色扮演游戏角（想象游戏角）：各种娃娃、娃娃大小适用的家具、衣服、烹饪用具（如锅、餐具、勺子）、假的食物（蔬菜或黏土制成的水果）、装扮衣服（如围巾、帽子、披肩、夹克、小纱丽、长片布）、梳子、镜子、医生套装。

• 图书角：各种儿童图书、杂志和儿童在课堂上制作的书籍，包括纸板书、图画书、当地民间故事、简单故事书及主题书籍。

• 建筑操作角：不同颜色、形状和大小的积木、拼图、匹配卡、系带绳或系带卡、线和珠子、小型玩具（如汽车、卡车、动物、人物）及其他与儿童当前兴趣或环境有关的玩具。

• 手工艺术角：不同类型的纸、铅笔、不同颜色的粉笔、蜡笔、可清洗记号笔和涂料、石板、漆刷、胶带、橡皮泥或黏土、擀面杖和面板、雪糕棒、旧报纸和杂志拼贴画。

2) 在布置完游戏角后，请各小组向其他参与者展示他们的游戏角。提供并寻求反馈，推荐任何材料或调整办法以改善活动角，从而方便儿童玩耍。

活动 3：户外活动示范

1) 展示如下一些引导性的户外活动，然后让参与者参与其中：

• 目标投掷。

• 抛接游戏。

• 接力赛（两个或多个团队间的比赛），团队成员轮流完成比赛路程的一部分，然后将接力棒（可以是任何物体）传递给下一个成员，直到到达终点。

2) 询问参与者这些活动会培养哪些技能。强调这些引导性活动的作用，能够帮助儿童锻炼特定的粗大运动技能、专注于某项任务、遵循指示、等待轮到自己，以及与其他儿童一起玩耍时保持合作。

第 14 节：技能培养——开展自由式和引导性对话

时长：1 小时 30 分钟
预期学习结果：
参与者将：
1）了解自由式和引导性对话的重要性。
2）学习发起与儿童之间的对话，以提高其语言能力。
所需材料：
图片卡、抽认卡、故事或图画书、视频 9《引导性对话》。
方法：
活动 1：辨别自由式和引导性对话的主题
1）将参与者分为 4 组。让其回忆有助于培养接收、理解信息及口头表达技能的活动。帮助参与者理解，关于特定主题的自由式和引导性对话有助于培养儿童自信聆听和表达的能力。

2）要求参与者列出他们在安格瓦迪中心能够使用的指导性对话活动或主题。这些可以参考课程中的主题。

3）要求参与者列出在安格瓦迪中心使用或可用于引导性对话的活动、主题或话题。

活动 2：了解自由式和引导性对话
1）向参与者展示关于自由式和引导性对话的优秀案例视频 9。
2）观看视频后，请给出以下讨论问题的答案：
- 在与儿童互动时，安格瓦迪中心工作人员声音的音调和音高应是什么样的？
- 儿童感兴趣的主题是什么？
- 在谈话中提出了什么样的问题？
- 安格瓦迪中心工作人员如何才能让每个儿童都展开交谈？
- 给定活动使用了哪些现有教学材料？

- 怎么才能够做得更好？

培训师内容提要：

讨论后，在进行自由式和引导性对话时，请记住以下准则：

- 自由式和引导性对话的目的是帮助儿童发展他们的语言技能，而不是教其谈论特定的主题。
- 可以围绕主题、图片、故事或个人体验构建对话。
- 声音和音调应该保持柔和。
- 提出开放式问题，帮助儿童们扩展思维、构建对话。
- 儿童参与的对话具有认知要求，但不会对其提高思维能力产生威胁。

第 15 节：技能培养：早期读写和算术能力（4—6 岁）

时长：1 小时 45 分钟

预期学习结果：

参与者将：

1) 了解早期读写能力和算术的重要性。
2) 学习如何组织和开展早期读写和算术活动。

所需材料：

视频 10《早期读写能力——字母发音识别》、视频 11《早期读写能力——使用书籍阅读故事》、视频 12《早期算术》、视频 13《儿童数字启蒙活动》、视频 14《培养印刷文字阅读意识》、视频 15《早期写作活动》、投影仪、电脑、白板、记号笔、各邦学前教育（ECE）课程框架。

方法：

活动 1：早期读写能力和算术的重要性（15 分钟）

1) 播放两个关于早期扫盲活动的视频（视频 10《早期读写能力——字母发音识别》、视频 14《培养印刷文字阅读意识》）。
2) 视频播放后，请参与者根据以下问题分享观察结果。鼓励并提

供足够的时间让所有参与者回答:
- 这部分的教学是由谁开展的?
- 视频中有哪些活动?
- 幼儿有什么样的学习机会?
- 儿童们能够理解并回应安格瓦迪中心工作人员吗?
- 这些活动与您在安格瓦迪中心中心开展的活动有何不同之处?
- 视频活动使用了哪些教学材料?
- 这些活动与阅读、写作及数学学习存在什么样的联系?

3) 将观察到的细节写在白板上。重点强调早期读写和算术是由什么构成的,以及这些技能重要的原因。

背景说明:

"读写"这个词是在近几年逐步出现在人们的视野之中的。早期读写活动可以帮助儿童了解文字的意思,并表达自己的想法。读写技能是儿童在能够阅读和写作之前需要培养的关键技能。早期读写活动可以提高语言技能,一般可通过以下方法来实现:增加谈话、倾听、提高对词语或字母的好奇心并将其视为交流方式、遵循指令、给出指令及增加词汇量等。可以将这些活动和儿童熟悉的活动和游戏相结合,例如在角色扮演游戏中,儿童可以通过使用游戏角里的纸和笔,在购物前假装准备清单。

早期读写活动包括:
- 口语表达:通过听、说、获取新词来理解并使用语言的能力。
- 对印刷文字的认识:了解字母、单词、图片和印刷文本的功能,及这些功能与口语表达的关系。
- 书本知识:手持书籍和理解书籍是什么,及如何使用其进行阅读。
- 假装阅读和写作。
- 字母知识:能够识别和说出字母的名字。
- 语言意识:能够识别声音、理解由声音组合在一起形成的单词。

- 早期写作：涂鸦、随机写出字母、儿童根据音素意识赋予其意思，发明出各种拼写词汇。

早期算术：

数学概念的基础是在早期教育奠定的。学习匹配、排序、分类和按顺序放置物体能够培养儿童的数感。安格瓦迪中心工作人员应从简单匹配开始，继而开展分组、分类、排列顺序、数量（少、多、更多、更少概念），最终到具体数字（如两支铅笔、五个气球）。通过引导性和自由探索，可以累积各种经验，从而帮助儿童理解物体之间的关系、应用推理，以及培养空间概念（如顶部、底部、内部、外部）。早期的算术活动应该以儿童在家和安格瓦迪中心的日常生活经历为基础。

- 辨别图案和形状。
- 推理活动：谜题或智力游戏。
- 比较和测量，如尺寸、重量、高度和长度。
- 根据具体标准匹配物体或图片。
- 根据一个维度进行分组和分类，发展到多个维度。
- 顺序思考：理解事物的顺序（"首先"的概念），为理解顺序位置奠定基础。
- 空间关系：顶部、底部、直线、曲线等概念对理解基本数学概念非常重要。
- 一一对应：将物体和数字进行匹配，用数字去数每个物体。
- 从分组逐步过渡到数字。

活动 2：促进语言和早期读写能力（25 分钟）

1) 通过视频向参与者介绍不同的语言和早期读写活动，如共享阅读、图片阅读、单词链、文字墙等（视频 11《早期读写能力——使用书籍阅读故事》、视频 15《早期写作活动》）。

2) 展示图片阅读活动。向小组展示一张大图。提出以下问题：

- 图中发生了什么事情？
- 你能在图片中找到谁？

- 他们在做什么？
- 他们有可能在想什么？
- 他们可能有什么感受？

仔细倾听参与者的反馈，并回答他们的问题（如果有的话）。通过评论角色、寻求解释和关联自己的经验来回答提出的问题。运用技巧性的提问，包括简单的回忆问题和开放式问题进行对话。强调情节、词汇，参考插图和印刷文字并保持活动的乐趣和快乐。

背景说明：

在儿童中发展口语表达和早期读写能力时可采取的一些启发性活动：

1) 创建单词链：儿童应该接触不同的声音，有助于理解单词都是由声音组成的。在这项活动中，应要求儿童仔细倾听这个词，并用该词的开头、结尾及韵脚的发音发出其他的词汇，再逐步说出单词，并根据相似发音创建单词链。

2) 创建一个单词墙：可以把儿童在故事中找到的、有意思的单词写在记录纸上并大声朗读，有助于建立口语和书面语之间的联系。

3) 共享阅读：和儿童一起阅读故事书，在阅读之前、中间和之后提供支持性活动。

- 向儿童介绍故事和作家的名字。之后，给儿童们展示图片，让其运用想象力以自己的方式预测故事，并给他们朗读故事。
- 提出问题，为儿童提供预测故事顺序的机会，这有助于儿童扩展思想和想象力。
- 在阅读故事时，让儿童熟悉阅读过程，如从左到右阅读，在完成一页后翻到下一页等。鼓励儿童在听完故事后解读书中的文字。
- 根据故事的背景提出各种问题，帮助儿童进行探索，并理解他们的想法。
- 让儿童们根据听到的内容"写"一个故事。让儿童进行"虚构"写作。之后，一个接一个地询问他们在写作中表达了什么，并用正确的文字和文本表达出来。

4) 虚构写作：这项活动有助于儿童理解想法，也可以用书面的形式表达，继而产生对写作的兴趣。为儿童提供蜡笔、铅笔和纸。允许儿童画出自己想要的任何东西，鼓励他们写一写关于自己画的画。让他们相信写作并发明自己的拼写。儿童们完成"写作"后，询问他们写了什么内容。儿童会用自己的语言加以解释，把这些作品作为范例张贴在黑板上，并写上儿童的名字。这个活动可以重复，同时要求儿童写下自己的名字及他们最喜欢的故事。

更为重要的是创建一个具有大量印刷品的阅读环境，吸引儿童注意其周围环境中的文字，比如一些带有功能性的印刷品，如日程安排、物品标签或儿童姓名等。

活动3：早期算术活动（25分钟）

1) 通过演示向参与者介绍早期算术的不同活动，如红色和蓝色积木分类、花卉图片匹配、动物和鸟类图片分类、长短棍比较、多米诺骨牌排序、完成图案、数物体等。分享早期算术活动的例子及其意义。如果可能，播放视频（视频12《早期算术》、视频13《儿童数字启蒙活动》）。

2) 开发数字多米诺骨牌作为教学和学习材料。演示多米诺骨牌的使用情况。

3) 将参与者分成4—5人一组。要求他们列出五个可以促进早期算术能力的户外体验实例，列出所需材料和设备，及将要提高的算术技能。请小组代表介绍他们的工作。

4) 延展参与者提出的活动，举例说明当儿童掌握了一定水平的预期技能时，如何增加任务的复杂性。

背景说明：

一些可以在幼儿中展开的早期算术技能启发性活动包括：

1) 分类：可以使用任何概念进行分类，包括颜色、形状、大小、水果和蔬菜。例如，要求儿童识别环境中的所有红色物体，或从一串珠子中将黑色和黄色珠子进行分类。最初应该使用直接环境中的真实物体来完成。从单一标准开始，如将正方形和三角形积木进行分类，继而到两个或多个标准，如将红色正方形和蓝色矩形分类。安格瓦迪中心工作人员也可能不提供任何标准，只要求儿童进行分类，然后询问儿童他们是如何划分的，这一点也很重要。儿童对事物之间的关系可能有自己的逻辑。一旦儿童能够对物体进行分类，就可以使用图片卡进一步培养技能。

2）比较：这项活动有助于儿童理解和比较两件事，并形成形状、大小、重量和高度的概念，如识别轻重、短、长等之间的差异。这些可以通过以下方式完成：可以根据任何标准进行比较，如短棍和长棍、小石头和大石头等。用于比较属性的物体应该在属性上相同，如两个物体都是棍子，一根长而另一根短；两块石头，一块重，另一块轻。一旦儿童能够识别相似性和差异，就可以通过游戏活动引入比较和测量的概念，如参与玩沙子和装水的游戏。

3）图案复制和完成图案：这是一个介绍性活动，让儿童对图案有基本的了解，以便将来能够理解数学中的复杂图案。首先可以展开图案复制活动，进而到完成图案的活动，如要求儿童制作一朵花的两片叶子的图案。

4）数数和学习数字概念：可以让儿童从周围环境中收集叶子、花、球或任何此类物体，并对其进行计数。从少于九个物体开始，儿童理解这个概念后再继续加深难度。通过这种方式，儿童将学习一一对应。

5）数字识别：可以向儿童展示带有数字的卡片，要求儿童在卡片旁边放置相应数量的珠子。如果卡上写数字2，儿童就在卡片旁边放置两颗珠子。

活动4：开展有关早期读写和算术活动（40分钟）

将参与者分成4—5人一个小组。要求小组计划一个早期读写和算术活动，开发游戏材料并进行展示，随后展开讨论。

第五天

第 16 节:对儿童进行评估

时长:2 小时

预期学习结果:

参与者将:

1) 了解评估内容及其重要性。

2) 明确这样一个事实:评估旨在帮助儿童实现其发展的里程碑,而不是评判他们或给其贴上标签。

3) 熟悉幼儿评估的各种技巧。

4) 学习如何使用儿童评估卡。

所需材料:

儿童评估卡,《国家学前保育与教育课程框架》(第 59—61 页)。

方法:

活动 1:评估简介(20 分钟)

1) 和参与者开展一些活动,向他们介绍"评估"的概念。给参与者布置不同的任务,根据评估卡上参与者是否表现良好或需要帮助,要求他们评价彼此的表现。

- 让参与者单独背诵一首诗。
- 让参与者进行共享阅读。
- 让参与者与他人进行引导性对话活动。

活动 2:讨论(30 分钟)

1) 在之前对活动的讨论中,可能发现尽管给每个参与者提供了相同的条件和资源,但在任务完成方面还是有所不同。这使人们认识到,必须通过评估来了解每个儿童在预期学习结果方面达到的水平。由于每个儿童都按照自己的节奏发展,在对技能和能力评估时,安格瓦迪中心工作人员要通过调整对儿童的计划做出适当的干预。

2) 询问参与者对儿童评估重要性和评估方法的看法。

3) 分享和讨论《国家学前保育与教育课程框架》中关于儿童发展和学习评估的内容。

活动3:介绍评估报告(1小时)

1) 向参与者介绍评估报告,以帮助其了解评估和报告的目的和方法。

2) 强调不应对这个年龄段的儿童进行测试。评估必须完全基于在自然教室环境中对儿童的观察和记录。

3) 向参与者展示评估报告,讨论不同年龄儿童采取的不同指标,及安格瓦迪中心工作人员如何根据对特定任务或基于一段时间的观察结果对每个儿童的指标进展情况进行每季度一次的报告。

4) 要求参与者阅读不同年龄段的指标,列出可能在评估中具有挑战性的那些指标。

5) 围绕这些具体指标进行讨论,尝试共同解决指标评估中会遇到的问题。

6) 参与者在评估不同指标后,就儿童的学习水平发表意见,并讨论如何在下一季度为儿童做好计划,以帮助其达到各个发展里程碑。这有助于关注儿童需要帮助的领域。

7) 让每个参与者填写一个季度评估报告作为练习。

培训师内容提要:

通过讨论以下内容进行总结:

- 幼儿评估不需要严格遵循一定的格式。
- 安格瓦迪中心工作人员需要观察并记录儿童在中心取得的进步以及遇到的困难,并养成定期做报告或记录的习惯。
- 安格瓦迪中心工作人员需要积极观察和报告儿童的所有发展,采取对儿童鼓励的反馈方式。

• 每月的学前保育与教育日可用于展示儿童的表现,并与父母和社区互动。这将有助于展示安格瓦迪中心的工作,鼓励家长将儿童送到安格瓦迪中心进行学习。

第 17 节：规划四小时的常规教学

时长：2 小时
预期学习结果：
参与者将能够：
1) 亲眼观察安格瓦迪中心的日常教学工作。
2) 学会制定日常计划。
所需材料：
记录纸、毛毡笔、《国家学前保育与教育课程框架》。
方法：
活动 1：计划每日例行任务（1 小时 20 分钟）
1) 要求参与者回到以前制定课程计划时形成的小组。
2) 要求参与者使用给定的模板,准备一天的样本计划,在计划中要突出以下关键点：

- 平衡积极和安静活动,使二者有机结合。
- 提供个人、小型和集体活动和互动。
- 允许在学习环境中积极探索材料。
- 鼓励灵活应对儿童的各种需求。
- 将室内外活动及自由式和引导性活动有机结合。
- 平衡各种儿童自发性和教师引导性机会。
- 在结构性和灵活性之间取得平衡。
- 确保解决包括残障儿童在内所有儿童的需求。

3) 向参与者展示给定的模板,要求他们计划每日时间表（见下表）。在开始计划之前花一些时间讨论教师引导与儿童主导活动的关系。自由游戏和对话等是儿童主导的活动,为儿童提供机会探索环境、运用想象力,与材料和环境互动以构建自己的知识结构;而教师引导性活动则更多地由教师主导。

时间	日常安排	地点设置	老师引导性/儿童自主性	活动名称
8:00—8:30				

1) 要求参与者提出并反思正在制定的计划。以《国家学前保育与教育课程框架》中给出的日常教学样本为例,与参与者讨论"印度学前教育影响研究建议"(附录8)中推荐的课堂实践,并给出优秀学前班所建议的活动时间安排。

2) 讨论开展适合年龄和儿童发展的课堂教学,以及遵循日常教学灵活安排原则的重要性。

日常教学安排示例:

- 晨间分享时间(30分钟):欢迎、问候、祈祷、交谈。
- 使用游戏材料(80分钟):自由游戏和引导游戏(每项40分钟)。
- 户外玩耍(30分钟)。
- 告别分享时间(40分钟):基于已知主题的故事和童谣。
- 入学准备活动(30分钟):对于4—6岁的儿童,每天至少花1小时用于该主题的教学。

活动2:关于样本计划的讨论(40分钟)

1) 讨论参与者所在邦的学前教育(ECE)课程框架中日常教学计划的内容。在新的日常教学中,学生学习的4小时应划分为以下时间段:

- 晨间分享时间——安格瓦迪中心工作人员利用这段时间宣布规则、检查出席、进行小型祷告和唱歌、谈论当天活动、鼓励儿童通过自由对话分享家庭或社区新闻;根据主题活动展开一些结构性或引导性的对话;还可以讲故事或唱歌谣。
- 自由游戏和引导性游戏——这是一天中最重要的课程之一,因为儿童们有机会进行选择并动手操作。安格瓦迪中心的工作人员可以在其他儿童进行自由游戏时,通过小组轮流或单独辅导的方式为儿童提供具有年龄针对性的教学时间。在活动角进行的自由游戏让儿童拥有探索和实验的空间,可以相互交谈、学会坚持不懈、完成任务,并有机会积极运用想象力。

- 户外玩耍——这对儿童很重要,可以使儿童有机会参与涉及大量肌肉运动的活动。对于年龄较大的儿童,这是学习参加集体游戏的时间。
- 告别分享时间——年龄较小的儿童可以在 20 分钟后离开。在此之后,年龄较大的儿童可以专注于早期识字活动。培训师引导参与者讨论这与正式教学(阅读、写作、算术)的区别。
- 喂食互动时间——给教师和儿童提供非正式交流的机会,彼此之间可以探讨洗手、食物的味道、不同饮食习惯、食物原料等。在分享时间结束后就可以立刻吃饭。年幼的儿童可以在喂食后离开。年龄较大的儿童可以留下来进行集中的入学准备活动。

第 18 节:规划四小时的常规教学

时长:1 小时
预期学习结果:
参与者将:
1) 根据共享样本计划并组织活动。
2) 能够实际参观并展示在安格瓦迪中心组织的日常教学。
所需材料:
学前教育配套资料、教学学习材料、各邦学前教育课程框架、安格瓦迪中心工作人员手册(如果有)。
方法:
活动:分组展示样本计划
1) 将参与者分为 4 组。

2）根据他们制定的计划，给每个小组布置一项展示任务。

第一组 晨间分享时间	第二组 自由式和引导性游戏时间
第三组 户外游戏时间	第四组 告别分享时间

3）用适合的材料布置教室的四个游戏角。

4）每组都仔细研究一周的日常教学，然后决定某一日期的特定活动。

5）在组间移动，并向参与者展示如何交叉使用参考资源库和手册中给出的日常教学计划。

6）所有参与者对各小组示范进行审查和讨论，与培训师一起提供反馈和改进建议。

第 19 节：学前保育与教育（ECCE）庆祝日指导方针和实施计划，及宣传学前教育（ECE）的重要性

时长：3 小时

预期学习结果：

参与者将：

1）学习如何加强与儿童父母的关系，以建立儿童看护者与父母间的相互信任和尊重。

2）在组织学前保育与教育庆祝日活动时，要赢得儿童家长的理解，并想多种方法让他们参与其中。

3）能够在社区内加强儿童早期教育的透明度、尊重度和理解力，鼓励当地父母将儿童送到学前班就读。

4）为参与者提供组织学前保育与教育庆祝日模拟练习的机会。

所需材料：

《学前保育与教育庆祝日指导方针》(妇女儿童发展部)、白板、记号笔、记录纸、马克笔。

方法：

活动 1：介绍学前保育与教育庆祝日——讨论(1 小时)

1) 询问参与者与父母、社区合作的经历。

2) 讨论父母和家庭在儿童发展中的重要性。父母是确保家庭和安格瓦迪中心建立连续关系的重要环节。

- 您多久与儿童父母进行一次互动？是按照计划安排进行的吗？
- 您一般和他们讨论什么内容？
- 家庭和社区成员是否每月都会被邀请到学前班进行互动？

3) 介绍学前保育与教育庆祝日，并询问参与者对庆祝日的理解。

- 您有没有听说过学前保育与教育庆祝日？之前组织过学前保育与教育庆祝日吗？
- 什么是学前保育与教育庆祝日？庆祝的目的是什么？
- 什么方法能够帮助学前保育与教育工作人员与父母和社区建立联系？
- 要求参与者分享其学前保育与教育庆祝日的经历并展开讨论。

培训师内容提要：

展开讨论，并鼓励参与者分享其组织学前保育与教育庆祝日的经验。通过以下内容凸显举行学前保育与教育庆祝日的重要性：

- 启发家长和社区人员采取适合儿童年龄和生长发育水平的学前保育与教育实践。
- 促进家长和社区成员的积极参与，为其创造机会，并为安格瓦迪中心提供人力和物质支持。
- 使家长和社区了解基于学习方法的非正规游戏和活动的价值。
- 告知父母儿童在发育、发展和学习里程碑方面的进步。
- 探索方法，让社区成员参与监测和支持安格瓦迪中心提供的服务。

请参阅《学前保育与教育庆祝日指导方针》(由妇女儿童发展部制定)。详情参见附录9。

活动2：小组合作(40分钟)

1) 要求参与者思考有助于他们与父母和社区建立良好关系的策略。

2) 向全体小组成员介绍策略，并进行讨论。

培训师内容提要：

讨论与家长和社区建立沟通渠道和融洽关系的重要性。讨论并总结可运用的策略：

- 每日与儿童父母、祖父母在接送儿童或家访时进行互动。
- 邀请家长和社区成员到学前班观察安格瓦迪中心的学前活动，并解释这些做法的基本原理。
- 让儿童祖父母、父母、社区成员参与安格瓦迪中心为儿童举办的故事会。
- 在安格瓦迪中心组织学前保育与教育庆祝日。
- 在安格瓦迪中心举行家长会，分享儿童的进步并对父母进行指导。
- 确保儿童在家里保持类似激励性活动的连续性。
- 在安格瓦迪中心举行社区会议，将安格瓦迪中心运作的相关问题进行告知，并寻求支持。

活动3：如何计划学前保育与教育庆祝日(1小时20分钟)

1) 要求参与者想象他们正在计划为父母和社区举办学前保育与教育庆祝日。

2) 分成两组，准备以下任务：

第1组：

准备一份计划，阐明儿童及其家人如何参与活动。计划中要包括至少一首歌或舞蹈，确保每个儿童都参与其中，为父母和社区展示一项日常例行的活动或说明几个关键问题。

第 2 组：

做好预先规划，牢记以下几个方面：

- 确定活动日期和地点。
- 确定学前保育与教育庆祝日的重点。
- 准备活动邀请函。
- 与主管和儿童发展项目官员（CDPO）协调规划物流和材料支持。
- 确定教学人员。
- 与参加此次活动的健康、教育、三级潘查亚特乡村自治委员会（PRI）的利益相关者进行协调。
- 让社区人员参与组织活动，并鼓励其出席和参加庆祝活动。

3) 要求参与者介绍每个小组的工作，并互相给出反馈和提出建议。

4) 讨论从事学前保育与教育的工作人员应与社区人员密切合作，因为他们面对的儿童是整个社区，甚至是整个国家的未来。

5) 总结安格瓦迪中心工作人员、主管和儿童发展计划官员在规划学前保育与教育庆祝日过程中的重要作用，及附录 9 中规划庆祝日的过程。

第 20 节：参与者的反馈

课程时长：30 分钟

预期学习结果：

与会者分享他们对培训内容和过程的反思。

所需材料：

白板、记号笔。

活动：反思

1) 询问并鼓励参与者分享他们对内容和方法的反思。

2) 与参与者就所关注的问题展开积极和建设性的讨论，以期进一步改进计划。

附录1 0—6岁儿童发展里程碑

发展领域：身体和运动

子领域：身体

具体方面：身体健康

参考标准：展示参与日常活动的耐力和精力

0—3个月	3—6个月	6—9个月	9—12个月	12—18个月	18—24个月	24—36个月	3—4岁	4—5岁	5—6岁
在清醒状态下表现出警觉		探索与环境互动的乐趣	探索各种方式的身体移动（如攀爬、跳舞）		开始参加游戏、户外玩耍和其他地形式的锻炼	继续在参与活动方面取得进展			开展体育活动（如和其他儿童一起做运动、随着音乐跳舞）
	每次可以进行3—5分钟有组织的体育活动					每天至少进行30分钟体育活动，每次至少10分钟	每天进行至少60分钟至儿时的自由体育活动	每天进行至少60分钟的有组织体育活动	

子领域：运动

具体方面：感觉、运动协调

参考标准：能够使用感官（看、听、触摸、嗅和尝）来指导运动

0—3个月	3—6个月	6—9个月	9—12个月	12—18个月	18—24个月	24—36个月	3—4岁	4—5岁	5—6岁
通过转向声音方向和触摸探进行回应	用手和嘴探索物体	尝试"咬"带有坚硬表面的胶皮	感受不同的材质（如砖、墙、瓷砖、木头、小树枝水）	探索不同的表面和纹理（如垫子、泥地、软枕头等）并进行回应			身体对环境做出适当的反应（如弯曲膝盖以实现软着陆，快速移动以避开障碍物等）		

续 表

	0-3个月	3-6个月	6-9个月	9-12个月	12-18个月	18-24个月	24-36个月	3-4岁	4-5岁	5-6岁
					协调眼手运动（如把一小物体放入一个大容器中）	将物体从一只手移动到另一只手	在空间中表现出身体意识（如绕着桌子走而不撞到桌子）		提高手眼协调能力（如接住反弹过来的球）	拿着装满水的杯子穿过房间而不洒出来

具体方面：粗大运动

参考标准：协调大块肌肉进行不同的活动

0-3个月	3-6个月	6-9个月	9-12个月	12-18个月	18-24个月	24-36个月	3-4岁	4-5岁	5-6岁
能移动胳膊、腿	能玩脚和脚趾								
能格动头侧向一边	能控制头部运动								
俯卧时能用手托住头部和胸部									
能从俯卧到仰卧、从仰卧到俯卧	能在地板上滚来滚去	能有目的地爬行				能爬过隧道	能缓慢地爬行和滚动	能在狭窄的空间里快速爬行和滚动	能单膝或单手支撑身体重量，闭着眼睛打滚
能在有支撑时坐着，背部挺直	能独立坐下，并可坐着玩耍			能站着弯腰		能轻松弯腰			
	能单独站立	能单脚独立		能站直线		能站着拿东西	能一只脚不稳地站着	能单脚站立几秒钟	
		能扶家具行走	能独自行走	能走直线		能踮起脚尖走路	能轻松地走直线	能轻松走出直线、曲线和圆形的路线	能轻松地在斜面上走动

续表

行走	平衡	跳跃	踢	跑	爬	投掷/接球
能自信地向前行走,能闭眼小心地向后走	能保持平衡快速移动	能从1.5米的高度跳下,身体协调性良好,自信地双脚着地	能灵活地踢跑	能长时间快跑	能爬上和爬下绳梯	能向指定目标投掷球板大小的球;能躲避球
能轻松、协调性很好地向后、向前和向侧面行走	能够单脚更长时间维持平衡站立	能从1米的高度跳下,落地时双手不着地	能不稳地踢跳	能加速跑	上下楼梯攀爬时,有时能够双脚同时踏在同一个台阶上	投出的球或圆环具有一定的精确度,但经常不能击中目标
能以更好的协调性向后行走	能单脚在短时间内保持平衡,当接到指示能够停止单脚站立	能从60厘米的高度跳下,落地时手触地面		能匀速跑直线	能双脚同时踩在台阶上,有时能够使用双脚交替爬行	能把球掷大球,但经常不能击中指定目标;依靠手和身体的支持,有时能够抓住大球;能更多次成功地阻止滚动的球
能向后行走,但不是很协调	能单脚在帮助下保持平衡	能轻松跳跃			能在没有支撑的情况下双脚交替上下楼梯	能把球扔向一个特定方向
		能够原地跳跃			能低台阶	
					能尝试在支撑下爬楼梯	能笨拙地投球

续 表

0—3个月	3—6个月	6—9个月	9—12个月	12—18个月	18—24个月	24—36个月	3—4岁	4—5岁	5—6岁
			能踢一小球			能用膝腕、手和身体投掷或者接球	能用手和身体接住一个大球	能跳起并接住一个大球	能用手接中等大小的球
			能坐着玩和玩具时保持平衡			能向前踢一个小球	能把静止的大球向指定方向踢开较短距离	能以一定的精度把球踢向指定目标	如果目标距离适中（约3—4英尺），能精准地将球踢向指定目标
			学会将手和身体从支撑物上移开				能在大人的帮助下坐着摇摆	在没有帮助的情况下站着摇摆	
							能积极玩耍，但容易疲劳，需要在短时间内进行活动之间进行休息	能在较长时间进行的活动中积极锻炼	能在较长时间的活动中表现出主动性和创造性

具体方面：精细运动

参考标准：用手指和手实现不同的目的

0—3个月	3—6个月	6—9个月	9—12个月	12—18个月	18—24个月	24—36个月	3—4岁	4—5岁	5—6岁
能将手指紧握于掌心	能用拇指和食指抓住小物件			能试着抓住球		能把戒指挂在钉子上	能用手指代替拳头拿蜡笔	能把硬线穿过一个小洞，或用硬线串珠子	能把一根硬线穿过排列顺序或设计复杂的孔
						能把大钉子插进洞里	能把硬线穿过一个大洞		

续表

年龄	内容
0—3个月	在洗澡期间放松
3—6个月	对移动、响声做出反应；对日常活动进行模仿（喂养、换尿布、穿衣）；仰卧时能双手合十
6—9个月	能做数拳手势；开合书
9—12个月	翻书，常常一次翻好几页；用手举起容器倒空
12—18个月	一页一页地翻读物；能将两块立方体搭建成塔；能在一张大纸上用大号蜡笔乱画
18—24个月	把胳膊伸进袖子里，把脚伸进鞋子里；将小物体从一个容器转移到另一个容器；能用蜡笔涂鸦，画垂直、水平的直线和圆形
24—36个月	通过转动和拉门把手来开门；能系上大纽扣
3—4岁	能慢慢地系小的字母和数字纽扣；能创造模拟的字母和数字；能写一些可识别的字母或数字
4—5岁	能完成1—2块的简单拼图；能完成简单的拼图；把水倒在玻璃杯里，不洒出来
5—6岁	能系上并解开纽扣；能完成10—25块的拼图；把水倒进瓶子里，不洒出来；能写出熟悉的日常环境中的字母和数字

子领域：健康和营养

具体方面：健康

参考标准：对日常照顾和清洁卫生行为做出回应

续表

	0—3个月	3—6个月	6—9个月	9—12个月	12—18个月	18—24个月	24—36个月	3—4岁	4—5岁	5—6岁
					尝试借助帮助穿衣服		尝试穿衣服和脱衣服	脱衣服不需要帮助,但系纽扣需要帮助	独立穿衣服和脱衣服	快速穿衣服
						在成人帮助下刷牙	需要成年人帮助洗手、擦牙	提高洗手、刷牙和上厕所的能力	饭前便后要洗手	
							试着用勺子吃饭			自己吃饭
	通常每天睡眠时间为16—17小时	睡眠时间8—12小时						开始了解休息和体育活动的必要性	保持清醒6小时,而不会感到疲倦	
								用纸巾擦拭鼻子	经提醒,自己能擦拭鼻子	自己清洁鼻子	表现出个人卫生需求意识(如在没有帮助的情况下进行清理)

具体方面:营养

参考标准:喂食各种营养食品

	0—3个月	3—6个月	6—9个月	9—12个月	12—18个月	18—24个月	24—36个月	3—4岁	4—5岁	5—6岁
	母乳喂养	母乳喂养	母乳喂养加辅食	吃各种食物	认识各种营养食品	增加食物摄入量	探索各种营养食品	能区别可食用和不可食用的东西	自己尝试新食物	
				用手指探索食物		从各种食物中做选择		尝试新的食物		

续 表

	0—3个月	3—6个月	6—9个月	9—12个月	12—18个月	18—24个月	24—36个月	3—4岁	4—5岁	5—6岁
子领域：安全										
具体方面：安全实践										
参考标准：展示能避免有害物体和情况的能力										
	开始对看护者和其他成年人和陌生人做出不同反应	区分家庭成员、看护人和陌生人		遵循一些固定的规则和惯例	在看护人说"不行"时,还可能需要成年人帮助避免不安全行为	知道在公共场所散步要握住看护人的手	告诉看护人有些人伤害他/她,或让其感觉不舒服	建立需要遵循健康和安全守则意识	遵循基本健康和安全规则,并提高对有害物体或活动做出反应的能力	遵循基本健康和安全规则,并提高对有害物体或活动做出反应的能力
							开始避免危险(炉子、池塘、刀具等),但仍然需要帮助	在看到危险行为时,通知同伴和成年人	理解安全的区别	不接受陌生人给的玩具、糖果、钱或者其他东西
								没有成年人时,不独自过马路	过马路时看道路两侧	
								说出一些优质营养食品		开始了解某些食物对人体的益处

发展领域：个人情感和社会情感

子领域：社会关系和人际交往技能

具体方面：与成年人和同龄人的交往

续 表

参考标准：儿童信任熟悉的成年人，并与之互动

0—3个月	3—6个月	6—9个月	9—12个月	12—18个月	18—24个月	24—36个月	3—4岁	4—5岁	5—6岁
对看护者回以微笑，哺乳时进行眼神交流	以微笑、挥手或大笑回应大人的良性互动	靠近熟悉的成年人时发出声音	通过微笑、手势等与看护者进行互动			能运用简单的沟通方式，如给熟悉的成年人分享玩具、糖果	自由地接触熟悉的成年人		乐于与其他成人互动
			通过微笑和咿呀学语等向熟悉的成年人表示好感		当熟悉的成年人出现在身边时会表现出快乐		继续对熟悉的成年人培养好感	成年人不再身边时，学习独立处理问题	
				喜欢和大人玩耍，如捉迷藏		与其他儿童坐在一起时比较放松，玩同样玩具但没有过多的关系	喜欢与其他儿童玩耍，并模仿其他儿童	喜欢和很多儿童一起玩	乐于参加合作游戏
						通过触碰或交谈表达对其他儿童的关注	给其他需要帮助的儿童帮助（如拥抱、安抚或轻拍）	对其他儿童表示同情（如对正在哭泣的儿童说"别哭"）	表现出有意识、理解并关心他人的感受

子领域：自我意识和自尊

具体方面：自我认同和自尊

参考标准：能够以积极方式认识自我

0—3个月	3—6个月	6—9个月	9—12个月	12—18个月	18—24个月	24—36个月	3—4岁	4—5岁	5—6岁
		从影像进行自我认知（如通过镜子、水面和照片）		理解自身行为（如玩耍、吃饭和穿衣）		认识到年龄和性别	确定一个人的好恶、想法和感受	对完成适当任务表现出信心	独立处理适当的任务

续表

	0-3个月	3-6个月	6-9个月	9-12个月	12-18个月	18-24个月	24-36个月	3-4岁	4-5岁	5-6岁
	探索面部和其他身体部位		识别自己的名字,如被人喊名字时,会抬头看或扭头	被喊到名字时,会以肢体或语言进行回应		表现自我欲望(我要什么)	表现出强烈的自我意识,并试图成为有主见的人	开始发展个性	在向成人寻求安全感的同时,表现出对独立的需要	在展示新技能时,表现出自尊,并意识到自己的特点和技能

具体方面:情感满足

参考标准:能够识别和表达各种情绪(愤怒,喜悦,挫折,嫉妒,恐惧等)

0-3个月	3-6个月	6-9个月	9-12个月	12-18个月	18-24个月	24-36个月	3-4岁	4-5岁	5-6岁
生气、不舒服、疲惫或不快时大哭		因做某事不舒服或无法做某事变恼眉	完成一项新任务时会看向看护者(如站立或行走)	经历各种情绪(如喜爱,恐惧,愤怒,悲)	表现出被他人看到的意识,当注意到有人在看时,重复其行为	表达对情感支持的需要	开始在困难情况下更准确地表达情感,需要表达想法	在理解感受方面更进一步,了解不同人对同一情况会有不同感受	用更复杂的语言来表达其感情,及其原因的理解

子领域:接受并尊重多样性 参考标准:尊重他人

0-3个月	3-6个月	6-9个月	9-12个月	12-18个月	18-24个月	24-36个月	3-4岁	4-5岁	5-6岁
喜欢被紧紧抱着	开始区分愤怒和友好的声音			观察父母面部的表情(如拒绝玩具后看看父母)		注意到他人、物体和环境中的差异	在文化、种族、能力和无能的基础上开始理解人的差异性	表现出对人与人之间差异的意识和尊重	理解人与人的相似之处,尊重人与人的差异

次要发展领域:自我规范

续表

具体方面：情感控制
参考标准：冲动、情感和行为准则

0—3个月	3—6个月	6—9个月	9—12个月	12—18个月	18—24个月	24—36个月	3—4岁	4—5岁	5—6岁
哭泣、被抱起时安静下来		其他人拿走其玩具时，会表现出愤怒	表现出分离焦虑	在陌生人面前紧紧抓住看护者	当看护者不在视线内时哭泣，或在陌生人面前紧紧抓住看护者		在没有成年人的帮助时不会过度焦虑	能接受熟悉的成年人不在身边的情况	
			对日常生活中的变化做出反应	遵循一些既定的规则和惯例	试着适应常规和规则	在提醒和帮助下，期待并遵循简单的日常事务	在不同的环境改变行为		

发展领域：学习方法
子领域：好奇心与兴趣
参考标准：表现出对体验和学习新事物的好奇心和兴趣

0—3个月	3—6个月	6—9个月	9—12个月	12—18个月	18—24个月	24—36个月	3—4岁	4—5岁	5—6岁
		通过感官、运动来探索环境，并表现出兴趣，如触摸、品尝等		对新活动或事物表现出兴趣		对日常工作表现出兴趣	对感官和其他体验感兴趣，如听故事、和朋友一起玩等	对他人的新经历表现出兴趣，如说："索菲去游泳了，我可以去吗？"	对更宽泛的活动体验表现出兴趣，无论体验还是与同龄人或成年人的共同体验
					问简单的问题，如"那是什么？"或"谁来了？"	询问关于新体验的问题，如"为什么？""怎么办？"	问大量复杂同来的问题，如"地铁是如何行驶的？"	问一些关于将来活动的问题，如"我们什么时候去奶奶家？"	问更深层次的问题，如"所有的颜色都消失了会怎么样？"

续表

子领域：主动性									
具体方面：主动性									
参考标准：能够主动参加活动									
0—3个月	3—6个月	6—9个月	9—12个月	12—18个月	18—24个月	24—36个月	3—4岁	4—5岁	5—6岁
重复简单动作（如摇动手臂）			要主动独立完成日常工作				主动和其他儿童做游戏	邀请其他儿童一起玩	
								提出一项活动并付诸实践（搭积木）	
				表达对活动、经历、人或物的喜爱		表达偏好，有时与他人意见不一致	在做选择时表现出固执	根据自身做决定	权衡不同的选择，看哪一个更好

子领域：坚持									
具体方面：活动中的坚持									
参考标准：能坚持完成一项任务									
0—3个月	3—6个月	6—9个月	9—12个月	12—18个月	18—24个月	24—36个月	3—4岁	4—5岁	5—6岁
						用更集中的注意力重复喜欢的活动	重复喜欢的活动，并在较长时间内专注于活动	以更高的注意力集中于某活动上并忽略干扰，如即使有其他儿童在旁劳作也能专注于某项活动	将注意力持续集中于某一活动，并在被打断后仍能重新集中注意力

续　表

	0—3个月	3—6个月	6—9个月	9—12个月	12—18个月	18—24个月	24—36个月	3—4岁	4—5岁	5—6岁
							完成自己选择的、短期的具体任务	完成一系列的自主任务,如吃饭、脱衣、梳洗	完成长期且较为模糊的任务	在监督下完成长期或复杂的任务
							在3—5分钟内,对某困难任务尝试多次	在5—10分钟内,对某困难任务尝试多次	在10—15分钟内,对某困难任务尝试多次	在15—20分钟内,对某困难任务尝试多次

具体方面:声音辨别和音乐创造力

参考标准:表现出区别不同声音的能力

0—3个月	3—6个月	6—9个月	9—12个月	12—18个月	18—24个月	24—36个月	3—4岁	4—5岁	5—6岁
转向音源方向	"以动作或面部表情对音乐做出反应"	"以动作或面部表情对音乐做出反应"	识别少量歌曲,跟着音乐拍手	跟着音乐拍手或摇晃	以身体动作对音乐做出反应	唱出简单旋律,并做出非常简单的舞蹈动作	"选择其喜欢的音乐,并选择其最爱的歌曲"	通过韵律识别音乐的类型,通过跳舞尝试新姿势	"唱已经记住的歌词,并在跳舞的时候尝试新姿势"

发展领域:语言、交流和读写能力

子领域:语言、倾听和表达

具体方面:能够用多种方式交流

参考标准:倾听和表达

0—3个月	3—6个月	6—9个月	9—12个月	12—18个月	18—24个月	24—36个月	3—4岁	4—5岁	5—6岁
当有人注意时,反射性地微笑	识别熟悉人的声音,并转向说话者		能注意到熟人的声音	倾听专注力时间延长到6分钟			能更专注地倾听说话、对话或故事,大声朗读的时间能达到5分钟左右	能更专注地倾听说话、对话或故事,大声朗读的时间能达到5~10分钟左右	能更专注地倾听说话、对话或故事,大声朗读的时间能达到10~15分钟左右

续 表

具体方面：语言结构
参考标准：能学会大部分词；形成更完整的句子

	0—3个月	3—6个月	6—9个月	9—12个月	12—18个月	18—24个月	24—36个月	3—4岁	4—5岁	5—6岁
	对环境中的声音做出反应（如突然听到声音时，会惊吓或大哭）	能在他人提到其熟悉的物体时，指向该物体		能给当地回应简单要求，如"挥手再见"	能用词汇表达感情	能使用电报式的句子（如"去"）		能通过语言或手势给当地回答一个简单要求	能通过动作或简单句子回答简单地回答问题，指示或要求	能通过合适的行动或复杂句子，适当地回答复杂问题，指示或要求
						能在他人提到多个物体时，指向这些物体			能判断真实词汇和虚构词汇的区别	能学习不同类别的专业词汇
					能回答"是"和"否"的问题	对简单指令做出反应（如跳跃、奔跑等）		能遵循按照顺序给出的两个简单指令		学会遵循自然情境中多步骤的指令
	发出声音引他人注意力	发出声音让他人知道自己正在经历快乐		通过面部表情的动作传达表达需求		使用手势和肢体语言来表达需求和感受（如主动拥抱）		用单词、短语或简单短句来表达	用简单句来描述想法、经历、物体	开始使用两个以上的句子进行交流，了解句子构成的规则

具体方面：词汇

	0—3个月	3—6个月	6—9个月	9—12个月	12—18个月	18—24个月	24—36个月	3—4岁	4—5岁	5—6岁
					用单个字表达，运用不同的声音	尝试用词组，合来组成短语和句子	能继续用句子进行交流，但某些词性缺失	能运用简单句法结构的句子	运用母语构成句子，显示出复杂的语法结构	主要使用复合句或复杂句，能用"如果"表达条件关系
								能正确使用人称代词(我、他们和你们)	能根据性别使用正确的语法结构	

续表

参考标准：在听到或看到单词时，应能识别并使用单词

0—3个月	3—6个月	6—9个月	9—12个月	12—18个月	18—24个月	24—36个月	3—4岁	4—5岁	5—6岁
			掌握50个单词	掌握150个单词	掌握200个单词		掌握几百个单词；能询问不熟悉单词的意思		
		用婴儿话语分辨物体	开始掌握词汇，但还不会使用，婴儿常用词汇				掌握与身体相关的简单词汇，如头、嘴、眼睛、鼻子、耳朵、牙齿等	掌握更多与身体相关的延伸词汇，如脖子、肩膀、眉毛、膝盖、脚踝、胸等	继续认识和身体相关的延伸词汇，如眼眶、睫毛、嘴唇、脸颊、胸后跟、臀部等

子领域：读写能力

具体方面：阅读书籍

参考标准：对书籍产生兴趣

0—3个月	3—6个月	6—9个月	9—12个月	12—18个月	18—24个月	24—36个月	3—4岁	4—5岁	5—6岁
			用感官读书（视觉、触觉、味觉）	让成年人读故事	不需要成年人的帮助就对书、图片产生兴趣	翻页并在熟悉的书中找到喜欢的图片	对读书或书面文本产生兴趣，从而能够大声朗读	根据图片上物体位置，按正确方向持书	通过假装阅读，尝试独立阅读自己最喜欢的故事
		当他人给自己讲故事时，会表达不同情感		喜欢阅读特定的书		能挑选自己喜欢的书	能使用正确姿势翻阅图画书，可以从头到尾翻页	能坐着很长时间阅读图画书或其他印刷材料	了解如何阅读印刷文字，如从左到右，从上到下等

续表

	0—3个月	3—6个月	6—9个月	9—12个月	12—18个月	18—24个月	24—36个月	3—4岁	4—5岁	5—6岁
具体方面:认识印刷文字 参考标准:在环境中认识文字、标志和标识										
							开始识别环境中高频繁出现于印刷品中的标志和标识,关注书页上的词汇和图片	在课堂、家和社区中加深对印刷文字的意识,并开始注意各种情境下注意到印刷文字	开始关注印刷文字中的空格,了解字母和标点符号的区别	开始理解字母代表特定的发音;开始区分一些笔画相似的字母
							能记住喜欢故事中的单词	用简单句提问和回答故事有关的人物角色	看图讲故事	对尚未阅读的书籍进行预测
								开始理解印刷版应从左到右进行阅读	当假装阅读或继续阅读时,应遵循行文顺序	
具体方面:语音意识、语音和字母意识 参考标准:通过词汇、歌谣和歌曲等培养语音意识										
		模仿成人制造出的多种声响		喜欢童谣		喜欢听童谣并开始背诵带有相似语句的歌曲、图书和歌谣			能够指出起始和结尾的发音	说出4—5个首字母发音相同的单词
				发出和汽车、动物、鸟或玩具有关的声音				开始注意到一些单词的开始部分发音相同	挑出开始发音相同单词	准确地判断出元音和大部分辅音

续 表

具体方面：写作

参考标准：培养技能并对写作感兴趣

0—3个月	3—6个月	6—9个月	9—12个月	12—18个月	18—24个月	24—36个月	3—4岁	4—5岁	5—6岁
							区分发音相似的单词	用韵律规律找出歌曲、诗中的韵脚	在他人帮助下，认出元音
							辨别词汇的韵律		认出并重复多音节单词
							认出自己名字的首字母	把名字中的字母出现在单词中的字母联系起来	认识字母表中的几个字母
							开始理解字母构成了单词	理解字母形成单词；字母和数字不一样	能辨认一些书写相似的字母
		用食物组成各种形状	用手指在地板或桌子上画出痕迹	在纸上乱涂乱画	用上臂肌肉的力量握住书写工具，因此字迹比较大	用蜡笔或书写工具画出直线和圆圈	使用模拟字母代表单词	画出周围的人或物	理解书写是一种可以分享信息或消息的工具
				在纸上画出形状	画出直线和圆			通过画图展示出个人经验和故事	在帮助下写自己的名字
							画基本的几何形状，如圆、三角，正方形等	用简笔画画出人的身体	

续表

具体方面:阅读
参考标准:培养阅读兴趣和技能

0—3个月	3—6个月	6—9个月	9—12个月	12—18个月	18—24个月	24—36个月	3—4岁	4—5岁	5—6岁
			注意书中的图片				在周围环境中认出标识(如标语)	认出自己的名字和一些常见的字母	认出更多的字母和常见单词
							假装给自己"读"一本书	假装独立阅读或与他人一起"阅读",翻页并查看图片	阅读熟悉的高频单词(如名字)
									将2—3个字母的单词按顺序拼读出来;尝试使用元音

发展领域:感觉、知觉和认知
子领域:感觉
具体方面:使用感官(视觉、听觉、触觉、嗅觉和味觉)
参考标准:儿童在视觉、听觉、触觉、嗅觉和味觉上的发展指导运动

0—3个月	3—6个月	6—9个月	9—12个月	12—18个月	18—24个月	24—36个月
注视周围的人或物	眼神从一个物体/人变换到另一个物体/人		注视远处的物体或人			双眼能够跟随移动的物体或人
对熟悉的声音进行回应	在听到父母或看护者的声音时会微笑	定位声源		对广播或电视中的声音展示出兴趣	"明白他人在其他房间呼喊自己"	享受听歌的乐趣

续表

	0—3个月	3—6个月	6—9个月	9—12个月	12—18个月	18—24个月	24—36个月	3—4岁	4—5岁	5—6岁
	对咸味更为敏感	接受新食物和味道						能匹配和辨认甜、酸和咸味	辨别并可以说出酸、甜、苦和咸的味道	通过味觉回忆熟悉的食物,如酸橙、糖和酱油等
		"认出熟悉的味道,并因熟悉的味道平静下来(如毛毯带有奶香味)"	注意到难闻的气味,并由此产生相应的面部表情	注意到其他的气味				区分难闻的味道和好闻的味道	根据味道辨认物体	回忆熟悉的味道
	触碰周围的物体(用手指向并抓住)	伸手触摸、摩擦、挤压不同材料			探索所有种类的材质、坚硬、柔软、凉爽、潮湿、黏的、软的			确定并区分粗糙和光滑、坚硬和柔软等触感	将光滑、粗糙的表面、或坚硬的柔软的表面进行3个级别的区分(分3个等级):粗糙,光滑,更光滑	闭眼分辨出所触材质,按粗糙、光滑、更光滑等级分类

子领域:通过多种感觉探索环境

具体方面:儿童用感官与周围环境进行互动

参考标准:用感官通过与感官环境与环境互动

0—3个月	3—6个月	6—9个月	9—12个月	12—18个月	18—24个月	24—36个月	3—4岁	4—5岁	5—6岁
			用感官探索物体和感受其特质,如颜色、触感、重量和味觉	用感官积极地探索研究和探索新动作对物体的影响	运用不同方法探索物体:摇晃敲打、感受、观察、感觉、品尝、咀嚼、推、转和敲等	用不同感官区分自然物体和人工制造的物体			

续 表

	0—3个月	3—6个月	6—9个月	9—12个月	12—18个月	18—24个月	24—36个月	3—4岁	4—5岁	5—6岁
	在成人的帮助下，用感官去探索环境（如触觉、视觉、味觉、嗅觉和听觉）	在成人的帮助下，注意到周围环境中的植物、动物和人		观察并表达对大自然和自然现象的兴趣（如雨、风、微风、草、蝴蝶、树叶和鸟）	分辨植物和动物，探索宠物和家中的动物，摘花、收集树叶等		观察并研究一些自然现象（雾、闪电）或不同生物（昆虫和宠物）	区分常见动物和鸟的名字	讨论和天气、季节变化相关的词汇（如下雨的、晴朗的、刮风的）	描述动植物和环境之间的简单关系（如"鱼生活在河里"，"有些动物吃植物"。）

子领域：认知能力的发展

具体方面：表现出观察、记忆、回忆和观察人的能力

参考标准：表现出观察技能

0—3个月	3—6个月	6—9个月	9—12个月	12—18个月	18—24个月	24—36个月	3—4岁	4—5岁	5—6岁
认出父母（距离自己8—12英寸）	记得1—6天前向其展示过的图片或玩具	认出熟悉的人	在房间的另一面认得出父母	认清从远处走过来的人（之前认识）	在书中认出熟悉的物体或图片	记得并能谈论一天中早些时候发生的事情	认出很久没见的熟人		
			记得特定的信息（玩具放置地点）	记得喜欢的物品经常放置的位置，并在找不到时进行询问			观察、记得、回忆并能立刻回忆起给其同时展示的前3个物品	观察、记得、回忆并能立刻回忆起给其同时展示的4—6个物品	观察、记得、回忆并能立刻回忆起给其同时展示的6—7个物品
							记住2—3行的短童谣	记住一节诗	记住一节以上长诗

具体方面：分类和系列化

参考标准：展示出能够根据概念或属性（如颜色、大小、形状）对物体进行分类的能力

0—3个月	3—6个月	6—9个月	9—12个月	12—18个月	18—24个月	24—36个月	3—4岁	4—5岁	5—6岁
							根据某一概念（如形状、颜色）进行分类	根据两种概念（如形状、颜色）进行分类	根据三种概念（如形状、颜色、尺寸）进行分类

续表

0—3个月	3—6个月	6—9个月	9—12个月	12—18个月	18—24个月	24—36个月	3—4岁	4—5岁	5—6岁
具体方面：发展顺序思维									
参考标准：展示出理解数字或物体顺序和次序的能力									
							重复涉及3—4种物体的已知模式	再创、延展图片、故事和事件的逻辑顺序	以正向和反向思维进行思考
具体方面：能找到多种办法解决问题和挑战									
参考标准：解决问题和推理									
		准确看向玩具掉落,或被毯子盖住玩具的方向	寻找故藏起来的玩具	寻找并找到被藏起来的玩具	通过尝试和犯错误解决问题(如尝试用几种方式拿到玩具)	用创新的办法解决问题(如爬上凳子拿玩具或绕过)			应用不同策略寻找解决问题的方法
					开始识别出两张图画或物品的不同之处		能辨别出两张相似图画或物品之间的不同之处	能辨别出两张极为相似的图片或物品的少量差别	能辨别出两张相似图片或物品的许多区别
具体方面：象征性表达									
					使用手势和简单语言(两岁左右)获得帮助	为完成任务寻求帮助(但可能在提供帮助时拒绝)	面对具有挑战性的工作能寻求帮助(如"能帮我拿一下这个棒子吗?")	从成人和同辈处寻求帮助(如"你能帮我拿一下衣柜里的泰迪熊吗?")	能准确分辨出需要获得帮助的类型(如"我认为我知道如何做这件事,但我需要一些帮助")

续 表

参考标准:能替换物品或假装扮演角色

0—3个月	3—6个月	6—9个月	9—12个月	12—18个月	18—24个月	24—36个月	3—4岁	4—5岁	5—6岁
				使用娃娃和动物模型,就像这些是真实的(如娃娃、宠物狗)	与洋娃娃、动物玩偶和真实的玩具一起玩耍(如用勺子喂娃娃)	在扮演中使用相似物品代表另一物品(如用笔代替勺子)	使用或制作物品代表物品的一个道具(如做一个电话)	运用想象力,在玩耍或行动中使用不相似的物品来代表其他物品(如手里没有任何东西做出搅拌的动作)	
				能进行角色扮演,并在扮演中使用道具	在假装表演中表演简单的主题(家庭、驾驶等);用一个物品代表另一物品(用瓶子代替手机)	在角色扮演中扮演有关系的角色(如儿童的父母亲或父亲)	通过描述不同情境进行角色扮演	通过描述不同情境进行角色扮演;即兴地运用物品	通过描述进行角色扮演即兴创造性地运用物品,复杂度较高

次要发展领域:数学思维

具体方面:尺寸,形状,数量,长度,宽度,高度等概念

参考标准:能够熟练运用尺寸,形状,宽度,长度等知识和技能

0—3个月	3—6个月	6—9个月	9—12个月	12—18个月	18—24个月	24—36个月	3—4岁	4—5岁	5—6岁
				对物体相对尺寸有意识	通过物体形状简单分辨物体	描述物体的相对尺寸(如大、小、高、矮、长、重、轻)和数量(如许多、很多、满的、空的、全部、部分、没有)	辨别大物体和小物体,并将尺寸的物体进行匹配	按照形状摆放物体,按照3个物体排列起来	按照形状摆放物体,按照5个物体等级排列起来

续表

	0—3个月	3—6个月	6—9个月	9—12个月	12—18个月	18—24个月	24—36个月	3—4岁	4—5岁	5—6岁
								辨别简单的形状（如圆形、三角形、长方形和正方形）	"通过日常经验，辨别三维形状（如圆柱、球体和圆锥）"	说出并画出不同的形状

具体方面：数字意识

参考标准：理解数字和计算知识

0—3个月	3—6个月	6—9个月	9—12个月	12—18个月	18—24个月	24—36个月	3—4岁	4—5岁	5—6岁
	当提及玩具或物体时，理解"更多"的意义			"通过数手指表示年龄"		凭记忆至少数到5	能在1—100间说出一些数字	能够按顺序数到5	能够按顺序数到10
								认出5以内的数字符号	认出并能写出10以内的数字符号

具体方面：空间概念

参考标准：理解个体之间的物理相关关系（如方向和位置）

0—3个月	3—6个月	6—9个月	9—12个月	12—18个月	18—24个月	24—36个月	3—4岁	4—5岁	5—6岁
			能够"运用身体和空间中的物体"	理解物体是如何在空间中并在空间中移动，理解即使某物体完全被隐藏起来，它仍存在于空间中	利用积木构建简单结构和顺序	探索真实物体的大小、形状和空间布局	理解空间中不同物体间的关系	更加理解物体方向、顺序和位置，及其词语表达（如旁边和相邻，正上方和正下方，正方和下方等）	分清左右

具体方面：时间概念

续表

参考标准：理解时间概念（尤其是与日常生活相关的时间）

0—3个月	3—6个月	6—9个月	9—12个月	12—18个月	18—24个月	24—36个月	3—4岁	4—5岁	5—6岁
				理解与日常生活（如吃饭、睡觉）相关的时间概念	使用时间词语："明天"和"昨天"	从日常活动的角度理解白天和黑夜、下午和晚上的概念	认识到先和后的概念	认识到早和晚的概念	学会从钟表中读时间的基本方法
								意识到体表可以体现时间	
								表现出对过去和现在有意识	

具体方面：金钱概念

参考标准：确定硬币和货币的价值和面额

0—3个月	3—6个月	6—9个月	9—12个月	12—18个月	18—24个月	24—36个月	3—4岁	4—5岁	5—6岁
							能区分金钱和其他物品	理解购买物品时需要钱	理解某些硬币或货币价值更高

附录 2　儿童发展养育事宜讨论表（CCD）

序号			评论
1	当对自己提供护理的能力充满信心时,母亲会做得更好	正确	看护人在离开前应有机会与您一起练习各种新活动,并相信自己在家中也能进行该活动
2	当刚上学时,儿童的大脑发育速度比其他任何年龄段都快	错误	大脑在儿童出生前和出生后的最初两年内发育最快。努力在这个年龄段帮助儿童学习,儿童将终身受益
3	幼儿通过尝试和模仿他人学到的知识,远远多于被告知应该做什么	正确	有证据表明,儿童是通过"做"来学习的
4	父亲在儿童能说话之前,也应该和其进行交谈	正确	父亲这样做可以帮助儿童为讲话及与人沟通做准备
5	在儿童能讲话前,唯一的沟通方式就是哭	错误	幼儿通过移动和触摸来交流。如通过吮吸手、嘟起嘴巴、转向母亲的乳房来表达饥饿。帮助看护者发现儿童的迹象,并加以解释,因为等到儿童哭了,这对儿童和看护人来说都是痛苦的
6	婴儿出生时可以听到声音	正确	甚至有证据表明儿童在出生前就会听到声音,并且会认出离其最接近人的声音（包括父母）
7	婴儿出生时看不见东西	错误	婴儿在出生时可以看见东西,随着时间的推移,视力变得更加清楚。儿童最容易受到人脸的吸引。研究表明,婴儿甚至可以在 2 到 3 周内开始模仿他人的面部表情。有些研究者认为婴儿在出生几天后就可以模仿

续 表

序号			评论
8	当幼儿将东西放进嘴里时,应该受到批评	错误	幼儿把东西放在嘴里,是因为嘴是一个非常敏感的器官。幼儿通过嘴以及双手感知冷和热、平滑和粗糙。要确保物品安全和清洁
9	幼儿扔东西只是为了让父母生气	错误	幼儿掉东西可能是偶然的。然而,他们也在通过试验进行学习。东西掉落会发生什么事情、多久后会发出声响,及他人会如何反应等
10	当长大到可以和其他儿童一起玩耍时,儿童就会开始玩耍	错误	看护者可以从婴儿一出生就和其一起玩耍。幼儿通过游戏学习。看护者可以与幼儿一起玩耍,如移动、触摸,或通过噪音和彩色物体吸引儿童的注意力和兴趣
11	儿童们可以通过玩锅、杯子和勺子来学习	正确	儿童们不需要商店买的玩具。他们可以从许多家居用品中学习
12	与儿童交谈,但在哺乳期间不要与儿童交谈,这会分散儿童的注意力	错误	母亲可以轻柔地与儿童交谈,温柔地对待一个吃奶的儿童,这不会分散幼儿的注意力,而是有助于母亲与儿童保持亲近。母亲的声音和触摸会使儿童感到安慰

参考资料:WHO(2012),*Care for Child Development: Facilitators Notes*,WHO,Geneva.

附录3 早期激励活动

定义

早期激励包括激励儿童的各种活动,包括看护者为促进儿童发展而创造的经验和环境。

早期激励的重要意义

- 确保儿童健康发展。
- 鼓励儿童玩耍。
- 促进所有领域的发展。
- 发展社会关系和信任。
- 提高环境意识。

早期激励活动不仅重要,而且必不可少。儿童适当的早期激励是影响早期发展的关键因素之一。

儿童的周围环境为早期激励提供了许多机会,包括日常家庭活动,周围其他儿童、成人和宠物,以及户外旅行,这些都会让婴幼儿高度感兴趣。

提供机会,激活所有感官,这无论是对那些受照顾的婴幼儿还是他们的照顾者来说都是一种有趣且有意义的体验。

激励可以培养出更聪明、更快乐、更健康的儿童,父母和看护人应该采用什么方法有目的地刺激婴幼儿的大脑?应该从什么时候开始?

0—6个月的婴儿

儿童出生后的第一年是婴幼儿的一个快速发展期。让婴儿与他人待在一起、让其能看到周围有人、与之互动都有助于婴儿进行学习。这一阶段的激励活动应特别侧重于发展感官能力及提高运动技能。

出生一个月后,婴儿会在一段时间内持续保持清醒和活跃,因此可以为其计划一些活动。例如,在 3 个月大时,婴儿开始追踪声音。因此,用勺子和碗发出声音等简单的活动也是一种刺激。在婴幼儿的视线范围内悬挂游戏材料有助于培养与视觉相关的感官技能。5 个月大的婴儿对踢腿和其他粗大运动很感兴趣,可以在他们脚附近放置能促进运动发展的玩具。在大约 6 个月左右,看护者应该提供挤压、拾取、按压和手持物品的机会,以促进婴儿精细运动技能的发展。0—6 个月大婴儿激励活动如下所示:

身体和运动	语言	认知	社会情感
• 将一个颜色鲜艳的物体放在离婴儿脸部 8—10 英寸的位置,然后将物体从一侧缓慢移动到另一侧; • 在婴儿床的一侧系上发出声音的物体; • 通过策略性地将声音玩具放在希望婴儿移动的方向上,鼓励其进行身体运动,如翻身、前进和踢腿; • 做婴儿运动操和锻炼。	• 在婴儿头部一侧摇一摇铃,然后在另一侧摇一摇铃; • 在视听设备上播放不同类型的音乐; • 随着婴儿长大,把婴儿抱在怀里,用柔和的声音说话,抱着他/她到处走动; • 给他们可以移动并制造噪音的玩具; • 即使没有抱着他/她,每次在附近时都要和婴儿说话。	• 在婴儿附近放置色彩明亮的玩具; • 提供软玩具,如用干净的袜子制成的填充玩具,可以用来抓握和触摸; • 触摸不同的身体部位,并说出这些部位的名字; • 在婴儿的视线水平位置悬挂人和动物的大图片; • 让婴儿通过触摸、抓握、摇晃及吸吮等进行探索。	• 怀抱、摇晃、给幼儿唱歌; • 抚摸、给婴儿挠痒痒; • 有目光接触,并对婴儿微笑; • 在与婴儿互动的同时,以有趣的方式进行沐浴和喂食; • 当婴儿正在吃奶时,按摩其手指和手。

给看护者的建议

• 在前 6 个月中,大多数激励活动需要婴儿躺在床上,或让婴儿俯卧在大腿上进行。

• 婴儿每天的睡眠时间接近 18 小时。在醒着的时候,给予的刺激不要太多或太少。

• 应选用词语简单的童谣,并且应该与婴儿的世界有关联。

6 个月—1 岁的幼儿

在此期间，幼儿开始爬行。必须通过提供能骑的玩具、绳类玩具、滚动、追球、扔豆袋等体验来满足幼儿的探索需求。摇篮曲和歌曲应成为日常生活的一部分。为促进幼儿语言能力的发育，这个阶段应该开始讲故事。6 个月—1 岁的幼儿的激励活动如下所示：

身体和运动能力	语言能力	认知能力	社会情感能力
• 在干净的地方爬行，把色彩明亮的玩具放在身边，以便幼儿伸手抓或向其移动； • 做伸展和弯曲运动； • 在水桶里放入挤压玩具、海绵和毛巾供幼儿挤压； • 用纸包裹各种物品，并让幼儿打开包装； • 在大纸板箱的相对两侧挖洞，供幼儿爬行并穿过孔洞。	• 指向周围的物体、描述并说出其名字； • 用柔和的声音唱关于身体部位的歌谣，做出简单的动作，并随歌谣触摸所唱身体部位； • 手持幼儿熟悉的食物或玩具的大图片，说出其名字，谈论并允许幼儿触摸图片； • 用几种不同材料填充不同的容器，如谷物、铃铛、大理石等。让幼儿摇动这些容器； • 大声朗读彩色图片书籍。	• 拿一个玩具，在幼儿面前把它藏起来，如放在布里、手中或身后，并鼓励幼儿去寻找； • 让幼儿感受不同的质地，如水、面团、大珠子、纸、布制软玩具等； • 带幼儿到户外，让他们观察周围的动物、鸟类和车辆，并模仿其声音； • 展示不同颜色的花朵，帮助幼儿闻一下味道； • 用围巾、毯子、毛巾等进行"躲猫猫"游戏。	• 允许周围其他成年人照顾幼儿； • 给幼儿按摩，可以缓解身体紧张，有助于和看护者建立联系； • 用幼儿的照片制作图画书，并编关于幼儿的故事； • 玩手指游戏或挠痒痒游戏； • 鼓励幼儿自己的事情自己做，如喝水、吃饭和坐着。

给看护者的建议

• 提供合适的器具、家具等，让幼儿能够抓握、推拉、手持、爬行、扶着站立、借助支撑学习走路。

• 以有趣的方式进行互动，通过描述和赞美幼儿的行为强化其努力的行为。

• 在看幼儿时，要留出时间让其独立玩玩具。

- 运用多种方法可以增强全面的学习效果。

1—3 岁的幼儿

1岁的幼儿能站立,并开始学走路。两岁的幼儿可以移动,并用腿和手尝试各种粗大运动。在两到三岁期间,幼儿身体独立性的发展是最主要的方面。幼儿交流能力、词汇量及其使用量大幅度提高。在个人社交领域,幼儿也从比较被动的"接受"角色,转变为积极、自信的互动模式。幼儿的好奇心加深了其对周围所有一切的理解。1—3岁的幼儿的激励性活动如下所示:

身体和运动能力	语言能力	认知能力	社会情感能力
• 在房间中间放一根绳子,帮助幼儿走到绳子上并跨过绳子。当幼儿的能力和信心有所提高时,增加绳子距地板的高度; • 把球滚向幼儿。鼓励幼儿将球滚回给看护者,并鼓励其抓球、扔球、踢球及将球穿过空隙; • 大多数幼儿在学习如何走和跑。带幼儿去散步。还可以进行基于主题的散步,如寻找蓝色的物体; • 组织活动,如向后走、跳过绳子、爬行、滑行、跑步、拖拉带绳子和轮子玩具等。	• 阅读图片。用手指向图片中的物体,描述并说出它们的名字; • 带着幼儿到户外,让其认真倾听能听到的声响。识别这些声音并进行模仿; • 唱歌和童谣。与幼儿一起创造属于他们的新版歌曲; • 给幼儿读故事书,让幼儿重复故事,鼓励其进行顺序思考; • 鼓励幼儿用木偶、法兰绒板、面具等各种辅助工具讲述自己的故事; • 与幼儿一起进行角色扮演。	• 用水装满大桶。提供不同尺寸的容器、塑料瓶和海绵,让幼儿探索; • 玩各种主题的寻宝游戏; • 通过看秘密物品的一小部分,猜测该物体,玩其他记忆游戏; • 带幼儿散步,鼓励其收集自己喜欢的东西。回到房间,帮助幼儿将它们分类。如将所有叶子、石头、树枝等分别放入一个盒子里; • 用一个旋钮将单个拼图固定在一起。可逐渐使用2片和3—4片的拼图。	• 在房间里设置一个角色扮演游戏区,配有玩具屋和其他家庭道具; • 使用玩偶进行非正式的聊天。拿着熟悉的动物或男孩/女孩的手套木偶与幼儿互动; • 进行培养习惯养成的角色扮演; • 在受伤、饥饿等情况下照顾幼儿; • 赞美并鼓励幼儿所做的事情; • 给幼儿布置小任务,如端盘子,铺桌子等。

给看护者的建议

· 拼图、图片和故事的内容应与幼儿熟悉的物品、事件和人相关,以便将图片和日常体验联系起来。

· 说话用简短的句子。

· 在发展精细运动技能时,应使用玩沙子和玩水的游戏,及玩纽扣、石头等小物品的活动。

附录4　儿童如何学习

儿童的大脑积极探索世界,并从中学习。儿童有四种重要的学习方式,即通过具体经验、游戏、日常生活及养育关系的情境。

通过具体经验学习

3岁的儿童往往是具体的"思想家"。他们很难记住事件和处理抽象概念。因此,如果希望幼儿学习和理解概念,我们应该创造机会,为他们提供亲身体验的材料,让其看到事物是如何运作的,从而构建知识。随着年龄的增长,幼儿开始进行象征性思维,这有助于他们处理抽象的想法。

通过游戏学习

• 3—4岁的儿童开始进行更多的"联合游戏",即与其他儿童一起玩,并且能够在一定程度上进行分享。

• 到了四岁半到六岁时,儿童越来越多地参与"合作游戏",即在有共同目标的群体环境中玩耍。

玩耍有助于促进所有领域的发展:

• 培养身体技能:儿童在学习触摸、抓握、爬行、跑步、攀爬和保持平衡时,会发展粗大运动技能,而在玩小玩具时,则发展精细运动技能。

• 培养认知概念:儿童学会通过游戏解决问题。在探索周围世界时,他们会学习颜色、数字、大小和形状;学会比较和分析,有助于发展科学思维。游戏让他们有机会提高记忆力和注意力。儿童进行的角色扮演游戏涉及一个高水平的认知过程,包括象征性思维和延迟模仿。他们经常表演具有挑战性的情境,并尝试通过游戏加以解决,如假装自己是医生或老师。

- 培养语言技能：儿童在聆听他人及讨论角色和责任的过程中培养语言和读写能力。角色扮演游戏还有助于他们练习轮流担任角色，这是沟通的一项重要技能。
- 培养社交技能：儿童在游戏期间需要合作、谈判、轮流和遵守规则，这些都是社交的重要技能。儿童开始为不同类型的游戏制定规则，并进行谈判。这些经历有助于他们理解现实生活中的各种规则和社会角色。

儿童在关系中学习

儿童经历的早期关系教会他们自己是谁，及他们可以从周围世界得到些什么。安全和值得信赖的关系有助于促进大脑发育。儿童在很大程度上通过观察或模仿周围的人学会以适当的方式行事。他们通过模仿和与他人互动来学习语言。

教师必须与班上的每个儿童建立关系，让他们感到自己是特别的。早期关系的质量和稳定性为大规模的发展结果奠定基础，包括：

- 自信。
- 学习动机。
- 在学校和以后的生活中取得成就。
- 控制侵略性冲动的能力。
- 以非暴力的方式解决冲突。
- 了解是与非之间的区别。
- 具有发展和维持普通友谊和亲密关系的能力。

儿童通过日常生活中的活动来学习

- 日常生活帮助儿童将他们在课堂上获得的知识应用到现实生活中去。
- 日常生活帮助儿童理解他们所在的世界。这涉及了解他们的世界是如何运行的，如醒来后，要穿衣服、刷牙，然后吃早餐。当儿童与更多人接触时,他们开始学习社交模式和惯例。

- 打招呼、告别和与他人聊天是教授社交技能的常规互动例子。

这些互动也是帮助儿童发展语言技能的机会。因此,惯例为学习提供了两个关键因素:关系和重复。

附录5　四张关于残障早期症状的海报

海报1

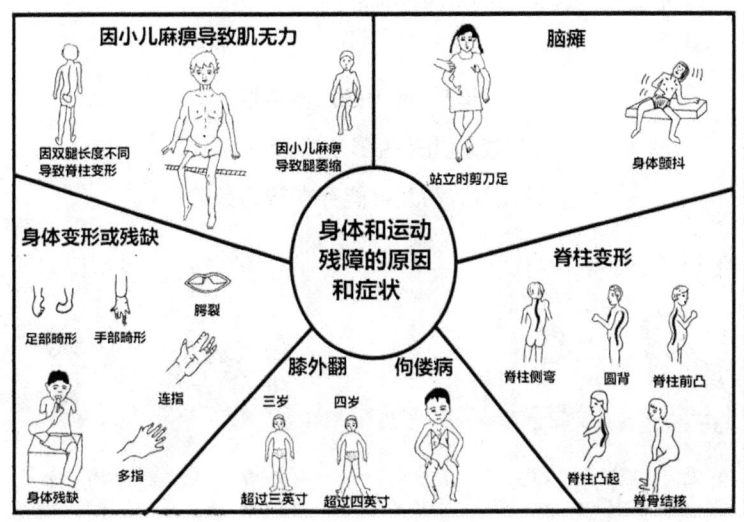

乔普拉·吉塔博士,德里大学家庭经济学学院人类发展和儿童研究系副教授,新德里豪兹哈斯,区号:110016,电话:+91 9811222254。

海报2　听力受损的症状[①]

下面哪个问题的回答为"否"?

- 在距离婴儿约3英尺处拍手,婴儿会吓一跳吗?
- 婴儿在成长至8—12个月时会牙牙学语吗?
- 12个月大的婴儿能理解简单的单词,如"来"的意思吗?
- 当幼儿开始讲话,你能否理解他/她所说的话?
- 当你叫他/她的名字,他/她会有反应吗?

---

① 乔普拉·吉塔博士,德里大学家庭经济学学院人类发展和儿童研究系副教授,新德里豪兹哈斯,区号:110016,电话:+91 9811222254。

- 3岁时,儿童有没有开始说话?

下面哪个问题的回答为"是"?

- 儿童是否通过手势来解释自己的需求?
- 儿童是否经常耳朵感染或者有异物流出?
- 儿童是否经常感到耳朵疼痛?

海报3 智力残障的症状

观察幼儿是否属于适龄发育

如果不是,幼儿可能存在智力残障

● 颈部支撑(3—6个月)　　　　　● 翻身(3—6个月)

● 无需支撑坐直(9个月)　　　　● 独立行走(15个月)
● 能够说几个字(2岁)　　　　　● 说出自己的名字(3岁)
● 自己吃饭(4岁)　　　　　　　● 参与自由对话(5岁)

智力残障的原因

唐氏综合症	脑瘫	其他原因
出生时身体发软	身体僵硬	怀孕期间缺乏照顾
内眦赘皮	身体平衡能力差	孩子出生时不哭或身体变紫
脸和手扁平	身体不受控制地颤抖	抽搐或癫痫
嘴小且闭不上	可能会出现智力缺陷	碘摄入不足
手指短小	可能会出现视觉和听觉缺陷	头非常大或非常小
贯通手		

乔普拉·吉塔博士,德里大学家庭经济学学院人类发展和儿童研究系副教授,新德里豪兹哈斯,区号:110016,电话:+91 9811222254。

海报 4 视觉缺陷早期症状[①]

---

① 乔普拉·吉塔博士,德里大学家庭经济学学院人类发展和儿童研究系副教授,新德里豪兹哈斯,区号:110016,电话:+91 9811222254。

附录6 四张残障儿童管理策略的海报

海报1 管理听觉受损儿童应遵循的总原则

- 与听觉病矫治专家联系,安装助听器
- 确保孩子在你说话时看着你
- 鼓励孩子表达自己的感受和情绪
- 鼓励孩子与同伴一起玩耍
- 幼儿可能需要语言康复治疗
- 说话要大声,但不要喊叫
- 让幼儿意识到周围的声响
- 鼓励幼儿参与所有活动

乔普拉·吉塔博士,德里大学家庭经济学学院人类发展和儿童研究系副教授,新德里豪兹哈斯,区号:110016,电话:+91 9811222254。

海报2 管理视觉障碍儿童的总体原则

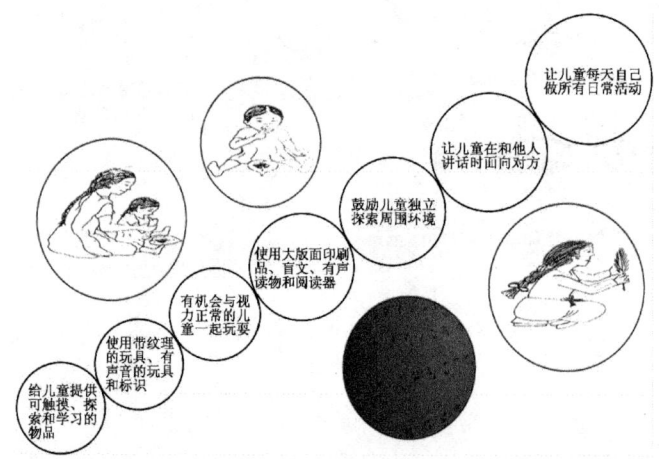

- 让儿童每天自己做所有日常活动
- 让儿童在和他人讲话时面向对方
- 鼓励儿童独立探索周围环境
- 使用大版面印刷品、盲文、有声读物和阅读器
- 有机会与视力正常的儿童一起玩耍
- 使用带纹理的玩具、有声音的玩具和标识
- 给儿童提供可触摸、探索和学习的物品

乔普拉·吉塔博士,德里大学家庭经济学学院人类发展和儿童研究系副教授,新德里豪兹哈斯,区号:110016,电话:+91 9811222254。

海报3　管理肢体和运动障碍儿童的总体原则

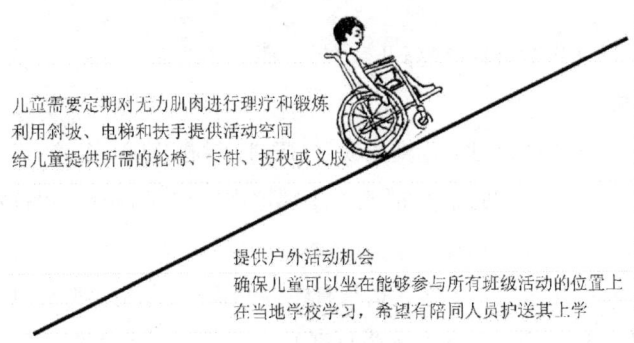

儿童需要定期对无力肌肉进行理疗和锻炼
利用斜坡、电梯和扶手提供活动空间
给儿童提供所需的轮椅、卡钳、拐杖或义肢

提供户外活动机会
确保儿童可以坐在能够参与所有班级活动的位置上
在当地学校学习，希望有陪同人员护送其上学

乔普拉·吉塔博士，德里大学家庭经济学学院人类发展和儿童研究系副教授，新德里豪兹哈斯，区号：110016，电话：+91 9811222254。

海报4　管理智力障碍儿童的总体原则

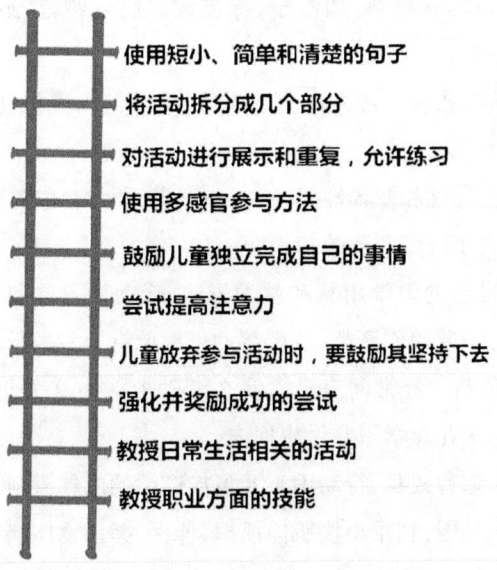

使用短小、简单和清楚的句子
将活动拆分成几个部分
对活动进行展示和重复，允许练习
使用多感官参与方法
鼓励儿童独立完成自己的事情
尝试提高注意力
儿童放弃参与活动时，要鼓励其坚持下去
强化并奖励成功的尝试
教授日常生活相关的活动
教授职业方面的技能

乔普拉·吉塔博士，德里大学家庭经济学学院人类发展和儿童研究系副教授，新德里豪兹哈斯，区号：110016，电话：+91 9811222254。

附录7　残障儿童全纳策略

- 所有儿童,包括残障儿童在内,都有受教育的权利,应获得平等的发展机会。
- 印度教育学习文化交流项目(IECE)旨在让所有儿童,无论其性别、种姓、种族及是否残障,都能无差别地在安格瓦迪中心和教室里一起学习。
- 安格瓦迪中心工作人员具有包容性,将所有儿童视为自己的孩子,并将帮助每个儿童学习视为自己的责任。
- 为此,安格瓦迪中心工作人员和主管负责人可能需要改进房间、建筑、家具、设备、教学方法、态度、工作流程等细节工作。

残障儿童必须参加安格瓦迪中心,并与其他儿童一样,参加安格瓦迪中心的所有活动。所有儿童,包括残障儿童,都有同样的机会去探索不同的媒介、玩具和材料,如沙子、橡皮泥、颜料、蜡笔、画笔、锯屑、积木、珠子、书籍等。

在开展印度教育学习文化交流项目(IECE)时,安格瓦迪中心工作人员和主管负责人应该:

- 接受多样性和差异性
- 了解关于残障儿童的知识
- 改变自己的教学用具和教学方法、活动任务单和活动,在教学和课堂安排上需要稍作调整,从而帮助班上所有儿童进行学习。
- 勇于创新。经常问自己:"我在活动上能为这个儿童做哪些调整?"这样有助于儿童学习并做出回应。

* 照顾身体有残障、行动困难儿童应遵循的总体原则[①]:

儿童受限范围:利用小块肌肉抓握、伸手、握住物体;利用大块肌肉

[①] Chopra, Geeta (2012). *Stimulating Development in Young Children with Disabilities at Anganwadi and at Home: A Practical Guide*, Engage publications, New Delhi.

行走、坐下、站立、保持平衡、固定身体及保持坐姿。

1. 身体有残障的儿童可能具有正常的智力,可以从学前教育和学校学习经验中受益。

2. 在安格瓦迪中心接受教育的身体残障儿童可能需要专人护送其从家去安格瓦迪中心或学校。

3. 让儿童在安格瓦迪中心保持坐着的姿势,这样有助于其参加所有活动。

4. 安格瓦迪中心存放玩具、书籍、日常用品的架子应该高度适合、开放式,有助于儿童独立地取出所需材料。

5. 确保坐姿正确。让其坐起来环顾四周,能够知道发生了什么,这有助于儿童融入环境。对于那些不能独自坐着的儿童,可以使用枕头做支撑,使用布、围巾将其固定在椅子上,或利用轮胎帮助儿童坐起来。

6. 即使儿童在运动上存在困难,也要尝试给他们提供户外游戏的机会。可能这些儿童不会像其他儿童一样玩耍,但要想办法让他们参与其中的一部分。

7. 使用康复性辅助工具增加他们与非残障儿童融合的机会,如在吃饭时,让其使用康复性喂食设备。同时,给他们提供可以进出的残障人士专用的坡道、电梯、扶手和斜坡。

8. 让残障儿童借助轮椅、卡钳、拐杖或义肢独立活动。鼓励家长与当地康复中心或医院联系获取辅助器材,接受社会与健康活动家(ASHA)、助产护士(ANM)和卫生部女性卫生随访员(LHV)的帮助。

9. 残障儿童可能需要定期接受康复治疗和训练。

* 照顾听觉受损儿童应遵循的总体原则:

儿童受限范围:听觉、语言、沟通、社会性互动及专注力。

1. 与听觉病矫治专家联系,立即安装助听器。

2. 在听的过程中,能够剔除不需要的声音,筛选出想听的声音是很重要的。而听力受损儿童可能会存在听力方面的障碍。要让儿童意识到自己周围的声音。

3. 说话自然、清晰。说话要大声,但不要喊叫。鼓励儿童用心倾听。

4. 确保儿童在你说话的时候看着你,这样就能观察到你的面部表情、手势和嘴唇的动作。让听觉障碍儿童坐在你身边。

5. 鼓励儿童与同伴一起玩耍,参与所有活动。

6. 鼓励儿童表达自己的感受和情绪。

7. 听觉残障儿童很难参与以语言为主的活动,比如安格瓦迪中心的讲故事活动。在讲故事时,使用卡片和图片作为线索,同样要确保儿童坐在你身边。

8. 要时刻记住他们存在听觉障碍,这会对学习语言和沟通技巧造成阻碍,从而就会影响他们和同龄人进行互动。例如,当和同龄人玩耍时,小组同伴可能会发现很难向其解释小组想要做什么。所以,听力受损的儿童可能很难参加小组活动。因此,需要事先向儿童解释清楚游戏规则。

9. 规划一些基于运动的游戏。

* 照顾视觉障碍儿童应循序的总体原则[①]

儿童受限范围:行动、环境学习与概念形成、自己喂食和自我照顾、社交技能的习得。

1. 由于儿童看不见,我们需要向其解释和描述环境。

2. 给儿童一些可以触摸、探索和学习的物品。例如,即使是像花这样简单的东西,也需要从触觉和听觉,而不是视觉来触摸、闻和"看"。

3. 这些儿童经常头部前倾或侧弯,要教他们抬起头来。当有人跟他们说话时,要让他们把头转向说话者。

4. 为视觉障碍儿童提供了解环境的机会。如需在课堂上展示水果

---

① Chopra, Geeta (2012). *Stimulating Development in Young Children with Disabilities at Anganwadi and at Home: A Practical Guide*, Engage publications, New Delhi.

图片,可以给视觉障碍儿童提供能够感受和理解的水果模型,甚至还可以提供新鲜水果。

5.视觉障碍儿童不能意识到周围有物体,以及周围有可以玩耍的同伴,也不会伸手去拿物品,因为物品对他们而言是不存在的。因此,要将物品置于他们伸手可及的范围里。即便是给他们提供了物品,他们也可能不了解应该如何运用,如带拉绳的玩具。要向他们"显示"如何使用,因为这些儿童不能进行观察性学习。

6.打印大的字母和数字,并提供放大镜。

7.如果这些儿童身体机能正常,就要训练他们独立行走。要保持空间整洁、家具位置固定,这有助于其在安格瓦迪中心独立走动。

8.鼓励并教导儿童自己吃饭,独立使用卫生间。

9.视觉障碍儿童可以使用盲文等特殊教育设备学习阅读和写作,不应该剥夺他们受教育的机会。

* 照顾智力障碍儿童应遵循的总体原则

儿童受限范围:认知、学习、理解、概念形成、日常活动,像洗澡、洗漱、上厕所、自己吃饭等。

无论想要儿童做什么,都要用简单语言慢慢解释,甚至可能需要进行演示。例如,如果想教儿童拿蜡笔或铅笔,就要对此进行解释,这个看似简单的活动需要分解成更小的步骤。儿童可能需要变换多种坐姿才能拿起蜡笔和铅笔。

附录8　印度学前教育影响研究建议

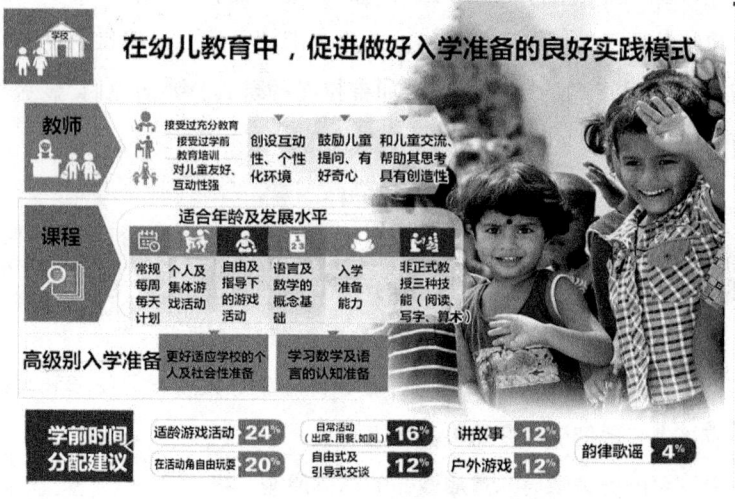

附录 9　学前保育与教育庆祝日指南

（2013 年 8 月 5 日　妇女与儿童发展部）

简介

学前保育与教育庆祝日每月在安格瓦迪中心定期举办一次。学前保育与教育庆祝日将成为安格瓦迪中心工作人员与家长、社区之间联系的平台。印度"儿童发展综合服务计划"工作人员将负责组织和宣传，提高家长和社区参与活动的意识。学前保育与教育庆祝日将促进家长和社区参与学前保育与儿童教育、建立伙伴关系，以促进幼儿的最佳发展。参加安格瓦迪中心的所有儿童，以及社区内 0—6 岁年龄段的所有其他儿童及其父母也最好参加学前保育与教育庆祝日。

每月定期开展学前保育与教育庆祝日的目的

- 告知家长和社区关于适合年龄和发育的学前儿童保育与教育实践。
- 为父母创造机会，为安格瓦迪中心提供人力和物力支持，促进家长和社区的积极参与。
- 告知家长和社区，让他们熟悉非正式的游戏和基于活动的学习方法。
- 告知家长儿童在成长、发育和学习里程碑方面的进步。

每月定期开展学前保育与教育庆祝日的建议活动

以下是在学前保育与教育庆祝日举办的活动清单。负责人和安格瓦迪中心工作人员需要列出每个学前保育与教育庆祝日的活动，并确保按照规定的时间和计划组织所有活动。应在社区成员的积极参与下组织学前保育与教育庆祝日的活动。

在学前保育与教育庆祝日举办的活动		
1. 每月一次	2. 每两个月一次	3. 每半年一次
所有儿童展示从当天课程中学会的内容(艺术和手工艺作品、模型及作业等)	例如舞蹈、戏剧、韵律课和角色扮演等展示(确保安格瓦迪中心所有儿童都参与其中)	运动日(确保"安格瓦迪中心"所有儿童都参与该项活动)
向儿童的父母、所在社区解释开展这些活动的合理性	基于学前保育与教育服务,为父母和儿童提供回家后可进行的集体活动	所有幼儿、父母、社区委员会参与排灯节、当地节日活动或者展览等
儿童父母与安格瓦迪中心工作人员进行交流,分享儿童的评估并获得反馈	通过父母及社区参与,开发游戏和学习材料	在安格瓦迪中心的墙壁上画儿童喜爱的图画
展示学前保育与教育提倡的教学材料(图表、音频、视频)	通过当地艺术人士及工匠参与,开发游戏材料	
与父母讨论在《需与父母一起讨论的问题》中所列出的话题		
让社区为儿童、安格瓦迪中心工作人员和安格瓦迪中心协助者提供奖励和鼓励		
玩具银行、活动银行、书籍银行:设立一个活动角存放家长捐献的玩具、游戏、图书、玩偶及其他游戏和学习材料		
为活动银行收集有关当地文化的故事、歌谣、歌曲、游戏、图画以及各种艺术形式等		
在安格瓦迪中心设立"活动角"以摆放积木、进行操作性游戏,接触艺术和手工艺品、语言及自然科学等		

"1"栏中列出的活动将每月组织一次。

"2"栏中列出的活动除了每两个月组织一次外,"1"栏的活动也要组织。

"3"栏中列出的活动除了每6个月组织一次外,"1"栏和"2"栏的活动也要组织。

参与组织学前保育与教育庆祝日的参与者
- 安格瓦迪中心工作人员(AWW)。
- 安格瓦迪中心协助者(AWH)。
- 托儿所员工,其他安格瓦迪中心工作人员和联络服务人员(现在安格瓦迪中心工作)、参加学前教育和学前保育与教育计划的教师和工作人员。
- 潘查亚特(PRI)乡村自治委员会成员、安格瓦迪中心监督和支持委员会(ALMSC)成员。
- 社区组织机构成员(乡村教育委员会、母亲[父母]委员会、乡村资源小组)。
- 在相关领域工作的本地非政府组织。
- 小学教师、国家扫盲任务委员会成员、幼儿园教师、社区接受过培训的学前保育与教育人员。
- 祖父母,特别是祖母等老年人。
- 当地工匠、手工艺人和民间艺术家。
- 传统领袖、社区领袖。
- 妇女自助会(Mahila Mandals)工作人员。
- 青年俱乐部、尼赫鲁·尤瓦·肯德拉斯(Nehru Yuva Kendras)组织工作人员。
- 社会与健康活动家、助产护士和卫生部女性卫生随访员。
- 其他适合参加的人士。

要讨论的问题

因为父母和社区组织是幼儿时期的主要照顾者,要为他们组织指导会和研讨会,提升其在学前保育与教育方面的能力。在每月定期一次的学前保育与教育庆祝日,可以从下面的问题中选择一个进行讨论:

- 儿童幼年阶段的重要性。
- 非正规学前教育、学前保育与教育的重要性。
- 幼年的生长和发育里程碑;发育迟缓;早期残疾迹象。
- 早期激励。
- 在家的照顾。
- 游戏的重要性。
- 形成良好习惯。
- 社区和父母在学前保育与教育中的角色。
- 儿童学前准备。
- 与社区制定协商机制,让母亲和年长女孩参与安格瓦迪中心的各种任务(如准备和分发食物、组织儿童户外活动等)。
- 让母亲群体和父母群体在安格瓦迪中心,参加教授歌曲、歌谣、故事、组织集体活动、烹饪和分发食物等活动。
- 基于社区的需要设定的其他讨论问题。

安格瓦迪中心工作人员、安格瓦迪中心协助者在开展学前保育与教育庆祝日中的作用

- 如果安格瓦迪中心场地不够大,负责安排场地(最好是乡村自治委员会场地)。
- 向当地居民提前提供有关学前保育与教育庆祝日的地点和时间信息。
- 列出所有6岁以下儿童的名单,记录从社区其他来源接受学前教育儿童的人数。
- 为儿童提供补充营养。

- 准备学前保育与教育庆祝日活动清单。
- 决定、组织并展开儿童专题活动。
- 安排并展示学前教育材料。
- 与父母、看护人、监护人建立积极的关系,并取得他们的信任。
- 与儿童发展项目官员(CDPO)和负责人进行沟通。
- 展示模范儿童(安格瓦迪中心的一位儿童)来激励父母。
- 使用母婴保护卡、人际交流工具包和其他相关工具。
- 准备关于庆祝活动的报告,以便进一步改进。
- 确保所有儿童都参加学前保育与教育庆祝日活动。
- 邀请安格瓦迪中心儿童的父母、社区其他幼儿的父母和其他社区成员出席安格瓦迪中心活动。
- 鼓励祖父母,特别是祖母参加学前保育与教育庆祝日。
- 邀请附近小学的教师参加庆祝活动,以促进儿童从安格瓦迪中心顺利向小学过渡。
- 分享小组或项目学习中的最佳实践。
- 坚持记录。

潘查亚特(PRI)乡村自治委员会和城市当地机关(ULB)成员在开展学前保育与教育庆祝日中的作用

- 确保赢得社区组织成员对活动的支持。
- 确保学校教师和所有乡村自治委员会成员的参与。
- 确保提供干净的饮用水、适当的卫生设施和其他措施,以便顺利组织庆祝日。

儿童发展项目官员和主管负责人在开展学前保育与教育庆祝日活动的作用

- 确保每个安格瓦迪中心按时获得所需预算。
- 确保及时供应所需数量的学前教育配套资料、活动手册、评估卡等。
- 如有需要,确保妥善安排民间工艺者和视听设备。
- 如果安格瓦迪中心工作人员休假,确保安排其他替代人员。
- 如果安格瓦迪中心场地不足,确保安排替代场所。

每月定期开展学前保育与教育庆祝日组织的监管和监督

鉴于开展学前保育与教育庆祝日的重要性,建议在国家、地区和安格瓦迪中心层面举行的所有印度"儿童发展综合服务计划"审查会议上,审查学前保育与教育庆祝日的开展情况。在举行国家、地区和学区级别的监管审查会议期间,及在安格瓦迪中心监督和支持委员会举行会议期间,必须进行这项审查。

每月定期开展学前保育与教育庆祝日的预期成果

根据《指南》,每月定期开展学前保育与教育庆祝日将取得以下预期成果:
- 让社区了解学前保育与教育的重要性。
- 让包括女孩在内的所有儿童进入安格瓦迪中心学习。
- 了解6岁以下儿童参加游戏活动所需的本地的、较便宜的材料。
- 进一步强调父母在儿童从学前保育与教育中受益的作用。
- 让家长了解孩子在儿童评估卡和学前保育与教育活动手册方面的进展情况。
- 让社区了解如何利用当地现有资源和手工艺人制作廉价学前教育材料。

3—6岁儿童私立幼儿园管理指南

(2017年 国家儿童权利保护委员会教育组)

前 言

妇女和儿童发展部(MWCD)重申要保证儿童享有保育、营养、健康和教育权,并于2013年制定了《国家学前保育与教育政策》。该政策强调了3—6岁儿童的教育需求和早期教育的重要性。在印度,学前保育与教育(ECCE)服务是通过公共、私人和非政府组织提供的。具体来讲,政府通过"儿童发展综合服务计划"(ICDS)运营的"安格瓦迪中心"和"拉吉夫·甘地国家职业妇女计划",(Rajiv Gandhi National Scheme for Working Women),已向数百万3—6岁儿童提供学前教育;私人渠道在很大程度上仍不受政府监管,并以不同的名称运作,例如幼儿团体、幼儿园、学前班、托儿所等。因此,有必要精简和协调这些不同中心的活动,让其遵循同一标准化的规范和条例。

《宪法修正案》第八十六条强调优质学前教育的关键作用,其中第四十五条规定,"国家应努力为所有儿童提供学前保育与教育,直至其年满6岁为止"。因此,2009年《儿童免费义务教育权利法》(RTE)建议:"为使3岁以上儿童接受基础教育,并为所有儿童提供学前保育与教育(直至6岁),政府应为此类儿童提供免费的学前教育。"目前,妇女和儿童发展部通过开展学前保育与教育进一步落实该项法规,以确保儿童获得学前教育的权利。此外,"可持续发展目标"(SGDs)将学前教育纳入第四项目标,以"确保全民接受优质的全纳教育,并促进终身学习",其目标是,到2030年,确保所有儿童都能获得优质的幼儿发展、学前保育与教育,为接受小学教育做好准备。

秉承2009年《宪法》和《儿童免费义务教育权利法》的精神,并以2013年《国家学前保育与教育政策》为基础,"国家儿童权利保护委员会"(NCPCR)为私立幼儿园制定了管理指南,以期实现:

• 使所有提供学前教育的教育机构具有全纳性和一致性。

• 通过规范提供学前教育的教育机构,防止侵犯3—6岁儿童的权利和对儿童有任何形式的虐待。

• 实现国家和国际对3—6岁儿童学前教育的承诺,并让其为小学教育做好准备。

• 通过对这些教育机构的监管,使印度学前教育体系更加明晰。

第一章 引言

1.《指南》[①]**标题与范围**

(1) 本《指南》应称作《3—6岁儿童私立幼儿园管理指南》。

(2) 本《指南》所载任何内容均不适用于为0—3岁年龄段儿童提供任何形式幼儿服务的机构、组织、公司、中心或任何此类实体。

(3) 本《指南》中所载任何内容均不适用于2009年《儿童免费义务教育权利法》第2条第(14)款所定义的正在实施学前教育的学校;除上述学校外,正在实施学前教育的学校应遵循2013年《国家学前保育与教育政策》第三部分2.2和2.3条的规定。

(4) 除本《指南》另有规定外,印度各邦可公布该《指南》,或采用本《指南》内容立法,以规范各邦的私立幼儿园。

---

① 即《3—6岁儿童私立幼儿园管理指南》。

2. 定义

(1)"有关政府"系指是在印度各邦管辖范围内设有私立幼儿园的邦政府,以及在有立法机关的联邦属地管辖内设有私立幼儿园的联邦属地政府。

(2)"区域"系指现有或将要设立私立幼儿园的村落、区、小村子等。

(3)"均摊费"系指除学校规定费用外的任何捐赠、捐献或支付。

(4)"主管负责人"系指在印度各邦及联邦属地妇女和儿童发展部,或司法部负责实施"儿童发展综合服务计划"地区的主要官员。

(5)"儿童"系指3—6岁儿童。

(6)"地区"系指印度各邦及联邦属地妇女和儿童发展部,或司法部负责实施"儿童发展综合服务计划"地区主要官员的管辖区域。

(7)"学前教育"系指根据2013年《国家学前保育与教育政策》第三部分2.3条,在幼儿园(参见本《指南》第一章定义部分第16条)为3至6岁儿童提供的教育,属于学前保育与教育的一部分。

(8)"雇员"系指经幼儿园管理层委任或聘用、参与幼儿园活动的任何人员。

(9)"费用"系指儿童家长或监护人在幼儿园为儿童参加学前教育而发生的任何支出。

(10)儿童"监护人"系指照顾和监护该儿童的人员,包括自然监护人或由法院或法规指定或宣布的监护人。

(11)"国家儿童权利保护委员会"系指根据2005年《儿童权利保护委员会法》(2006年第4号)第3条设立的"国家儿童权利保护委员会"。

(12)"规范和标准"系指本《指南》第4条第(2)点所述的建立和运营幼儿园的最低强制性要求。

(13)"组织"系指根据1860年《社团登记法》(1860年第21号)或印度各邦有关法律,经注册的任何自愿、非政府组织、信托机构、社会团体或任何其他机构;根据1882年《印度信托法》(1882年第22号)或相关各邦法律注册的公共信托机构;或根据1956年《公司法》(1956年第1号)第25条注册的公司。

(14)"父母"系指儿童的亲生父母、继父母或养父母。

(15)"政策"系指2013年《国家学前保育与教育政策》。

(16)"幼儿园"系指未获得有关政府或地方当局提供的任何援助或补助金,独立支付开支,向3至6岁儿童提供学前教育的私立幼儿园。

(17)"审批费"系指有关政府为审批许可证申请而订明的款项。

(18)"邦儿童权利保护委员会"(SCPCR)系指根据2005年《儿童权利保护委员会法》(2006年第4号)第3条设立的"邦儿童权利保护委员会"。

(19)"筛选程序"系指不以随机抽样方式录取儿童的其他方法。

(20)"邦理事会"系指根据2013年《国家学前保育与教育政策》在印度各邦设立的"邦学前保育与教育理事会"。

(21)"MWCD"系指妇女和儿童发展部。

(22)"国家公共合作与儿童发展研究所"(NIPCCD)系指由妇女和儿童发展部管理,作为"儿童发展综合服务计划"培训工作人员的最高运作机构。

(23)"NSDC"系指"国家技能发展公司",由联合内阁批准成立,目的是在全国范围内提升培训能力。国家技能发展公司主要关注辅助技能开发,并努力与教育体系无缝衔接。

(24)"《学校儿童安全和保障手册》"系指根据国家儿童权利保护委员会制定,涵盖各类学校儿童安全与保障指南的综合手册。

(25)2009年"RTE"系指2009年《儿童免费义务教育权利法》。

(26)"儿童发展综合服务计划"系指印度政府早期保育发展的旗舰计划之一。

(27)"PTA"系指家长教师协会。

(28)"大学"系指依据《中央法案》、《地方法案》或《邦法案》成立的大学,包括"大学拨款委员会"根据1956年《大学拨款委员会法案》认定的任何机构。

(29)"委员会"系指根据各自邦政府或联邦属地行政机构教育法案建立的邦或联邦属地教育委员会。

第二章 开办或管理幼儿园的认证

3. 开办私立幼儿园

(1)现有私立幼儿园不得在期满6个月后继续运营;

(2)根据本《指南》,未经主管机关认可,除依照认证规定条件,不得开办私立幼儿园。

4. 认证流程及学校标准和规范

(1)根据本《指南》第3条第(1)点,在执行本《指南》之时已经开办,或执行本《指南》当日及以后拟建的私立幼儿园,应向主管部门申请批准开办或者设立该教学机构(视具体情况而定)。

(2)申请应该:

1)遵循规定程序;

2)缴纳相关政府规定的申请费;

3)符合儿童安全保障环境标准;并由主管部门组成的巡视组确定幼儿园在获得认证前,必须满足《学校标准和规范》所规定的要求。

4)根据下列标准和规范进行准备。

序号	项目	标准和规范
1	员工	教师数量:1名教师负责20名儿童
		保育员数量:1名保育员负责20名儿童
		幼儿园要有足够的员工保障卫生、清洁,确保儿童的安全

续 表

序号	项目	标准和规范
2	建筑	建筑应： 1. 配有保障校舍安全而设置的围墙或围栏； 2. 充足的流通面积和通风设备； 3. 儿童专用卫生间； 4. 无障碍通行； 5. 为男孩和女孩分设儿童卫生间和残疾人卫生间； 6. 提供肥皂、干净的布或毛巾、垃圾桶、低置洗手盆或洗手池； 7. 为所有儿童提供可饮用、安全和充足饮用水的设施； 8. 食品储藏室（理想状态下）； 9. 游戏区域； 10. 闭路电视监控（确保数据安全）； 11. 消防安全措施； 12. 定期防治虫鼠
3	每日最少教学时数	根据 2013 年《国家学前保育与教育政策》，每天最少教学时数为 3—4 小时（按照每日规定时间，幼儿园只可作为非住宅建筑设施使用）
4	教学辅助工具	各班应按规定课程，提供足够数量的教学辅助工具
5	图书馆	每所学校都应配有一个图书馆，并备有适合学前儿童阅读的材料和教育性视听资料
6	玩耍材料、游戏和运动器械	根据印度政府妇女和儿童发展部权威官员指定，配备足够数量的材料和设施。
7	医疗健康	配备基本急救药箱（备有为轻伤准备的创可贴或绷带、药棉和消毒水、口服补液盐包、剪刀、体温计和抗菌药膏） 安排注册医生每季度为儿童进行健康体检
8	记录	1. 儿童入学表； 2. 儿童及父母的档案资料，包括父母双方详情； 3. 儿童出勤登记簿； 4. 员工考勤记录； 5. 儿童每季健康体检记录； 6. 库存登记册； 7. 儿童缴费记录

5) 在本《指南》实施前已建立的幼儿园,应在 6 个月内采取相应措施,达成本《指南》所述的标准和规范。

6) 根据 2012 年《保护儿童免受性侵法案》、2015 年《青少年司法法案》、1986 年《童工(禁止和监管)法》和 2016 年的《童工(禁止和监管)法修正案》,申请机构需宣誓其所有雇员都未被定罪。

5. 名称要求

(1) 凡属本《指南》规定范围内的私立教育机构,其名称中均应含"幼儿园"字样。

(2) 根据第 5(1)条规定,未经主管部门批准,任何私立幼儿园均不得私自起名(除非符合本章程所订明的规则)。

6. 认证授权

(1) 主管部门收到根据第 4 条提出的申请,在审查申请书所载细节后,可给予认证或驳回认证,如若申请人已获得申诉机会,则不得驳回申请。

(2) 认证流程:

1) 收到申请后,主管部门将仔细检查申请。

2) 在列出简单提案后,主管当局应派出至少由两人(不低于街区级别)组成的巡视小组,巡视拟开办幼儿园或已开办的幼儿园所在地。

3) 巡视组遂将报告呈送主管当局,报告应按本《指南》规定形式撰写。在收到认证后,如果主管部门依据第 4 条对认证提案满意,可在收到建议书一个月内,根据 2013 年《国家学前保育与教育政策》颁发为期一年的认证书,并指明席位分配数目。

4) 幼儿园每年都要向主管部门申请换发认证书。

5) 经主管部门严格审查,且幼儿园必须符合所有基本条件,方可续办注册事宜。

7. 停办程序

(1) 未经主管部门许可,任何幼儿园不得擅自停办。学校管理层应就停办事宜向主管部门提出适当申请。

（2）主管当局在收到停办许可之前，必须确保将儿童转到其他同类幼儿园，从而确保学习的连续性。

8. 撤销认证资格

如发生以下情况，主管当局有权随时根据第 6 条撤销对幼儿园的认证：

（1）若该认证获取过程中存在欺诈、虚假陈述或隐瞒重要资料的情况，或者获取认证后违反本《指南》的任何规定，或违反第 22 条所述的任何条款、条件或检查结果，或违反主管部门依据本《指南》在任何时段发布的任何认可或指示。

（2）如"国家儿童权利保护委员会""邦儿童权利保护委员会""国家学前保育与教育委员会""邦学前保育与教育委员会"在巡视过程中未能发现符合要求的幼儿园，则经主管部门同意，可向主管部门或有关政府进行推荐。

（3）经主管部门查实，发现存在违反 2012 年《保护儿童免受性侵法案》、2015 年《青少年司法法案》等与儿童相关的法律，或违反"国家儿童权利保护委员会"颁布的《儿童在校安全保障手册》的行为。

（4）根据第 8(1)及/或第 8(2)及/或第 8(3)条撤销认证之前，主管当局应给予幼儿园管理层陈述的机会。

9. 私立幼儿园名单

经议会批准后，有关政府每年应在《中央政府公报》上公布幼儿园名单，其中包括所有根据第 6 条获得认证的私立幼儿园名单，以及在同一时期，被取消认证资格的私立幼儿园名单。

10. 私立幼儿园入学

（1）3 岁以下儿童不得进入幼儿园学习。

（2）幼儿园收取的费用应由相关政府监管，并仅可按月或按季收取费用。

(3) 儿童入学时,幼儿园不得收取任何均摊费,不得对儿童、其父母或监护人执行任何筛选程序。

(4) 如发现任何幼儿园不遵守第(2)及/或(3)款,则根据第 8 条撤销其认证资格。

第三章 教育工作者及学校职责

11. 家长教师协会(PTA)

(1) 所有幼儿园必须在每年开学后的一个月内组建家长教师协会。

(2) 家长教师协会(PTA)应由 75% 的家长(至少 50% 的母亲)和 25% 的教师组成。家长教师协会主席应从家长中选出。

(3) 家长教师协会期限为一年。每年新的家长教师协会应由家长轮流组成。

(4) 家长教师协会应每月举行会议,并记录会议议程。

(5) 家长教师协会主要职能是要确保儿童在幼儿园享有安全保障和适宜发展的环境。

(6) 家长教师协会应确保有效执行印度食品安全与标准管理局(FSSAI)颁布的指南,在幼儿园内禁止给幼儿食用垃圾食品。

(7) 家长教师协会应确保儿童每季度至少接受一次注册医生的定期体检。

(8) 家长教师协会应确保幼儿园一直备有基本急救药箱,内装有为轻伤准备的创可贴或绷带、药棉和消毒水、口服补液盐包、剪刀、体温计和抗菌药膏。

12. 教师儿童比例及保育员儿童比例

幼儿园必须保证教师和儿童的比例达到 1∶20、保育员和儿童的比例达到 1∶20,即 1 名教师负责 20 名儿童、1 名保育员负责 20 名儿童。

13. 教师

（1）任何持有经印度政府公示授权学术机构颁发，具有此类最低任职资格的人都有资格成为教师。

（2）幼儿园管理层应确保，在雇佣根据第 2 条第（8）款所定义的"雇员"时，要求雇员必须提供一份宣誓书，证明其从未因违反 2015 年《青少年司法法案》、1986 年《童工（禁止和监管）法》和 2016 年《童工（禁止和监管）法修正案》而获罪。

（3）若邦内没有足够机构可以提供和教师教育相关的课程或培训，或持有符合第 13 条第（1）款最低职业资格要求的教师数量不足，根据 2013 年《国家学前保育与教育政策》第五部分 2.1 条规定，被录用的雇员须接受由"国家公共合作与儿童发展研究所""国家技能发展公司"或任何由中央政府、相关政府、经授权的大学或理事会认可的其他机构提供的充分培训。

（4）教师的薪金、工资、津贴及服务条款，应按有关政府和第 20 条第（4）款的规定执行。

14. 保育员

（1）所有保育员都须接受由"国家公共合作与儿童发展研究所""国家技能发展公司"或任何由中央政府、相关政府、经授权的大学或理事会认可的其他机构提供的充分培训。

（2）保育员的薪金、工资、津贴及服务条款，应按有关政府和第 20 条第（4）款的规定执行。

15. 教师和保育员职责

（1）遵守规定、按时参加幼儿园活动。

（2）根据 2013 年《国家学前保育与教育政策》第三部分第 2 条第（3）款规定，应开展以游戏为基础的学前课程，并进行有组织、有计划的入学准备。

(3) 根据第17条第(2)款第8)项的规定,定期评估儿童学习成果。

(4) 定期与家长或监护人举行会议,向他们通报其子女的学习进展和其他相关信息。

16. 禁止体罚和精神折磨

• 任何儿童都不应受到体罚或精神折磨。

• 根据2009年《儿童免费义务教育权利法》第17条第(2)款及主管部门的要求,凡违反本规定者将受到纪律处分。

第四章 课程设置及学前教育完成

17. 课程设置和评估流程

(1) 根据2013年《国家学前保育与教育政策》第三部分第2条第(3)款规定,课程应由印度政府妇女和儿童发展部指定的权威机构设置。

(2) 管理当局在根据第(1)款设置课程时,应考虑以下几个方面:

1) 与宪法精神保持一致;

2) 满足儿童全面发展;

3) 教授儿童知识,培养其潜能和才能;

4) 最大限度发展其身心健康;

5) 在教学中,组织各种活动、提倡发现和探索、使用儿童友好型和以儿童为中心的教学方法;

6) 依据2013年《国家学前保育与教育政策》第五部分第(二)条第1)款规定,授课语言为儿童母语或地方方言;

7) 使儿童摆脱恐惧、创伤和焦虑,帮助儿童自由表达观点;

8) 持续评估儿童对知识理解和运用的能力。

18. 学前教育完成

(1) 幼儿园应确保儿童应在年满6岁时完成学前教育,即年满6

岁的儿童不应留在幼儿园,而应转到小学。

(2)在结束学前教育后,幼儿园管理部门应保存儿童向小学教育体系过渡的数据。

(3)任何儿童在年满6岁后,都不应以转校证明,或任何其他此类证明为由,让儿童在幼儿园继续学习。

(4)不得进行考试或测试。

(5)如发现任何幼儿园不遵守第(2)及/或(3)及/或(4)款,则根据第8条撤销对该幼儿园的认证。

第五章 监管和申诉

19. 监管和申诉

(1)根据2009年《儿童免费义务教育权利法》第11条,该法适用于提供学前教育的幼儿园。因此,2009年《儿童免费义务教育权利法》第31条赋予"国家儿童权利保护委员会"和"邦儿童权利保护委员会"的职能也应适用于第2条第(5)款所定义的"幼儿园"。

1)根据2005年《儿童权利保护委员会法》第3条(2006年第4号)设立的"国家儿童权利保护委员会",或根据2005年《儿童权利保护委员会法》第17条(2006年第4号)设立的"邦儿童权利保护委员会",除承担规定的职能外,还应履行下列职能:

·审查任何与儿童有关法律所规定的权利保障措施,并为有效实施措施提出建议;

·调查与儿童接受免费义务教育权利有关的申诉;

·根据2005年《儿童权利保护委员会法》第15条和第24条规定,采取必要的措施。

2)在根据第3条第(1)款对与儿童权利有关的任何事项进行调查时,上述委员会应具有与2005年《儿童权利保护委员会法》第14条和第24条所赋予的相同权力。

3) 若尚未组建"邦儿童权利保护委员会",有关当局应按照规定的方式和条件设立该机构,以履行第(1)款第1)至第3)项所规定的职能。

(2) 根据 2009 年《儿童免费义务教育权利法》第 32 条,该法适用于提供学前教育的幼儿园。因此,2009 年《儿童免费义务教育权利法》第 32 条赋予"国家儿童权利保护委员会"和"邦儿童权利保护委员会"的职能也应适用于第 2 条第(5)款所定义的幼儿园。

1) 尽管第 31 条有所规定,但任何对根据《儿童免费义务教育权利法》赋予儿童的权利存有不满者,都可以向具有司法权的地方当局提出书面申诉。

2) 在收到根据第(1)款提出的申诉后,地方当局应利用合理机会向有关各方听取意见,并在 3 个月内对此做出决定。

3) 任何个人如对地方当局＊的决定感到不满,可根据情况,向"邦儿童权利保护委员会",或向第 31 条第 3 款所规定的有关当局提出申诉。

4) 根据第 31 条第 1 款第(3)项,基于第 31 条第 3 款提出的申诉,应视情况由第 31 条第 3 款所规定的"邦儿童权利保护委员会"或地方当局决定。

＊根据本《指南》,地方当局系指第 2 条第(4)款所规定的主管负责人。

第六章　账目、审计和检查

20. 账目和审计

(1) 幼儿园年度账目由幼儿园的组织、机构或校长分别保存。

(2) 年度账目每年至少审计一次,由管理层委任的审计员进行审计。

(3) 幼儿园管理层在向主管当局申请续期认证时,必须提供审计报告。

(4) 所有工作人员的薪金直接记入各自的银行账户。

21. 检查

(1) 所有私立幼儿园都应接受主管部门、国家或邦学前保育与教育委员会、国家或邦儿童权利保护委员会授权的主管部门或主管官员执行检查。在其认为必要时,可随时将检查结果递交有关政府或主管部门。

(2) 主管当局可指示管理层,在规定的时间内,纠正在检查过程中发现的任何不足。

第七章　其他

22. 政府适当干预

(1) 在不影响第 22 条的规定下,有关政府可随时发布其认为合适的相关指示,对幼儿园管理进行指导,主管部门有责任在规定时间内执行指示。

(2) 由本《指南》所载规定正式授权的任何官员执行任何工作或履行的职责,均应视为相应政府的"行政工作"。

23. 申诉

(1) 如对主管当局根据本《指南》任何条款所做的决定感到不满,任何幼儿园管理者可在收到有关当局决定之日起两个月内,向相关政府授权的申诉机关就有关决定提出申诉。

(2) 如申诉机关认为申诉人有充分理由不能及时提出申诉时,则可酌情再宽限不超过一个月的时间,以提起任何此类申诉。

(3) 申诉机关在收到根据第(1)款提出的申诉后,应给予申诉人提出陈述的机会,并尽快处理申诉事宜。

国家儿童政策

(2013年4月26日　第3-G-01号　印度妇女和儿童发展部)

一、简介

1. 印度是世界上儿童数量最多的国家。《印度宪法》保障全国所有儿童享有基本权利,并赋予各邦政府为儿童制定特别规定的权力。政策指导原则专门规定,印度政府应保证儿童在幼年时期不受虐待,并保证儿童在自由、有尊严的条件下,获得健康发展的机会、拥有必要的设施。政府有责任保障儿童不受剥削以及道义和物质上的遗弃。

2. 印度政府在1974年《国家儿童政策》中声明,印度儿童是印度"极其重要的资产"。政府重申批准相关国际公约和条约,以保障儿童权利。国际公约和条约包括《儿童权利宣言》、《世界人权宣言》、《人权公约》、《儿童权利公约》及其两项任择议定书、《联合国残疾人权利公约》、《联合国打击跨国有组织犯罪公约》、《关于预防、禁止和惩治贩运妇女和儿童的议定书》、海牙《跨国收养方面保护儿童及合作公约》和《消除对妇女一切形式歧视公约》。

3. 1974年《国家儿童政策》指出,儿童计划和项目应在国家人力资源发展计划中占有显要地位,确保儿童成长为强健的公民,身体健康、头脑机警、道德健全,拥有社会给予的技能和发展动力。该政策还强调,所有儿童在成长期间享有平等的发展机会。

4. 《2003年国家儿童宪章》于2004年2月9日正式通过。该宪章强调,在家庭、社会和国家发展过程中,要确保所有儿童有权享有健康、快乐的童年,要解决阻碍儿童健康成长和发展的根本问题,并在更广阔的社会环境中唤醒社会良知,保护儿童免受任何形式的虐待。

5. 印度政府批准《2013年国家儿童政策决议》,坚定致力于保护儿童权利、应对儿童相关的严峻问题,并确保儿童权利。

二、序言

1. 应该承认:
- 儿童系指18岁以下的人;
- 童年是人一生中不可分割的一部分,有自己的价值;
- 儿童不是完全相同的群体,要根据其不同需求给予不同的对待,特别是对于那些在不同环境下经历多重伤害的儿童;
- 为使儿童获得全面、和谐的发展并受到保护,必须确保所采取的方法具有长期性、可持续性、多部门合作性、综合性与包容性等特点;

2. 应重申:
- 每个儿童都是独一无二的,是极其重要的国家资产;
- 需要采取特殊措施和积极行动,减少或消除造成歧视的条件;
- 所有儿童都有权在家庭环境中成长,在幸福、爱和理解的氛围中成长;
- 在照顾和养育子女方面,家庭应得到强大的社会安全网的支持;

印度政府重申,无论从儿童个体出发,还是从儿童作为国家资产的角度出发,印度在其领土和管辖范围内都要保护、支持儿童,赋予儿童知情权。各邦政府承诺制定法律、政策或采取其他积极措施,促进保障所有儿童(特别是边缘化或处境不利儿童)在生活和成长中享有公正、尊严、安全和自由;确保所有儿童享有平等的机会;禁止任何风俗、传统、文化习俗或宗教习俗侵犯、干预或妨碍儿童享有其应享有的权利。

3. 本政策旨在指导和影响所有和儿童相关的法律、政策、计划和方案。国家、邦和地方政府所有部门所采取的行动和倡议必须遵守并维护本政策的原则和规定。

三、指导方针

1. 每个儿童都享有普遍、不可剥夺和不可分割的人权。

2. 儿童的权利是相互联系、相互依存的,每一项权利在儿童福祉和尊严上都具有同等的重要性。

3. 每个儿童都应享有生命权、生存权、发展权、受教育权、受保护权和参与权。

4. 生命权、生存权和发展权不仅限于儿童的物质存在性,而且还包括承认其身份和国籍。

5. 应全面处理儿童的心理、情感、认知、社会和文化发展方面存在的问题。

6. 所有儿童享有平等权利,任何儿童不得因宗教、种族、种姓、性别、出生地、阶级、语言、残疾、社会、经济或任何其他因素受到歧视。

7. 由立法机构、法院、行政部门、公共部门、私人机构、社会机构、宗教团体或文化机构做出任何影响儿童的决定,或采取任何影响儿童的行为时,都应将儿童的最大利益视作首要考虑因素。

8. 家庭或家庭环境应对儿童的全面发展提供最有利的条件,儿童不得与父母分离(除非分离能使儿童获得最大利益)。

9. 每个儿童都不应受剥削,都应有尊严地生活。

10. 所有儿童的安全与保障都是儿童福利不可分割的一部分,应保护儿童不受一切形式的伤害、虐待、忽视、暴力和剥削(包括在护理机构、学校、医院、托儿所、家庭和社区之中)。

11. 儿童应形成自己的观点,印度应创造适合的环境与机会,确保儿童在与其相关问题上拥有言论自由。

12. 应听取儿童(特别是女童、来自弱势群体和边缘化地区儿童)关于其自身相关问题的观点(尤其是司法、行政诉讼或交际中存在的问题),并应根据其年龄、心理年龄和不断发展的能力对他们的建议给予适当考虑。

四、核心领域

不可否认,生存权、健康权、营养供给权、发展权、受教育权、受保护权和参与权是每个儿童应享有的权利,也是该政策的核心所在。

（一）生存、健康与营养供给

1. 生命权、生存权、健康权和营养权是每个儿童不可剥夺的权利,将优先考虑儿童获得这些权利。

2. 国家致力于确保所有儿童在出生前后,以及在其成长和发育期间,获得最高标准、具有全面性、基础性、保护性、改善性、治疗性和康复性的照顾。

3. 每个儿童都有获得足够营养的权利,并有权受到保护,免受饥饿、贫困和营养不良的影响。政府通过提供和推广儿童所需的服务与支持,确保所有儿童有权获得全面的护理、医疗和营养,并考虑儿童在人生不同时期的个人需求。

4. 国家应采取一切必要措施：

（1）改善孕产妇保健,包括产前保健、在保健人员熟练帮助下安全分娩、产后保健和营养支持。

（2）普及信息并提供服务,帮助人们在生育及生育间隔问题上做出明智选择。

（3）保障女童的生命权、生存权、健康权和营养权。

（4）在采取持续护理的基础上,查明儿童死亡与患病的主要原因与决定性因素,着重强调营养供给、饮用水安全和健康教育。

（5）鼓励开展有针对性的行为改变交流活动,以改善家庭和社区层面的产妇保健、新生儿及儿童护理。

（6）为预防、治疗、护理和管理新生儿和儿童疾病提供普遍和负担得起的医疗服务,并保护儿童免受水源传播、虫媒传播、血液传播、传染性疾病及其他儿童疾病的侵害。

(7) 向母婴提供生产前后的健康和营养保健措施,预防身心残障。为早期发现、治疗和管理疾病提供服务,采取干预措施,最大程度地减少残障发生可能性,并预防残障进一步发展。防止残障儿童在精神和身体方面遭受歧视,并提供康复服务和给予社会支持。

(8) 确保利用生命周期方法向儿童提供基本服务、支持与营养供给,对婴幼儿喂养(IYCF)进行指导,要特别关注女童和其他弱势群体。采取特别措施,确保待产和哺乳母亲获得医疗、保健和营养(包括营养教育)方面的支持。

(9) 向青少年提供其维护健康和发展所需信息,给予青少年支持与服务,包括良好的生活方式和健康选择,以及对酒精和药物滥用不良影响的认识。

(10) 预防新生儿出生时遭受艾滋病毒感染。确保受感染儿童接受治疗、获得充足的营养和病后护理,并且在享有权利时免遭歧视。

(11) 确保印度国内提供符合儿童安全标准的产品和服务,并建立机制以执行针对儿童产品和服务的安全标准。

(12) 提供适当的保障和措施,以防止发生关于生长、发育和营养的虚假宣传。

(二) 教育与发展

1. 每个儿童都有平等学习知识和接受教育的权利。为开发儿童的最大潜力,政府应认识到自己有责任提供并确保儿童获得所需的环境、信息、基础设施、服务和支持,确保所有儿童享有以上权利,并要考虑到个体的特殊需求。

2. 国家应采取必要措施:

(1) 为所有 6 岁以下儿童普及公平、优质的学前保育与教育,确保儿童获得最佳发展和积极学习能力。

(2) 确保 6 至 14 岁年龄段的所有儿童都能在学校享有宪法所规定的基本受教育的权利。

(3) 为所有儿童提供负担得起的优质教育,直至中学阶段。

(4) 促进和支持部门间的联系,提供职业培训,包括利用职业咨询和职业指导,全面解决儿童职业选择中的年龄和性别问题。

(5) 确保所有失学儿童,如童工、移民儿童、被拐卖儿童、农民工子女、街头流浪儿童、酗酒和滥用药物受害儿童、动乱地区儿童、孤儿、残障儿童(精神和身体)、患有慢性病儿童、已婚儿童、拾荒儿童、性工作儿童、囚犯儿童等拥有被追踪、营救、逐渐康复的机会,并享有受教育的权利。

(6) 解决学校各种歧视问题,促进儿童在机会、待遇、参与度上享有平等权利(无论出生地、性别、宗教、残障、语言、地区、种姓、健康、社会、经济或任何其他因素)。

(7) 利用必要的立法措施、政策和法规创造有利环境,优先考虑弱势群体儿童的教育。

(8) 保障儿童的身体安全,提供安全可靠的学习环境。

(9) 确保儿童友好型教学过程。

(10) 确保从社会公正和性别公正、生活技能和适龄角度,制定和实施能吸引儿童并使之愉悦的教育方法,特别要注重心理健康。

(11) 为所有儿童特别是偏远地区、部落、交通不便地区提供信息与通信技术工具,实现公平、全纳和负担得起的教育。

(12) 根据儿童生理和心理年龄,促进儿童在尊重自己文化传统的前提下,安全、愉快地体验新技术。

(13) 审查、开发和维持为儿童提供安全空间的适龄倡议、服务和项目,使儿童在社区、学校和其他机构中安全玩耍、运动、娱乐、休闲、开展文化和科学活动。

(14) 促使儿童能够全面发展,实现其抱负,注重其长处,确保他们能够掌控自己的生活、身体和行为。

(15) 促使儿童不受任何体罚或精神骚扰,鼓励学生积极参与,给予纪律教育,为儿童提供良好的学习体验。

(16) 确保学校医疗计划定期监测儿童健康,并能够处理儿童的医疗和紧急情况。

（17）为正规学校中有特殊需要的儿童提供服务，保证其服务的包容性，并提供所有设施，如受训教师和特殊教育工作者、适当的教学法和教育材料、无障碍通道、功能性洗手间，以及旨在积极开发儿童最大潜能和自主性、维护儿童自尊感和自我价值感的课外活动。

（18）增加家庭、社区和学校间的紧密联系，促进儿童的全面发展，向儿童强调养成良好健康、保健和卫生习惯的重要性（包括提高对酒精和药物滥用不良影响的认知）。

（19）促进地方政府、非政府组织或社区间的通力合作，缩短教育服务中的差距，特别是在落后地区、童工密集型地区、内乱地区以及紧急情况下，共同努力解决问题。

（20）利用特别项目识别、鼓励和帮助有天赋的儿童，特别是弱势群体儿童。

（21）为在职母亲、单亲父母、贫困家庭和患病的母亲提供照顾儿童的托儿所和日托设施。

（22）在公共场所和工作场所为在公营、私营和无组织部门工作的母亲提供适当的婴儿喂养设施。

（三）保护

1. 安全与受保障的环境是实现儿童所有其他权利的先决条件。儿童有权在任何地方受到保护。

2. 国家应为儿童创造受关爱、被保护以及安全的环境，避免儿童在任何情况下受到伤害，保证其在任何地方（特别是公共场所）享有安全。

3. 国家保护儿童免受任何形式的伤害，如暴力、虐待、伤害、忽视、侮辱、歧视、贫困、剥削（包括经济剥削和性剥削）、遗弃、分离、绑架、拐卖、色情、酒精和药物滥用，以及任何其他利用儿童、伤害儿童人格或干预儿童发展的不当行为。

4. 确保所有暂时或永久失去父母照顾的儿童享有权利。政府应努力确保家庭和社区照顾，包括资助、亲属看护、寄养和机构收养，并最终实现制度化,着重关注儿童最大利益,并保证照顾和保护的质量标准。

5.政府承诺采取特殊保护措施,根据儿童社会、经济和地缘政治等不同情况,确保需要特殊保护儿童的权利和权益,包括满足其康复和重返社会需要,主要针对(但不仅限于)移民儿童,流离失所儿童,处在社区或宗派暴力、内乱或灾难中的儿童,街头流浪儿童,性工作者的子女,遭受性剥削与虐待的儿童,被迫乞讨的儿童,违法儿童,童工,囚犯儿童,艾滋病毒感染儿童,残疾儿童,受酒精和药物滥用影响的儿童,拾荒儿童,来自社会排斥群体的儿童,受武装冲突影响的儿童,以及其他所有需要得到关心和保护的儿童。

6.国家需推进儿童友好型司法审判,制定先进法律,建立预防型和回应式儿童保护体系,包括紧急外展服务,促进制定有效执行惩罚性法律和出台行政措施,以应对任何形式的儿童虐待和忽视,全面解决与儿童保护相关的问题。

7.国家应促进和加强中央和各邦进行保护儿童权利的立法,采取行政和体制上的调节机制。针对地方申诉,应提供有效并易操作的申诉机制。

(四)参与

1.国家的首要责任是保证儿童认识到其应享有的权利。根据儿童的心理、生理年龄以及发展能力,为其创造有利环境,提供发展机遇,支持其开发技能、形成愿景和表达自己的观点,确保其能够积极参与和自身发展相关的所有事务。

2.国家在处理家庭、社区、学校、机构、社会、各级政府、司法行政诉讼中与儿童有关的问题时,应尊重儿童观点,尤指尊重女童、残障儿童、少数民族儿童、边缘化社区儿童的观点。

3.国家应让所有利益相关者都参与到机制建设中来。确保儿童在任何情况下都可以毫无畏惧地表达自己的不满,利用检测指标衡量儿童是否真正有效地参与其中,建立不同的儿童参与模式,并对取得最佳效果的模式进行研究和记录。

五、宣传和合作关系

1. 国家应鼓励利益相关者如个人、家庭、社区、非政府组织、民间社会组织、媒体、政府和私人机构积极参与到保障儿童权利的行动中来。

2. 国家应有计划地协调各方面共同努力,以提高父母、看护人或监护人、护工、责任承担者对儿童权利的认识。所有利益相关者都应在基于权利和注重公平的理念下采取适当的策略、平台、计划、沟通方式,以提高对儿童权利的认识,并致力于确保儿童享有应得的权利。

3. 通过集中宣传该政策以获得广泛支持,确保儿童的最大利益和权益在政策制定、计划、资源分配、管理、监测与评价中享有最高优先权,在所有影响儿童生活的事务和行动中都能听到儿童的声音。

4. 国家应确保提供保育、教育服务和司法服务的组织机构积极参与、反应迅速且时刻关注儿童相关事宜,提高透明度,并确保公众问责制。同时,要参考其他正在实施或已取得成功的范例,并学习各个地区的最佳实践和做法。

六、协调、行动和监测

1. 为满足儿童的权利和需求,要求相关部门通力合作,并以协同方式整合其对儿童的影响。基于儿童生存、发展和保护权利,各部门应齐心协力,记录相关数据指标,以跟进行动进度。

2. 社区和地方在确保儿童实现最佳发展和社会整合方面发挥重要作用。确保中央政府各部门之间、中央政府与邦政府之间、各级政府之间以及政府与民间社会组织之间的协调是有效执行本政策的关键。

3. 妇女和儿童发展部将是监督和协调这一政策实施的关键部门。妇女和儿童发展部部长领导下的全国儿童协调行动小组(NCAG)将与其他有关部门一起监测政策的执行情况,并将在邦与地区范围内成立类似的协调行动小组。

4. 妇女和儿童发展部与所有相关部门协商后,将制定国家儿童行动计划。将在邦、区和地方制定类似的计划，以确保按本政策的规定采取行动。国家、邦和地区协调行动小组将监测这些计划的执行情况。

5. 国家保护儿童权利委员会和地方保护儿童权利委员会将确保各级部门在制定影响儿童的法律、政策和计划时，尊重本政策的各项原则。

七、研究、记录和能力培养

1. 该政策的实施将得到有关儿童的全面且可靠的知识库的支持。通过整理以儿童为重点的定量和定性研究及文献，可以建立这样的知识库。另外，政府还将在各种指标的基础上开展全过程的儿童影响评估和评价，这将为儿童政策和方案提供信息。

2. 通过选择合适内容，并对能力培养进行精心规划，确保所有部门在各级规划、管理、运行以及照顾儿童的各个方面具备专业技术能力。所有为儿童服务的责任承担者都应提高对儿童权利的关注度，并对其行为和疏忽负责。

八、资源分配

1. 国家承诺拨出必要的财政、物资和人力资源，确保将这些资源有效地运用到该项计划中，确保执行的透明性与问责制。

2. 儿童预算将跟踪所有相关部门在儿童预算支出的资源分配和使用情况，并记录其对儿童造成的影响。

九、政策回顾

在与包括儿童在内的所有利益相关者协商后，将由妇女和儿童发展部组织，每5年对该政策的执行情况进行一次全面审查。

国家儿童行动计划草案
（学前保育与教育部分节选）

(2016 年 3 月 11 日　F.No.17-112012-CW-I
妇女和儿童发展部）

核心重要领域一：生存健康与营养供给

主要目标：
确保所有儿童在出生前、出生中和出生后，及整个生长和发育期间都能获得最高标准、全面和基本的预防性、促进性、治疗性和康复性医疗保健服务。

次要目标 1：
改善产妇医疗护理条件，包括由有经验的医疗人员提供产前照顾、安全分娩、产后照顾及营养供给。

策略：
- 确保产妇及哺乳期母亲都能得到优质的产前和产后护理。
◇ 对所有孕妇进行登记，优先提供母子保护证。
◇ 审查、监管孕妇铁质叶酸片和补充营养品的摄入。
- 按调整后的"儿童发展综合服务计划"标准确保"安格瓦迪中心"的现代化条件，将其与电子数据中心关联起来，以监控所提供服务的实时数据。
◇ 结合《圣雄甘地全国农村就业保障计划》(MGNREGS)，第十四届金融委员会将资金下放给各邦的决策,给"安迪瓦格中心"配备充足的设施。

- 提供普遍的优质分娩与新生儿护理服务。
- 提供充分的产妇与儿童护理服务,尤其关注缺少营养供给、边缘群体中的母婴、高危产妇及高危儿童。
- 普及信息并提供服务,帮助人们在生育及生育间隔问题上做出明智选择。
- 改善所有准父母的健康与营养状况。
- 改善所有产妇及哺乳母亲的健康与营养状况。

◇ 由国家健康计划小组对"安格瓦迪中心"所有农村妇女进行每月的健康检查。

次要目标3:

在采取持续护理的基础上,通过干预措施,查明儿童死亡与患病的主要原因和决定性因素,着重强调营养供给、饮用水安全和健康教育这几个方面。

策略:

- 普及免疫接种。
- 为预防、治疗、护理和管理新生儿和儿童疾病提供普遍和负担得起的医疗服务,保护儿童免受水源传播、虫媒传播、血液传播、传染性疾病及其他儿童疾病的侵害。

◇ 为所有儿童提供危及生命疾病(如癌症或其他疾病)的普遍和负担得起的医疗服务。

◇ 确保所有地区医院都能配备治疗疾病、缺陷、先天不足、残障的诊疗设备。

◇ 在家庭与公共场所增加经改良的卫生间。

◇ 加大安全饮用水的供应,采取措施确保饮用水水质。

◇ 进行固态、液态垃圾处理。

◇ 确保所有地区医院都拥有专业的心理健康专家和完善的治疗

设备。

◇ 组建经过专业培训的心理健康服务咨询小组，同时在大学开设相关专业的课程。

• 增加地区和社区医疗护理服务，提供所需的设备与人力支持。

• 预防和治疗所有 0—18 岁儿童中出现的残障、疾病（包括心理疾病）、先天缺陷及发育迟缓等。

• 对以下类别的儿童提供健康筛查和早期干预服务：

◇ 先天不足。

◇ 缺陷。

◇ 常见疾病。

◇ 发育迟缓。

◇ 残障。

• 制定地区、街道负责的综合计划，确保向 0—5 岁、6—10 岁以及 11—18 岁儿童提供常规体检。

• 提高医疗保险计划覆盖率。

• 在发生自然灾害与人为灾害期间，向妇女、儿童提供医疗保健服务。

次要目标 4：

鼓励开展有针对性的行为改变交流活动，以改善家庭和社区层面的产妇医疗、新生儿及婴幼儿护理。

策略：

• 有针对性地进行公众宣传，开展促使改变行为的交流活动，以改善婴幼儿保育与喂养方式。

• 根据国家健康计划、儿童发展综合服务计划和清洁印度计划，制定综合的交流策略。

• 通过在高负担和"保护女童、教育女童"地区推行"乡村融合计划""促进服务计划"与自助小组（Self Help Groups），实施行为改变交流计划，以提高家庭与社区层面产妇医疗、新生儿和育儿实践等关键行为表现。

• 通过大众媒体发布关于孕妇与哺乳期妇女育儿医疗、营养补给、卫生健康的重要信息。

• 利用民间媒体在社区一级发布重要信息。

• 对母亲和护理人员进行教育和培训，以预防和治疗新生儿和幼儿腹泻和呼吸系统等常见疾病。

次要目标5：

通过为母亲和婴幼儿提供及时的产前、围产期和产后健康和营养，从精神和身体上预防残障，提供早期检测、治疗和管理服务。

策略：

• 向儿童提供健康筛查和早期干预服务，以解决出生缺陷和残障。

• 确保街道、村委会组织能够提供残障证书。

• 遵照《国家信托法案》的规定，对患有自闭症、脑瘫、智力低下及多重残障的儿童实行行动计划。

次要目标6：

确保利用生命周期方法向儿童提供基本服务、支持与营养供给，对婴幼儿喂养（IYCF）进行指导。

策略：

• 确保更多家庭能够获得充足、多样的营养补给。

• 依据当地食物资源与饮食习惯，制定低成本、合理且营养的食谱。

• 实行"1000天婴幼儿喂养办法"。

• 在高负担和"保护女童、教育女童"地区开展并加强"乡村融合计划"和"促进服务计划"。

• 降低妇女、儿童与青少年微量营养元素缺乏症的患病率。

• 加强转诊机制，加强社区与营养康复中心（NRCs）的联系。

康复中心：

1. 建立营养康复中心，为患有医疗并发症的5岁以下儿童提供医疗和营养护理；

2. 发挥基层潘查亚特（印度农村的基层政府组织形式）的指挥和指导作用，识别严重营养不良儿童，并建议家长将其送往营养康复中心。

- 加强基于网络的快速报告系统、营养管理和信息系统建设。
- 在家庭和教育机构（安格迪瓦中心或学校）提倡正确的食品处理方法和卫生习惯。

次要目标 8：

预防出生时感染艾滋病毒，确保受感染儿童得到治疗、充足的营养和后期护理；要确保其在获得权利的过程中不受歧视。

策略：

- 提供针对艾滋病、生殖感染与性传播疾病的服务。
- 向所有孕妇提供普遍的艾滋病毒检测服务。
- 向母婴提供抗逆转录病毒治疗（ART）或抗逆转录病毒（ARV）预防措施，降低艾滋病从母亲遗传给儿童的风险。
- 社区护理中心和抗逆转录病毒治疗中心提供服务。
- 提供早期婴儿诊断服务（EID）。
- 提高对性传播、生殖道感染疾病和艾滋病的认识与咨询意识。

核心重要领域二：教育与发展

主要目标：

通过保障每个儿童学习知识与接受教育的权利，最大程度地开发每个儿童的潜能。适当关注特殊需求；提供或改善儿童学习所需的环境、信息和基础设施，及时为儿童提供帮助。

次要目标 1：

为所有 6 岁以下儿童提供普遍和公平的优质学前保育与教育，从而使其获得最佳发展，培养积极学习的能力。

策略：

· 确保通过"安格瓦迪中心"、托儿所和日常看护计划、学前保育与教育中心普及学前保育与教育。

· 为在职母亲、贫困家庭、单亲和外来务工人员的子女提供和改善托儿所和日常看护设施。

· 保证所有"安格瓦迪中心"的学前保育与教育质量。

学前教育配套资料

(2017年9月 妇女儿童发展部)

一、简介

在具有发展适宜性的早期儿童教育项目中,游戏和学习资料具有非常重要的作用。幼儿通过玩耍和与周围环境的互动进行学习。我们可以通过提供一系列具有发展适宜性的游戏和学习资料,让周围的环境更具吸引力、更有趣味性,从而培养儿童的求知欲和想象力,为孩子打下良好的基础。各种实用又易于获得的材料可以让儿童获得全面发展,培养其身体和运动能力、认知能力、语言沟通能力、社会情感和创造力。

鉴于游戏和游戏材料的重要性,"儿童发展综合服务计划"已在安格瓦迪中心准备了与其相关的学前教育配套资料。本书是在梳理现有和儿童早期教育相关的文献后编制而成的。

二、学前教育配套资料使用指南

游戏和学习材料应该:

- 具有多功能、涉及多领域以培养儿童全面发展——所有领域,如感官、精细动作和粗大动作、认知、社交、情绪、个性、创造力等。
- 具有安全性(材料和颜料应无毒、边缘光滑、足够大以防儿童吞食)。
- 结实耐用。

- 与文化背景和所处环境相适应。
- 不同活动角均衡配备。
- 便于阅读——图画与文字应与儿童视线高度齐平。
- 种类丰富，数量充足。不宜过少，以防儿童争抢；不宜过多，以培养孩子学会分享、合作与耐心等待。
- 简单易得，便于儿童自由活动和独立游戏时使用和选择。应该鼓励和期望儿童把这些材料作为日常生活的一部分。

注意：

由于可能存在财务限制，有些材料可能需要优先考虑采购。本手册按活动类型对材料进行了分类，以确保采购的材料涵盖不同类型的活动。

教师或安格瓦迪工作人员需要接受培训，了解如何适当使用材料、材料成本以及开发低成本材料。

三、学前教育配套游戏和学习材料推荐

本文件旨在为选择适合儿童全面发展和早期学习的游戏和学习配套资料提供指导。学前教育的游戏和学习资料可分为以下类别：

- 可购买的材料
- 教师或安格瓦迪工作人员培训期间或自行准备的材料
- 当地提供的低成本或无成本材料

1. 可购买的材料

- 成套积木（颜色、大小和厚度不同的基本形状）
- 彩色珠子和线
- 捏塑材料（如面团、黏土等）
- 穿线板
- 大小不同的球
- 简单拼图（例如拼图、彩色拼图、身体部位拼图和形状拼图等）
- 放大镜

- 磁力不同的磁铁
- 圆点骨牌和数字骨牌
- 字母卡和数字卡
- 图片卡或抽认卡
- 一两行文本的绘本
- 故事书
- 铃鼓和小鼓
- 图片对话图表
- 软玩具(如娃娃等)
- 厨房用具
- 医生套装
- 塑料水果和蔬菜
- 塑料天平
- 各种尺寸的量杯
- 各种容器(如碗、桶、罐等)
- 各种工具(如勺子、漏斗、量杯、汤匙/杯、油漆刷等)
- 各种纸张(新闻纸、蜡光纸、再生纸等)
- 蜡笔、马克笔、彩色铅笔、彩色粉笔
- 黏土
- 胶水
- 胶带
- 绳子
- 垫子
- 钝剪刀

2. 教师、安格瓦迪工作人员培训期间使用或自行准备的材料

- 软布球(不同颜色和尺寸)
- 筹码(不同颜色和尺寸)
- 拼图卡

- 自我纠正拼图
- 布偶
- 迷宫

3. 当地提供的低成本或无成本材料
- 干净的旧衣服
- 瓶盖
- 旧轮胎
- 塑料瓶
- 木制玩具
- 椰子壳
- 废纸

四、四个活动角

1. 角色扮演角（想象游戏角）

这个活动角有助于提高儿童的想象力、语言、表演能力和社交能力。可以用各种材料来规划这个活动角，比如柔软的玩具、旧衣服、厨房用具、玩具蔬菜和水果等。

2. 手工艺术角

这个活动角为孩子们提供各种探索和发展精细动作的机会。这个角落可以配备安全石板、粉笔、纸、蜡笔、颜料、黏土、沙坑、钝剪刀等材料。

3. 图书角

图书角有吸引人的图画书和故事书，这有助于儿童与书籍建立联系，并产生阅读兴趣。

4. 建筑操作角

这个活动角是为提高儿童的认知能力，理解形状、大小、颜色、顺序思维和图案制作等概念。可以用珠子、拼图、积木、迷宫、骨牌、图片卡等材料来布置这个活动角。

3—4岁儿童活动手册

(2017年9月　妇女和儿童发展部)

一、活动手册内容

本书为活动手册的样本用书,可为各邦在给3至4岁儿童编制适合本邦的活动手册时提供指导。本样书包含活动任务单,旨在提高幼儿精细运动、创造力以及认知能力。本活动手册涵盖了适合儿童年龄和发展的概念和技能方面的进展情况。

二、使用指南

1. 使用本书时,各邦应遵循本邦儿童学前教育课程计划。

2. 活动应旨在加强螺旋式和分级式学习,同时使儿童适应各领域和培养其各种技能。

3. 改编本样书时可酌情加入与情境相关的图片、字母和词汇。

4. 不必在每页活动任务单中都结合主题。

5. 在培训期间,应对安格瓦迪中心工作人员进行指导,使其熟悉活动手册的内容及如何在课堂上使用本活动手册,以满足儿童的学习和发展需求。作为一种补充,本活动手册不能代替其他互助小组活动或个人活动。

6. 评价卡应和本书相关,安格瓦迪中心工作人员除利用其他评价方式外,还可根据学生完成活动练习的表现进行评价。

三、注意事项(安格瓦迪中心工作人员须知)

1. 注意:本活动手册是一种可以帮助儿童强化概念的手段,但不可替代课堂教学。儿童通过首先接触环境、物体、他人和材料,及具体的活动和经验来学习概念和词汇。儿童只有通过图片和符号了解这些物体和经验的符号化表达意义后,才可以进入下一阶段的学习。活动手册对此是有所帮助的。

2. 教师要根据儿童的学习需要和学习速度灵活安排学习活动。

3. 不要强制要求儿童工整地完成练习,或者必须在规定时间内完成。每个儿童的兴趣和能力都有所不同,因此让他们按照自己喜欢的方式尽其所能来完成任务。

4. 建议不要每天使用活动手册,对儿童来说每周两页练习即可。

5. 做练习之前,先给儿童介绍本页练习的内容,再清晰地给出指令。

6. 要让家长了解本活动用书,使其了解适合儿童年龄的活动以及可取得的进步。

7. 为了不让儿童觉得自己在做练习时是在接受测试,请不要给他们评分。

注:本活动用书是由联合国儿童基金印度会办事处和安贝德卡大学学前教育发展中心联合制定。

日期＿＿＿＿＿＿＿

涂色

提示	・向孩子介绍并讨论有关苹果的话题 ・让孩子为这幅苹果图片涂色

＿＿＿＿＿＿　　　　　　　　　　　　　　＿＿＿＿＿＿
家长签名　　　　　　　　　　　　　　　　教师签名

日期_____

涂色

提示	·向孩子介绍并讨论有关杧果的话题 ·让孩子为这幅杧果图片涂色

家长签名　　　　　　　　　　　　　　　　教师签名

日期_____

自由绘图

提示	·让孩子画出自己喜欢的图案 ·写下孩子所绘之物的名称并与其进行讨论

家长签名　　　　　　　　　　　　　　　教师签名

日期_____

| 距离 |

提示	· 向孩子介绍并讨论这组图片 · 让孩子圈出图片中距离罐子较近的乌鸦 · 让孩子圈出图片中距离花朵更远的蝴蝶

家长签名　　　　　　　　　　　　　　　　教师签名

日期＿＿＿＿＿＿

描画并涂色

提示	· 向孩子介绍本页内容 · 让孩子将点连接成图并涂色

＿＿＿＿＿＿＿　　　　　　　　　　　　＿＿＿＿＿＿＿
家长签名　　　　　　　　　　　　　　　教师签名

日期_____

长度

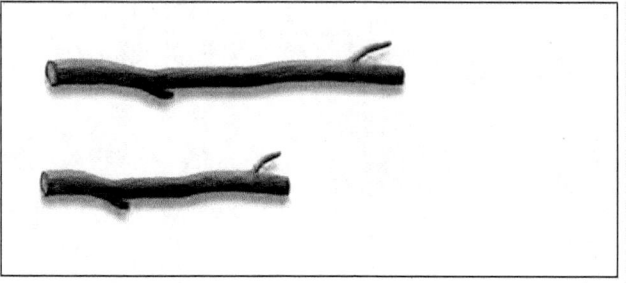

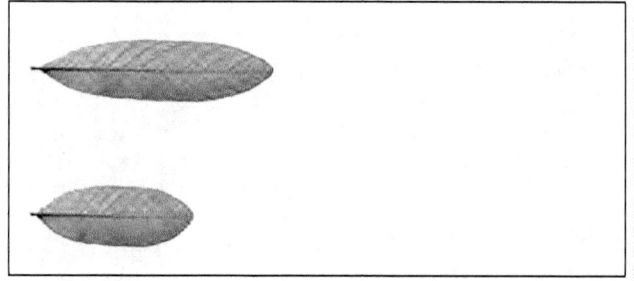

提示	・向孩子介绍并讨论这两幅图片 ・让孩子圈出图片中的短树枝 ・让孩子圈出图片中的长叶子

家长签名　　　　　　　　　　　　　　　　　教师签名

日期_____

拼贴任务

提示	・向孩子介绍并讨论有关花椰菜的话题 ・让孩子在图中的花椰菜上粘贴棉花

家长签名　　　　　　　　　　　　　　　　教师签名

日期_____

描画并涂色

提示	・向孩子介绍本页内容 ・让孩子将点连接成图并涂色

家长签名　　　　　　　　　　　　　　　教师签名

日期_____

空间

提示	·向孩子介绍并讨论这两组图片 ·让孩子圈出图片中男子坐在车里的图片 ·让孩子圈出图片中水果在篮子外的图片

家长签名　　　　　　　　　　　　　　　　　教师签名

日期_____

自由绘图

提示	・让孩子画出自己喜欢的图案 ・写下孩子所绘之物的名称并与其进行讨论

_____   _____

家长签名   教师签名

日期＿＿＿＿＿＿

尺寸

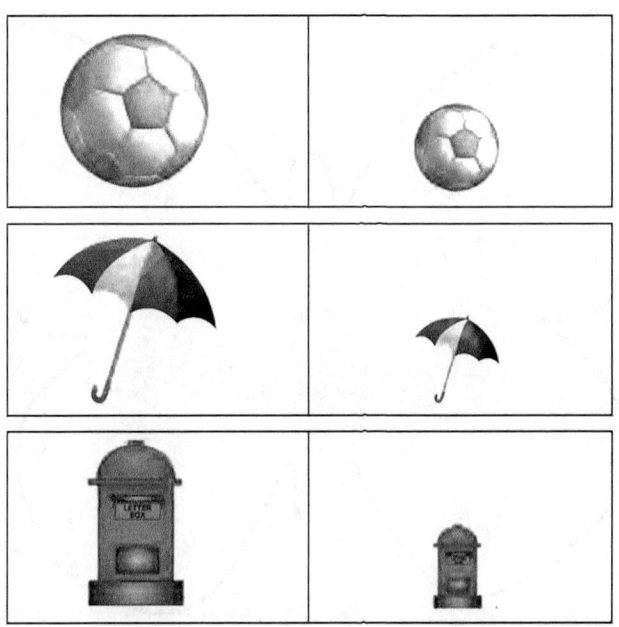

提示	·向孩子介绍并讨论这三组图片 ·让孩子圈出图片中的大球 ·让孩子圈出图片中的小伞 ·让孩子圈出图片中的大信箱

_____　　　　　　　　　　　_____
家长签名　　　　　　　　　　　　　　　教师签名

日期_____

涂色

| 提示 | ・向孩子介绍并讨论有关蝴蝶的话题
・让孩子为这幅蝴蝶图片涂色 |

_____ 　　　　　　　　　　　　　_____
家长签名　　　　　　　　　　　　　　　　　　教师签名

日期_____

颜色——红色①

提示	·介绍红颜色并讨论周围红颜色的物品 ·讨论上面所有的图片 ·让孩子圈出所有红色物品

家长签名　　　　　　　　　　　　　教师签名

① 原文为彩色印刷,因本书为黑白印刷,故此处图片仅为示意,下不再说明。

日期_____

连点成图

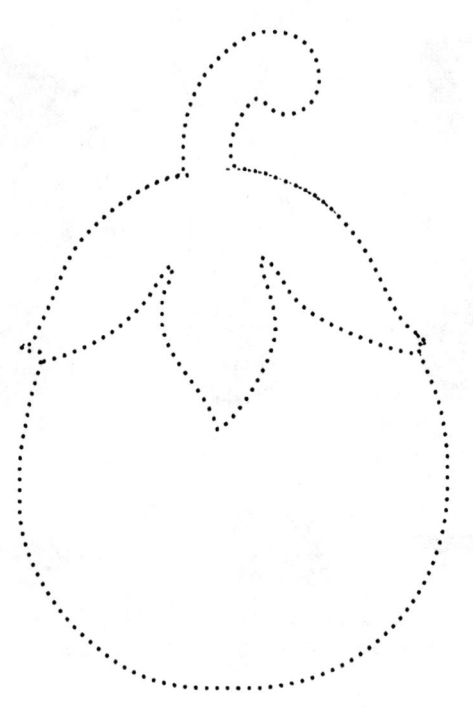

提示	・向孩子们介绍本页内容 ・让孩子将点连接成图并涂色

家长签名　　　　　　　　　　　　　　　教师签名

日期_____

味觉

| 提示 | ・介绍并讨论不同种类食物的味道
・让孩子圈出甜口味的食物 |

家长签名　　　　　　　　　　　　　　　　　教师签名

日期_____

自由绘图

提示	·让孩子画出自己喜欢的图案 ·写下孩子所绘之物的名称并与其进行讨论

_____ _____
家长签名　　　　　　　　　　　　　　　　教师签名

日期_____

相同物品连线

提示	・介绍上面所有图片 ・让孩子为相同的物品连线

_____ _____
家长签名　　　　　　　　　　　　　　　教师签名

日期_____

拼贴任务

提示	・向孩子介绍并讨论有关树木的话题 ・让孩子撕下纸片来拼贴图中的树

_____ _____
家长签名 教师签名

日期_____

长度

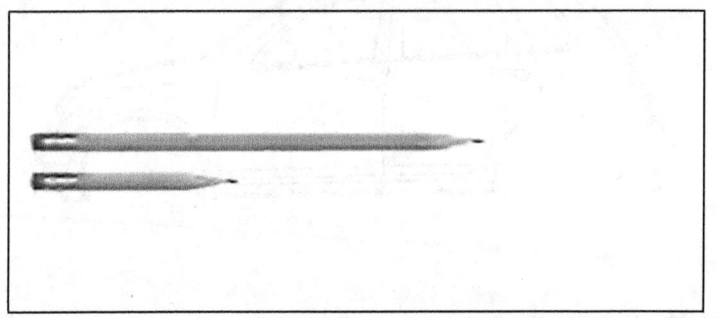

提示	·向孩子介绍并讨论这两幅图片 ·让孩子圈出长的火车 ·让孩子圈出短的铅笔

家长签名　　　　　　　　　　　　　　　　教师签名

日期_____

补充完整图片

提示	·向孩子介绍并讨论图片中的汽车 ·让孩子指出两幅图片的不同之处，并将图片中缺少的部分补充完整

_____ _____
家长签名　　　　　　　　　　　　　教师签名

日期_____

粗细

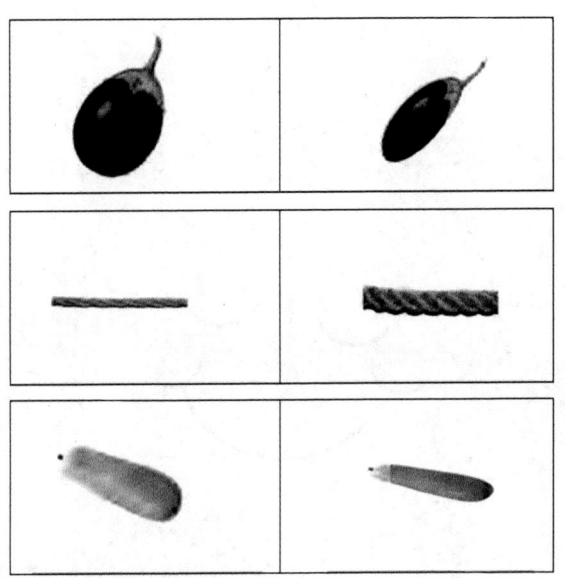

提示	· 向孩子介绍并讨论这三组图片 · 让孩子圈出粗的茄子 · 让孩子圈出细的绳子 · 让孩子圈出粗的葫芦

家长签名　　　　　　　　　　　　　　　　　　　教师签名

日期_____

描画并涂色

提示	・向孩子介绍本页内容 ・让孩子将点连接成图并涂色

家长签名　　　　　　　　　　　　　　　教师签名

日期＿＿＿＿＿＿

空间

提示	・向孩子介绍并讨论这组图片 ・让孩子圈出猫在桌子上的图片 ・让孩子圈出球在椅子下的图片

家长签名　　　　　　　　　　　　　　　教师签名

日期_____

拇指图画

提示	· 向孩子介绍并讨论有关鸭子的话题 · 让孩子将拇指印印在图中的鸭子上

_____   _____
家长签名   教师签名

日期_____

薄厚与粗细

提示	·向孩子介绍并讨论这组图片 ·让孩子圈出厚的书 ·让孩子圈出细的蜡烛

家长签名　　　　　　　　　　　　　　　　教师签名

日期_____

涂色

提示	·向孩子介绍并讨论有关冰激凌的话题 ·让孩子为图片涂色

家长签名　　　　　　　　　　　　　　教师签名

日期_____

距离

提示	·向孩子介绍并讨论这组图片 ·让孩子圈出兔子距离萝卜更近的图片 ·让孩子圈出小鸟距离树木更远的图片

家长签名　　　　　　　　　　　　　　教师签名

日期_____

$$\boxed{\text{自由绘图}}$$

| 提示 | ・让孩子画出他们自己
・写出身体部位的名称并与其进行讨论 |

家长签名　　　　　　　　　　　　　　教师签名

日期_____

| 颜色——蓝色 |

提示	·介绍蓝颜色并讨论周围蓝颜色的物品 ·讨论上面图片内容 ·让孩子圈出所有蓝色物品

_____   _____
家长签名   教师签名

日期_____

拼贴任务

提示	・向孩子介绍并讨论有关云彩的话题 ・让孩子在图中的云彩上粘贴棉花

家长签名　　　　　　　　　　　　　　　　　教师签名

日期_____

提示	·向孩子介绍并讨论这组图片 ·让孩子圈出图中男孩站在房子后的图片 ·让孩子圈出图中椅子在桌子前的图片

家长签名　　　　　　　　　　　　　　教师签名

日期_____

提示	·介绍黄颜色并讨论周围黄颜色的物品 ·讨论上面图片内容 ·让孩子圈出所有黄色物品

家长签名　　　　　　　　　　　　　　教师签名

日期_____

形状——圆形

提示	·介绍圆形并讨论周围圆形的物品 ·让孩子标记出上面所有圆形的物品

_____　　　　　　　　　　　　　_____
家长签名　　　　　　　　　　　　　　　　教师签名

日期_____

| 拇指图画 |

| 提示 | ・向孩子介绍并讨论有关鱼的话题
・让孩子将拇指印印在图中的鱼上 |

_____   _____
家长签名   教师签名

日期＿＿＿＿＿＿

解决问题（迷宫）

提示	·介绍迷宫中的兔子和路径 ·让孩子在不触碰到边界的情况下通过小路将兔子带到胡萝卜那里

家长签名　　　　　　　　　　　　　　教师签名

日期_____

根据功能连线

提示	·介绍并讨论上面所有物品 ·让孩子把相关物品连线

家长签名　　　　　　　　　　　　　　　　教师签名

日期＿＿＿＿＿＿

数量

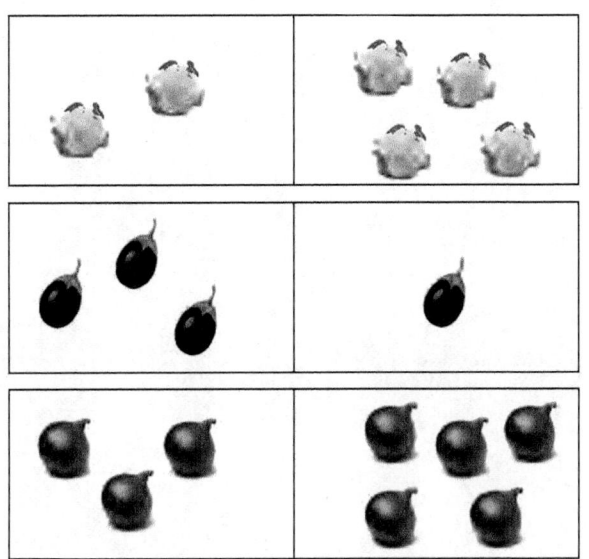

提示	·向孩子介绍并讨论这组图片 ·让孩子圈出花椰菜数量更多的图片 ·让孩子圈出茄子数量更少的图片 ·让孩子圈出洋葱数量更少的图片

＿＿＿＿＿＿　　　　　　　　　　　　　　＿＿＿＿＿＿
　家长签名　　　　　　　　　　　　　　　　教师签名

日期_____

☐ 自由绘图

提示	· 让孩子画出自己喜欢的图案 · 写下孩子所绘之物的名称并与其进行讨论

_____ 　　　　　　　　　_____
家长签名　　　　　　　　　　　　　教师签名

日期_____

| 形状——三角形 |

| 提示 | ·介绍三角形并讨论周围三角形的物品
·让孩子标记出上面所有三角形的物品 |

_____ _____
家长签名　　　　　　　　　　　　　　　教师签名

日期_____

补充完整图片

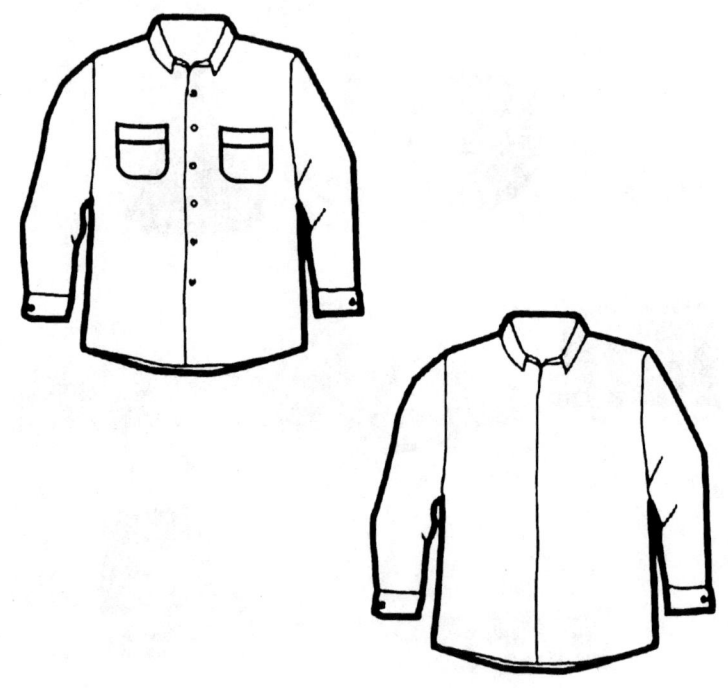

提示	・向孩子介绍并讨论图片内容 ・让孩子指出两幅图片的不同之处，并将图片中缺少的部分补充完整

_____   _____
　　家长签名　　　　　　　　　　　　　　　　　教师签名

日期_____

空间

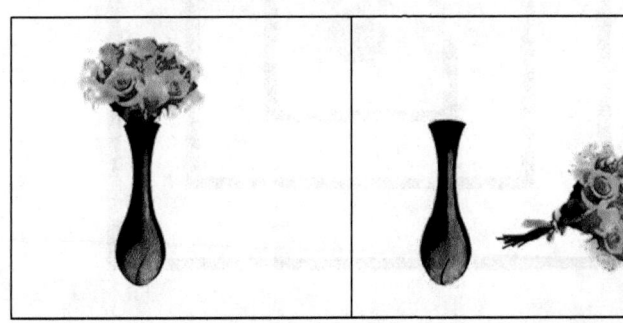

| 提示 | ·向孩子介绍并讨论这组图片
·让孩子圈出图中猫在箱子外的图片
·让孩子圈出图中花在花瓶中的图片 |

_____   _____
家长签名   教师签名

日期_____

解决问题(迷宫)

提示	·介绍迷宫中的女孩、球和路径 ·让孩子在不触碰到边界的情况下通过小路将女孩带到球那里

_____ _____
家长签名　　　　　　　　　　　　　　　　　　教师签名

日期＿＿＿＿＿＿

形状——长方形

| 提示 | ·介绍长方形并讨论周围长方形的物品
·让孩子们标记出上面所有长方形物品 |

家长签名　　　　　　　　　　　　　　　教师签名

日期_____

| 自由绘图 |

| 提示 | ・让孩子画出自己喜欢的图案
・写下孩子所绘之物的名称并与其进行讨论 |

家长签名　　　　　　　　　　　　　　　　　教师签名

日期_____

相同形状连线

提示	・介绍并讨论上面所有图片 ・让孩子为相同形状的物品连线

_____ _____
家长签名 教师签名

日期＿＿＿＿＿＿＿＿＿＿

相同颜色连线

提示	・介绍并讨论上面所有图片 ・让孩子为相同颜色的物品连线

＿＿＿＿＿＿＿＿ ＿＿＿＿＿＿＿＿
家长签名　　　　　　　　　　　　　　　教师签名

日期＿＿＿＿＿＿

数量

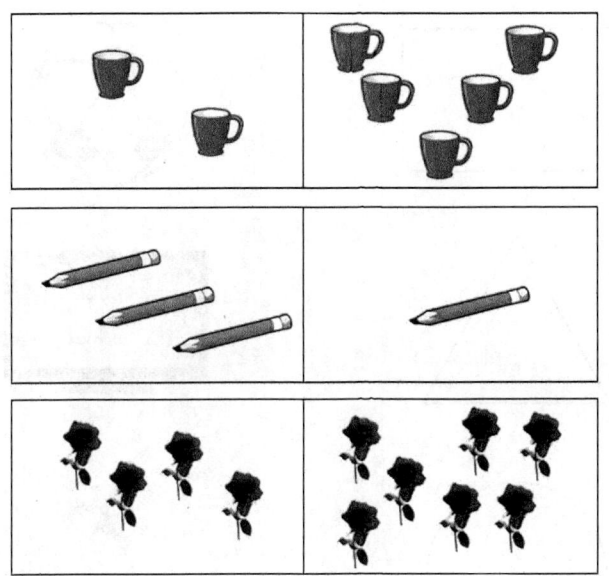

提示	·向孩子介绍并讨论这组图片 ·让孩子圈出杯子数量更多的图片 ·让孩子圈出铅笔数量更少的图片 ·让孩子圈出玫瑰数量更少的图片

家长签名　　　　　　　　　　　　　　　　　　教师签名

日期＿＿＿＿＿＿

相同物体连线

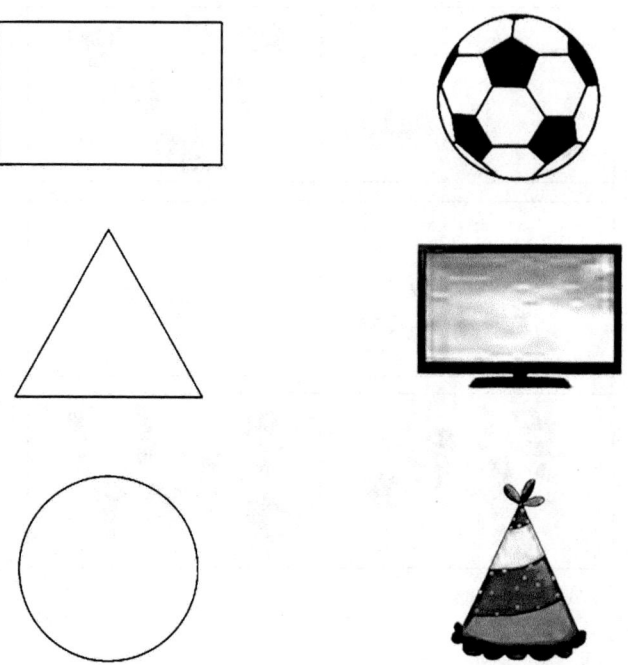

提示	• 向孩子介绍并讨论不同的形状（圆形、三角形和长方形） • 让孩子为相同形状的物体连线

＿＿＿＿＿＿　　　　　　　　　　　　＿＿＿＿＿＿

家长签名　　　　　　　　　　　　　　教师签名

4—5 岁儿童活动手册

(2017 年 9 月　印度妇女儿童发展部)

一、活动手册内容

本书为活动手册的样本用书,可为各邦在给 4 至 5 岁儿童编制适合本邦的活动手册时提供指导。本样书包含活动任务单,旨在提高幼儿的精细运动、创造力、认知能力、早期读写能力及运算能力。本活动手册涵盖了适合儿童年龄和发展的概念和技能方面的进展情况。

二、使用指南

1. 使用本书时,各邦应遵循本邦儿童学前教育课程计划。

2. 活动应旨在加强螺旋式和分级式学习,同时使儿童适应各领域和培养其各种技能。

3. 改编本样书时可酌情加入与情境相关的图片、字母和词汇。

4. 不必在每页活动任务单中都结合主题。

5. 在培训期间,应对安格瓦迪中心工作人员进行指导,使其熟悉活动手册的内容及如何在课堂上使用本活动手册,以满足儿童的学习和发展需求。作为一种补充,本活动手册不能代替其他互助小组活动或个人活动。

6. 评价卡应和本书相关,安格瓦迪中心工作人员在利用其他评价方式外,还可根据学生完成活动练习的表现进行评价。

三、本书使用注意事项(安格瓦迪中心工作人员须知)

1) 注意:本活动手册是一种可以帮助儿童强化概念的手段,但不可替代课堂教学。儿童通过首先接触环境、物体、他人和材料,及具体的活动和经验来学习概念和词汇。儿童只有通过图片和符号了解这些物体和经验的符号化表达意义后,才可以进入下一阶段的学习。活动手册对此是有所帮助的。

2) 教师要根据儿童的学习需要和学习速度,灵活安排学习活动。

3) 不要强制要求儿童工整地完成练习,或者必须在规定时间内完成。每个儿童的兴趣和能力都有所不同,让他们按照自己喜欢的方式尽其所能来完成任务。

4) 建议不要每天使用活动手册,对儿童来说每周两页练习即可。

5) 做练习之前,先给儿童介绍本页练习的内容,再清晰地给出指令。

6) 要让家长了解本活动用书,帮助其了解适合儿童年龄的活动以及可取得的进步。

7) 为了不让儿童觉得自己在做练习时是在接受测试,请不要给他们评分。

注:本活动用书是由联合国儿童基金印度会办事处和安贝德卡大学学前教育发展中心联合制定。

日期_____

拼贴任务

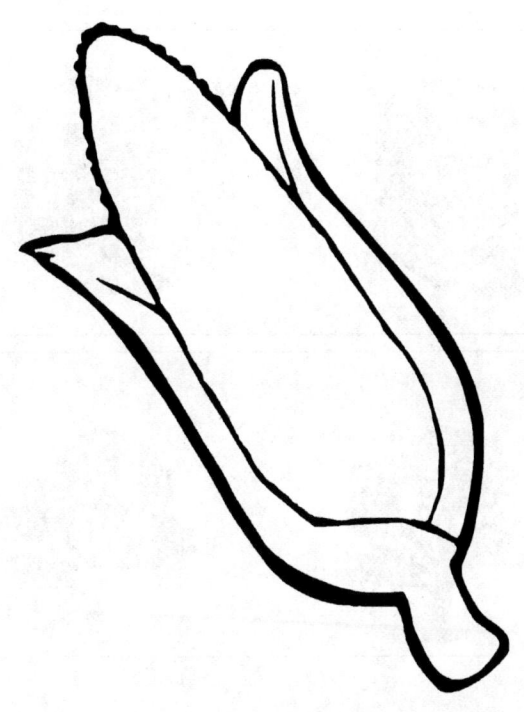

提示	·向孩子们介绍并讨论有关玉米的话题 ·让孩子们将撕碎的纸片卷起来,并把碎纸片粘贴在图中的玉米上

家长签名　　　　　　　　　　　　　　　　　教师签名

日期_____

空间

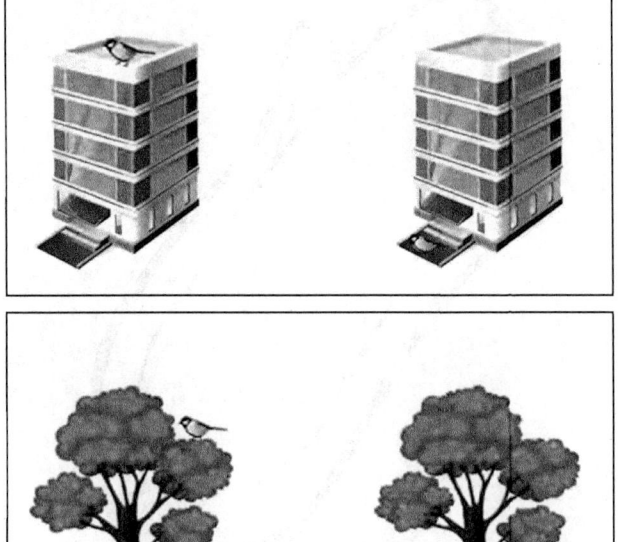

提示	·向孩子介绍并讨论这组图片 ·让孩子圈出图中小鸟在建筑物上的图片 ·让孩子圈出图中小鸟在树下的图片

家长签名　　　　　　　　　　　　　　　教师签名

日期＿＿＿＿＿

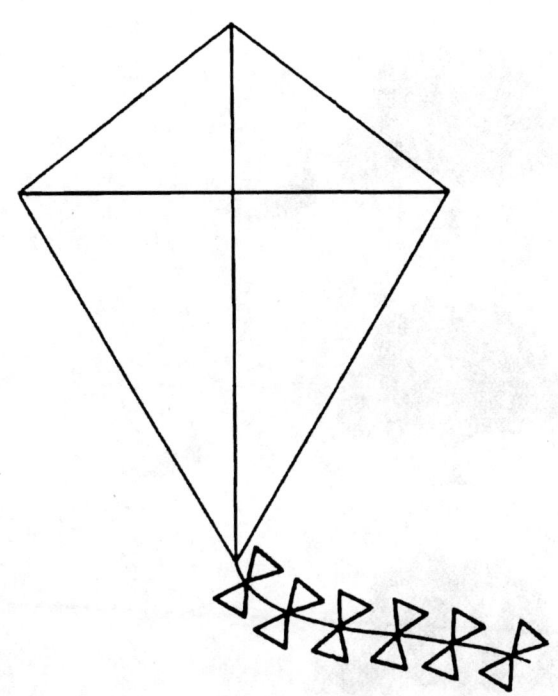

提示	・向孩子介绍并讨论有关风筝的话题 ・让孩子为这幅风筝图片涂色

＿＿＿＿＿　　　　　　　　　　　＿＿＿＿＿
家长签名　　　　　　　　　　　　教师签名

日期＿＿＿＿＿＿

距离

提示	・向孩子介绍并讨论这组图片 ・让孩子圈出图中孔雀距离树木最近的图片

家长签名　　　　　　　　　　　　　　　　教师签名

日期_____

| 自由绘图 |

| 提示 | ・让孩子画出自己喜欢的图案
・写下孩子所绘之物的名称并与其进行讨论 |

_____   _____
家长签名   教师签名

日期＿＿＿＿＿＿

长度

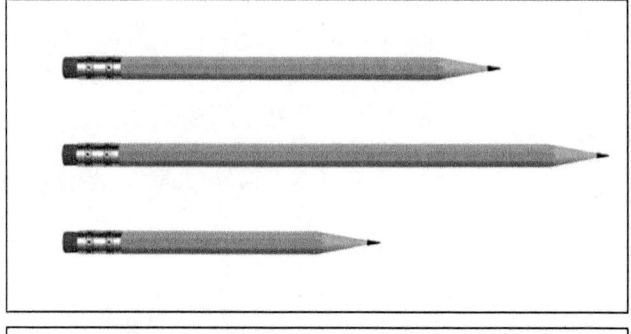

提示	・向孩子介绍并讨论有关长度的概念 ・让孩子圈出最长的铅笔 ・让孩子圈出最短的叶子

家长签名　　　　　　　　　　　　　　教师签名

日期＿＿＿＿＿＿

拼贴任务

提示	・向孩子介绍并讨论有关雨伞的话题 ・让孩子在图中的雨伞上粘贴撕碎的纸片

家长签名　　　　　　　　　　　　　　　　　　　教师签名

日期_____

| 颜色——绿色 |

提示	· 介绍绿颜色并讨论周围绿颜色的物品 · 讨论上面的图片 · 让孩子圈出所有绿色的物品

_____ _____
家长签名　　　　　　　　　　　　　　　　　　教师签名

日期_____

重量

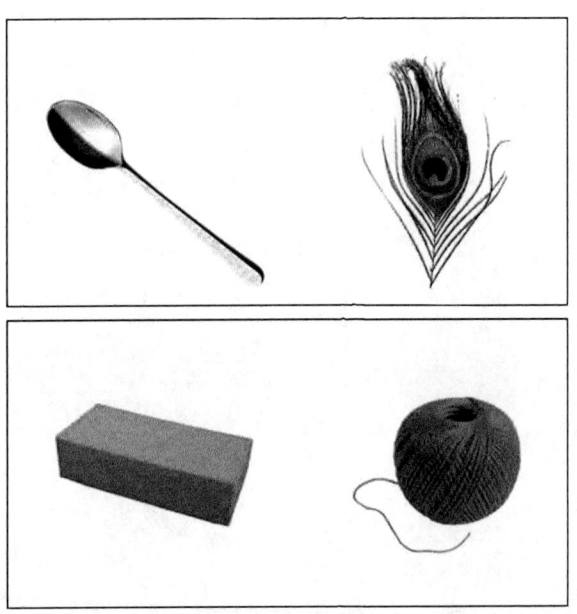

提示	• 向孩子介绍并讨论有关重量的概念 • 讨论上面的图片 • 让孩子圈出第一组图片中较轻的物品 • 让孩子圈出第二组图片中较重的物品

家长签名　　　　　　　　　　　　　　　　教师签名

日期_____

　　　　　　　| 自由绘图 |

| 提示 | ・让孩子画出自己喜欢的图案
・写下孩子所绘之物的名称并与其进行讨论 |

_____　　　　　　　　　　　　　　_____
家长签名　　　　　　　　　　　　　　　教师签名

日期_____

分类——蔬菜与水果

提示	·讨论上面的图片 ·告诉孩子哪些是水果，哪些是蔬菜 ·让孩子圈出所有的蔬菜

家长签名　　　　　　　　　　　　　　　教师签名

日期_____

数量

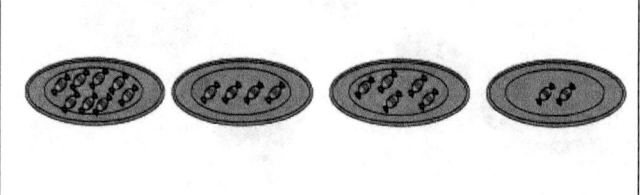

提示	・向孩子介绍并讨论这组图片 ・让孩子圈出水果数量最少的树木图片 ・让孩子圈出糖果数量最多的盘子图片

_____   _____
家长签名   教师签名

日期_____

自由绘图

提示	・让孩子画出自己喜欢的图案 ・写下孩子所绘之物的名称并与其进行讨论

_____ 　　　　　　　　　　　　　　　_____
家长签名　　　　　　　　　　　　　　　**教师签名**

日期＿＿＿＿＿＿

根据功能连线

| 提示 | ·向孩子介绍并讨论图中所有物品
·让孩子将相关物品连线 |

家长签名　　　　　　　　　　　教师签名

日期＿＿＿＿＿

涂色

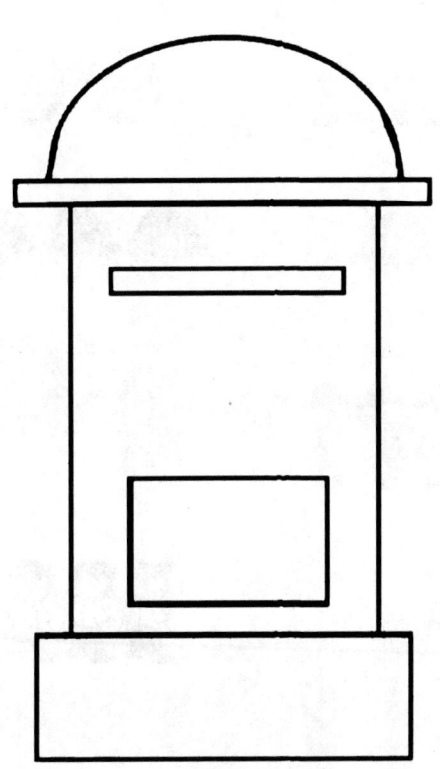

| 提示 | ・向孩子介绍并讨论有关信箱的话题
・让孩子为这幅信箱图片涂色 |

家长签名　　　　　　　　　　　　　教师签名

日期＿＿＿＿＿＿

数量连线

提示	·向孩子介绍并讨论所有图片 ·让孩子数一数,并将数量相同的两组物体连线

家长签名　　　　　　　　　　　　　　　教师签名

日期_____

图形

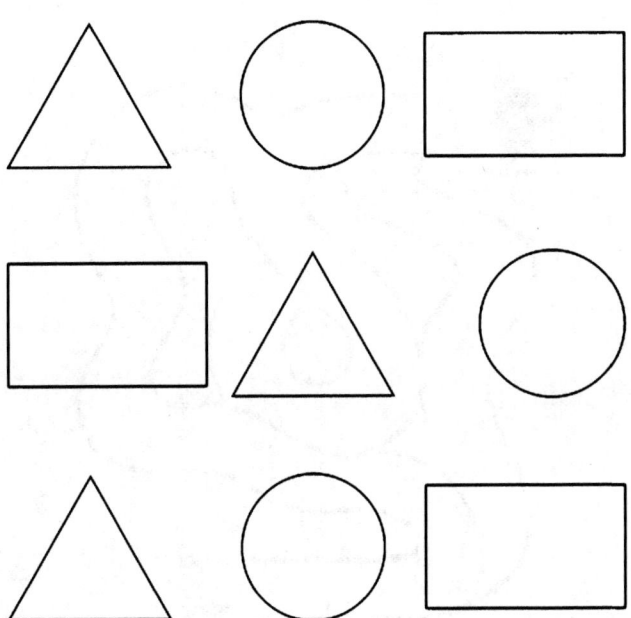

提示	·向孩子讲解不同的图形与颜色 ·让孩子将所有的三角形涂成黄色,并将所有长方形涂成蓝色

家长签名　　　　　　　　　　　　　　　教师签名

日期＿＿＿＿＿＿

解决问题（迷宫）

提示	・介绍迷宫中的母鸡、小鸡和路径 ・让孩子在不触碰到边界的情况下通过小路将小鸡带到母鸡那里

家长签名　　　　　　　　　　　　　　　教师签名

日期_____

宽度

提示	・介绍并讨论有关宽度的概念 ・让孩子圈出最窄的木头 ・让孩子圈出最宽的钢笔

家长签名　　　　　　　　　　　　　教师签名

日期_____

自由绘图

提示	・让孩子画出自己喜欢的图案 ・写下孩子所绘之物的名称并与其进行讨论

_____　　　　　　　　　　　　　　　　_____
家长签名　　　　　　　　　　　　　　　　　　教师签名

日期_____

颜色——橙色

提示	·介绍橙色并讨论周围橙色的物品 ·讨论上面的图片 ·让孩子圈出所有橙色的物品

家长签名　　　　　　　　　　　　　　　　　教师签名

日期_____

排序

提示	·讲述乌鸦喝水的故事 ·介绍并讨论上面的图片 ·帮助孩子按照故事顺序进行排序

家长签名_____　　　　　　　　　　教师签名_____

日期＿＿＿＿＿＿

分类——会飞和不会飞的动物

提示	·介绍并讨论上面的图片 ·讲解哪些动物会飞，哪些动物不会飞 ·让孩子圈出所有不会飞的动物

家长签名　　　　　　　　　　　　　　　教师签名

日期_____

描画并涂色

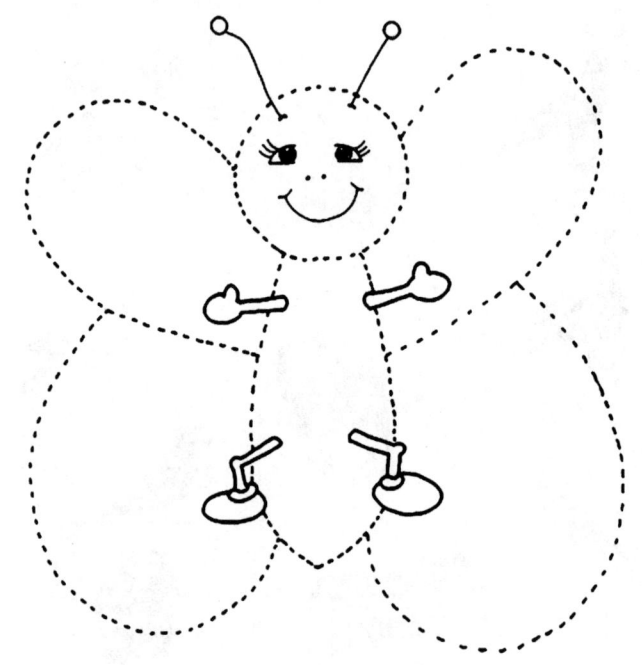

提示	・向孩子介绍本页内容 ・让孩子将点连接成图并涂色

_____ 　　　　　　　　　　_____
家长签名　　　　　　　　　　　　教师签名

日期_____

数量连线

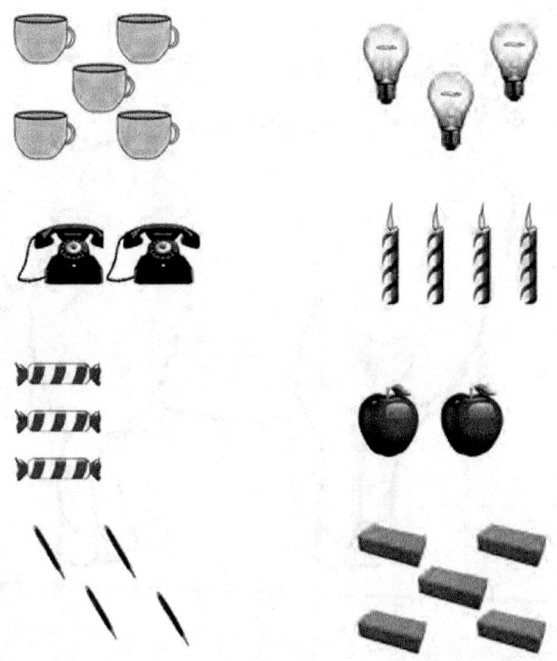

| 提示 | ·向孩子介绍并讨论所有图片
·让孩子数一数,并将有数量相同的两组物体连线 |

_____   _____
家长签名   教师签名

日期_____

| 拼贴任务 |

| 提示 | ・向孩子介绍并讨论有关羊的话题
・让孩子在图中的羊上粘贴棉花 |

_____ 　　　　　　　　　　　_____
家长签名　　　　　　　　　　　　　　　教师签名

日期＿＿＿＿＿＿＿＿＿＿

重量

提示	・向孩子介绍并讨论有关重量的概念 ・讨论上面的图片 ・让孩子圈出第一组图片中较轻的物品 ・让孩子圈出第二组图片中较重的动物

＿＿＿＿＿＿＿　　　　　　　　　　　　　　　＿＿＿＿＿＿＿
家长签名　　　　　　　　　　　　　　　　　　教师签名

日期_____

解决问题(迷宫)

提示	·介绍迷宫中的女孩、球和路径 ·让孩子在不触碰到边界的情况下通过小路将女孩带到球那里

家长签名　　　　　　　　　　　　　教师签名

日期_____

描画并涂色

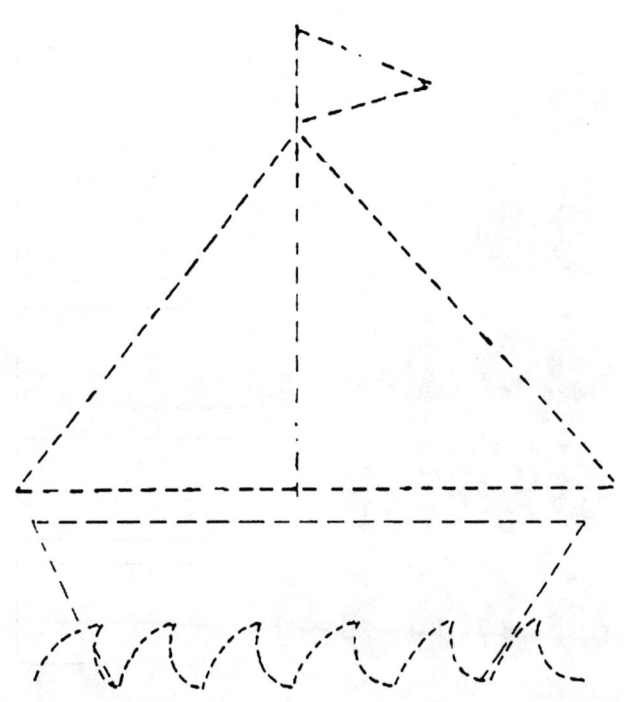

提示	・向孩子介绍本页内容 ・让孩子将点连接成图并涂色

_____ _____
家长签名 　　　　　　　　　　　　　　　　教师签名

日期_____

数一数并绘画

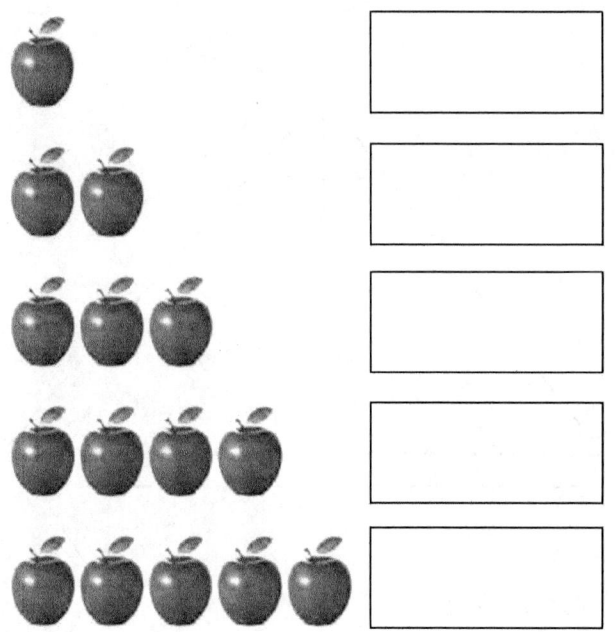

| 提示 | ・和孩子一起数一数苹果的数量
・让孩子在相应的方框中,画出与左侧苹果相同数量的圆圈 |

家长签名　　　　　　　　　　　　　　　　教师签名

日期_____

找不同

提示	·向孩子介绍并讨论图片 ·让孩子圈出两幅图片的不同之处,并为完整的图片涂色

家长签名　　　　　　　　　　　　教师签名

日期_____

| 颜色——紫色 |

| 提示 | ・介绍紫色并讨论周围紫色的物品
・讨论上面的图片
・让孩子圈出所有紫色的物品 |

家长签名　　　　　　　　　　　　教师签名

日期＿＿＿＿＿＿

数一数并描画

| 提示 | ·介绍数字,并讲解数字与物体数量之间的关系
·让孩子描画每个方框里给定物品的数字 |

家长签名　　　　　　　　　　　　　　　教师签名

日期_____

拼贴任务

提示	·向孩子介绍并讨论有关杧果的话题 ·让孩子将黄色的毛绒线卷起,并粘贴在图上

_____ _____
家长签名   教师签名

4—5 岁儿童活动手册　337

日期_____

| 排序 |

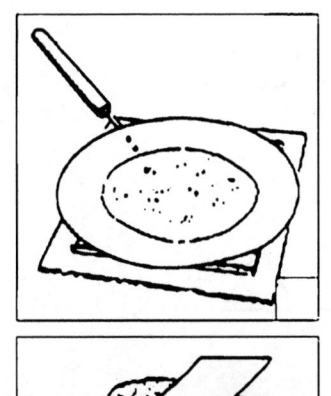

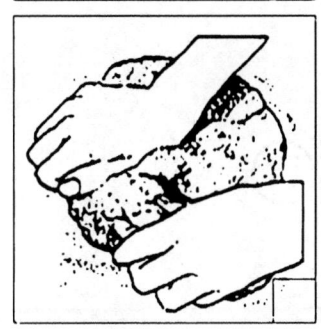
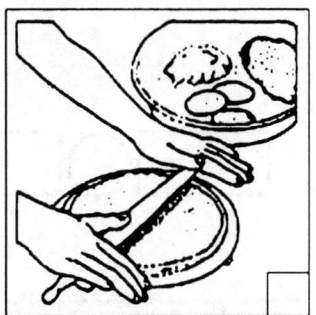

| 提示 | ·介绍并讨论上面的图片
·讨论制作印度面包的步骤
·帮助孩子按照制作顺序排序 |

_____　　　　　　　　　　　　　　_____
家长签名　　　　　　　　　　　　　　　　教师签名

日期_____

补全图形

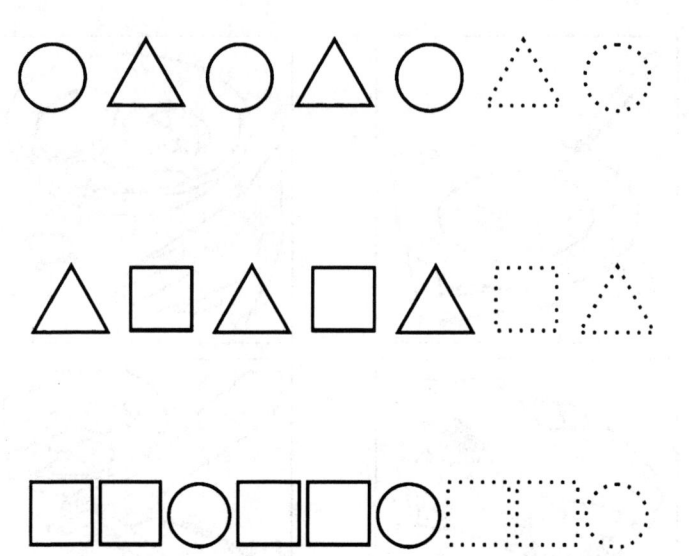

| 提示 | ·通过不同形状的重复图形向孩子讲解图形的概念
·让孩子描画并完成图形 |

家长签名　　　　　　　　　　　　　　　　教师签名

日期_____

| 自由绘图 |

| 提示 | ·让孩子画出自己喜欢的图案
·写下孩子所绘之物的名称并与其进行讨论 |

_____　　　　　　　　　　　　_____
家长签名　　　　　　　　　　　　　　　教师签名

日期_____

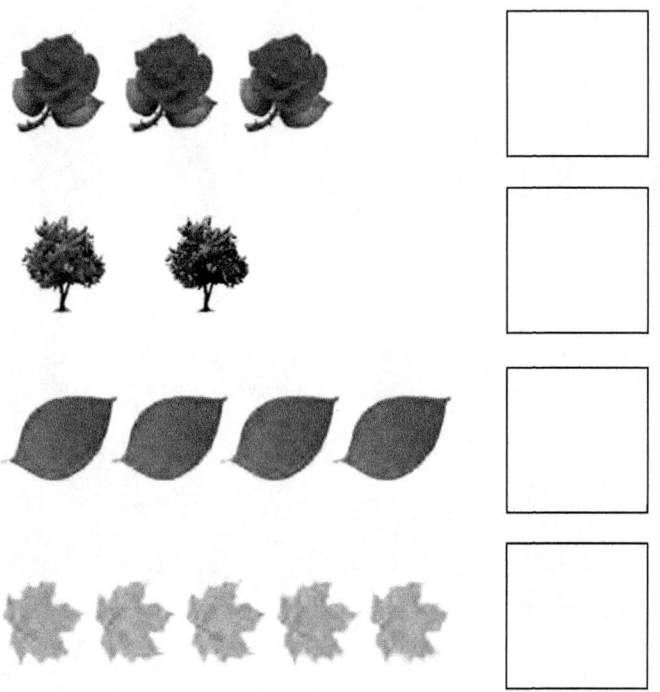

数一数并填写

| 提示 | ·让孩子数出物品数量，并在对应的方框中写下物品的数量 |

家长签名　　　　　　　　　　　　　教师签名

日期_____

图形

提示	・向孩子讲解不同的图形与颜色 ・让孩子将所有的圆形涂成紫色,并将所有的三角形涂成蓝色

_____ _____
家长签名　　　　　　　　　　　　　　　教师签名

日期_____

| 数一数并连线 |

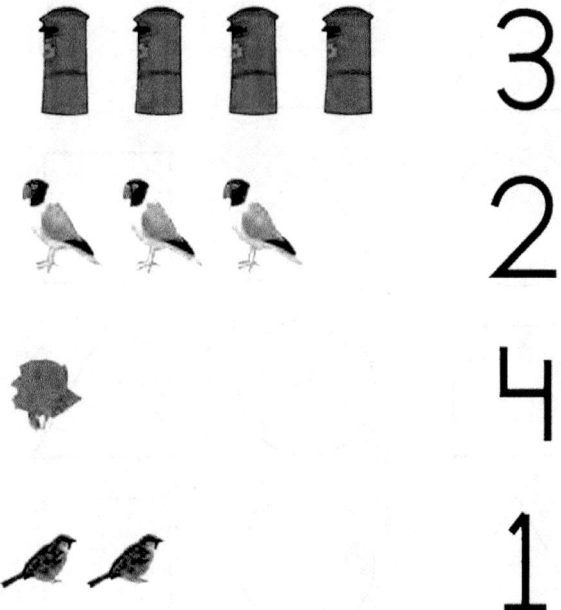

| 提示 | ·向孩子讲解上面所有的数字
·让孩子数一数，并将上面物品与对应的数字连线 |

_____   _____
　家长签名　　　　　　　　　　　　　　　　　　　　　教师签名

日期＿＿＿＿＿＿

描画并涂色

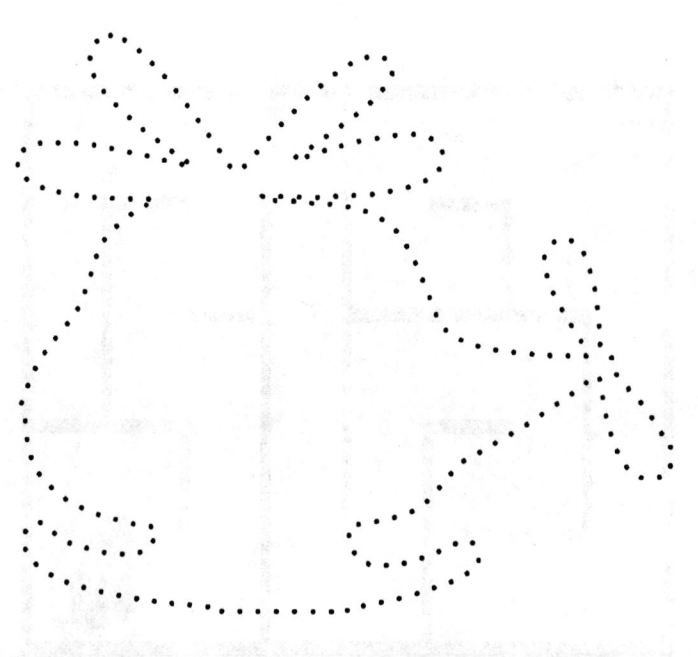

| 提示 | ・向孩子介绍本页内容
・让孩子将点连接成图并涂色 |

家长签名　　　　　　　　　　　　　　　教师签名

日期_____

解决问题（迷宫）

提示	· 介绍迷宫中的香蕉、猴子和路径 · 让孩子在不触碰边界的情况下通过小路将猴子带到香蕉那里

_____   _____
家长签名   教师签名

日期_____

| 自由绘图 |

| 提示 | ·让孩子画出自己喜欢的图案
·写下孩子所绘之物的名称并与其进行讨论 |

家长签名　　　　　　　　　　　　　　　　　教师签名

日期_____

补全图形

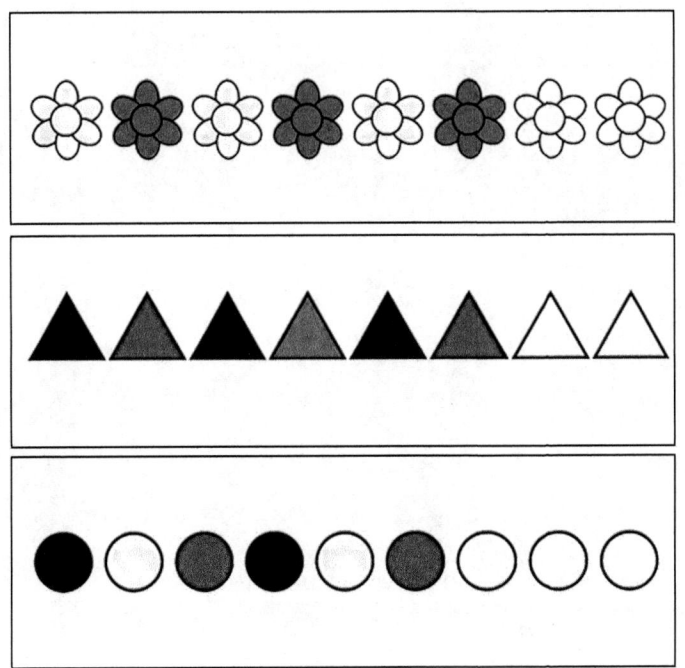

| 提示 | · 通过不同形状的重复图形,向孩子讲解图形的概念
· 让孩子完成涂色 |

_____ _____
家长签名   教师签名

日期＿＿＿＿＿＿

图片读音连线

| 提示 | ·介绍并谈论所有图片单词的起始发音和字母发音
·让孩子圈出所有字母起始发音相同的图片 |

家长签名　　　　　　　　　　　　　　　　教师签名

日期_____

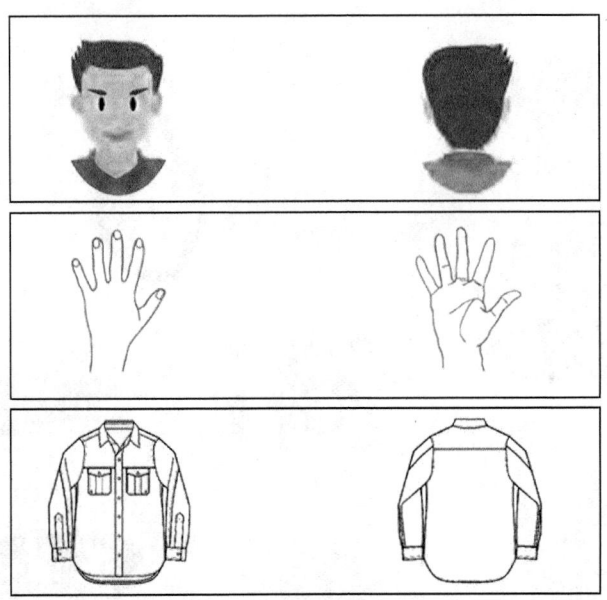

位置

提示	・向孩子介绍并讨论这组图片 ・让孩子圈出头部的背面 ・让孩子圈出手的正面 ・让孩子圈出衬衫的正面

家长签名　　　　　　　　　　　　　　教师签名

日期_____

数一数并连线

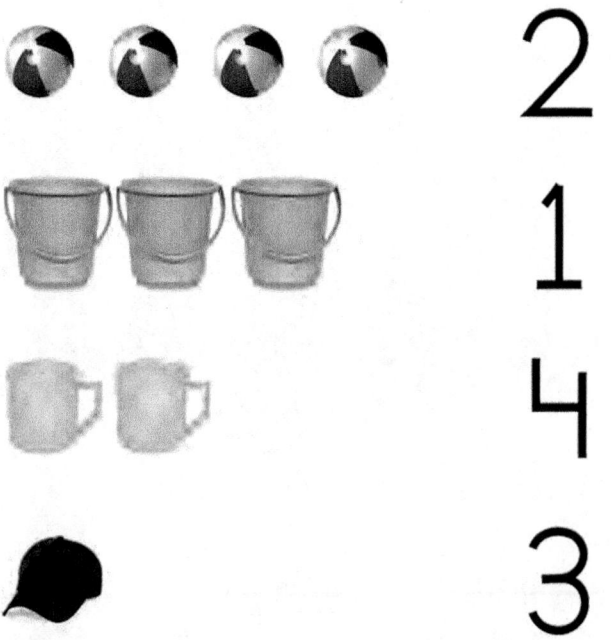

| 提示 | ・向孩子讲解上面的所有数字
・让孩子数一数,并将上面物品与对应的数字连线 |

家长签名　　　　　　　　　　　　　　　　教师签名

日期_____

自由绘图

提示	・让孩子画出自己喜欢的图案 ・写下孩子所绘之物的名称并与其进行讨论

_____ _____

家长签名　　　　　　　　　　　　　　　　　教师签名

日期_____

根据颜色连线

提示	・向孩子介绍并讨论图中所有物品 ・让孩子为相同颜色的物品连线

_____ _____
家长签名　　　　　　　　　　　　　　　教师签名

日期_____

数一数并填写

| 提示 | • 让孩子数出物品数量,并在对应的方框中写下物品数量 |

家长签名　　　　　　　　　　　　　　教师签名

日期_____

数字比较

②

| 1 | 3 |
| 4 | 5 |

| 提示 | ・让孩子辨识所有数字
・让孩子圈出方框中比 4 大的数字 |

家长签名_____　　　　　　教师签名_____

日期_____

图片读音连线

提示	· 介绍并谈论所有图片单词的起始发音和字母发音 · 让孩子圈出所有字母起始发音相同的图片

_____   _____
家长签名   教师签名

4—5 岁儿童活动手册　355

日期＿＿＿＿＿＿＿

缺失的数字

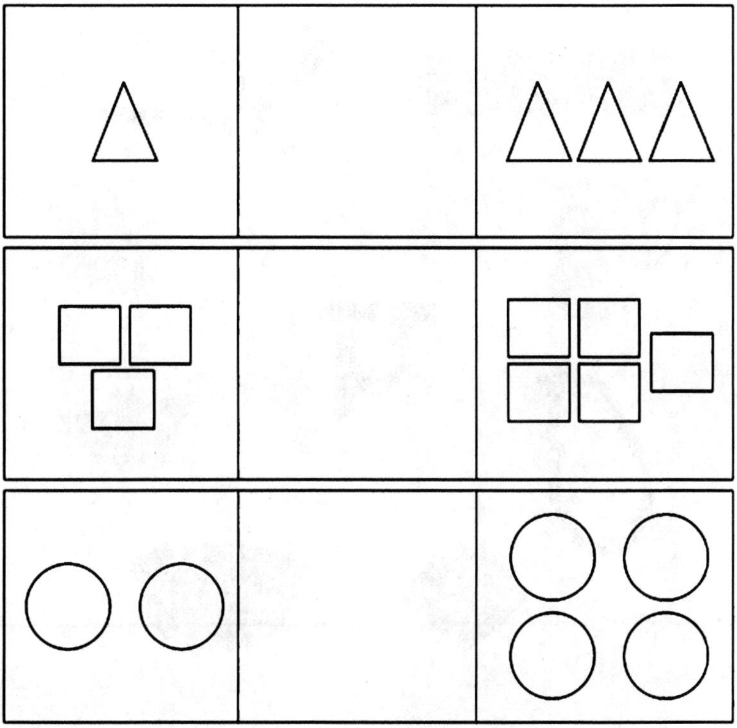

提示	・讨论上面每个方框里图形的数量 ・让孩子按照数量顺序画出空白方框中缺失的图形

家长签名　　　　　　　　　　　　　　　　　　教师签名

日期_____

图片读音连线

提示	・介绍并谈论所有图片单词的起始发音和字母发音 ・让孩子圈出所有字母起始发音相同的图片

家长签名   教师签名

日期_____

数字比较

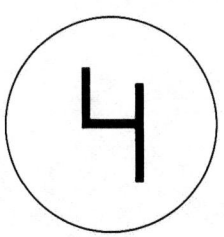

| 1 | 3 |
| 2 | 5 |

| 提示 | ・让孩子辨识所有数字
・让孩子圈出方框中比 4 大的数字 |

家长签名　　　　　　　　　　　　　　教师签名

日期＿＿＿＿＿

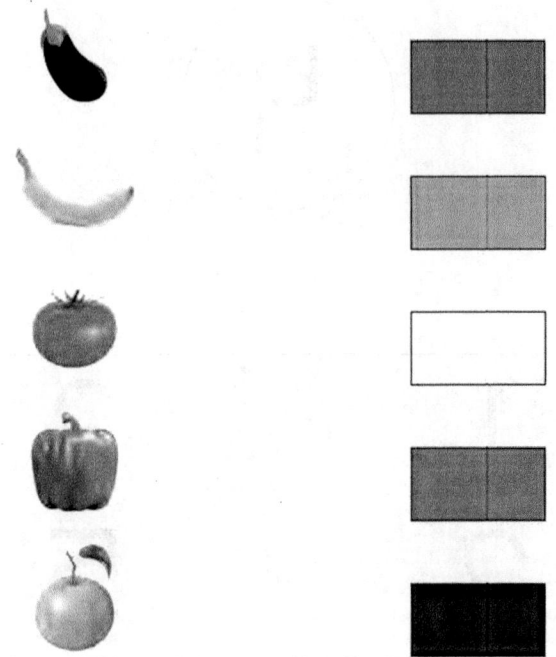

提示	・介绍并讨论周围与图片中颜色相同的物品 ・让孩子将不同物体与相应的颜色连线

家长签名　　　　　　　　　　　　　教师签名

5—6岁儿童活动手册

(2017年9月 妇女和儿童发展部)

一、活动手册内容

本书为活动手册的样本用书,可为各邦在给5至6岁儿童开发编制本邦的活动手册时提供指导。本样书包含活动任务单,旨在提高幼儿精细运动、创造力以及认知能力。本活动手册涵盖了适合儿童年龄和发展的概念和技能方面的进展情况。

二、使用指南

1. 使用本书时,各邦应遵循本邦儿童学前教育课程计划。

2. 活动应旨在加强螺旋式和分级式学习,同时使儿童适应各领域和培养其各种技能。

3. 改编本样书时可酌情加入与情境相关的图片、字母和词汇。

4. 不必在每页活动任务单中都结合主题。

5. 在培训期间,应对安格瓦迪中心工作人员进行指导,使其熟悉活动手册的内容及如何在课堂上使用本活动手册,以满足儿童的学习和发展需求。作为一种补充,本活动手册不能代替其他互助小组活动或个人活动。

6. 评价卡应和本书相关,安格瓦迪中心工作人员在利用其他评价方式外,还可根据学生完成活动练习的表现进行评价。

三、注意事项（安格瓦迪中心工作人员须知）

1. 注意：本活动手册是一种可以帮助儿童强化概念的手段，但不可替代课堂教学。儿童通过首先接触环境、物体、他人和材料，及具体的活动和经验来学习概念和词汇。儿童只有通过图片和符号了解这些物体和经验的符号化表达意义后，才可以进入下一阶段的学习。活动手册对此是有所帮助的。

2. 教师要根据儿童的学习需要和学习速度灵活安排学习活动。

3. 不要强制要求儿童工整地完成练习，或者必须在规定时间内完成。每个儿童的兴趣和能力都有所不同，因此让他们按照自己喜欢的方式尽其所能来完成任务。

4. 建议不要每天使用活动手册，对儿童来说每周两页练习即可。

5. 做练习之前，先给儿童介绍本页练习的内容，再清晰地给出指令。

6. 要让家长了解本活动用书，使其了解适合儿童年龄的活动以及可取得的进步。

7. 为了不让儿童觉得自己在做练习时是在接受测试，请不要给他们评分。

注：本活动用书是由联合国儿童基金印度会办事处和安贝德卡大学学前教育发展中心联合制定。

日期_____

拼贴任务

提示	・向孩子介绍和讲解汽车的图片 ・让孩子撕纸片拼贴图中的汽车

家长签名　　　　　　　　　　　　　　　　　　教师签名

日期_____

重量概念

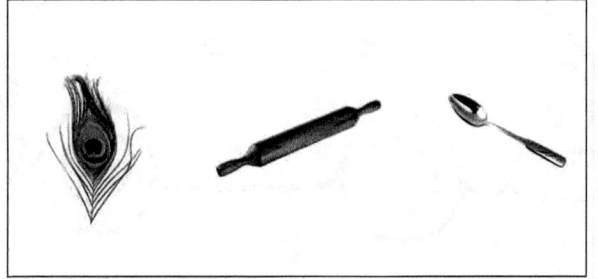

提示	・介绍重量的概念 ・讨论两组图片 ・让孩子圈出第一组中最重的物品 ・让孩子圈出第二组中最轻的物品

家长签名　　　　　　　　　　　　　教师签名

5—6 岁儿童活动手册　363

日期＿＿＿＿＿＿

形状

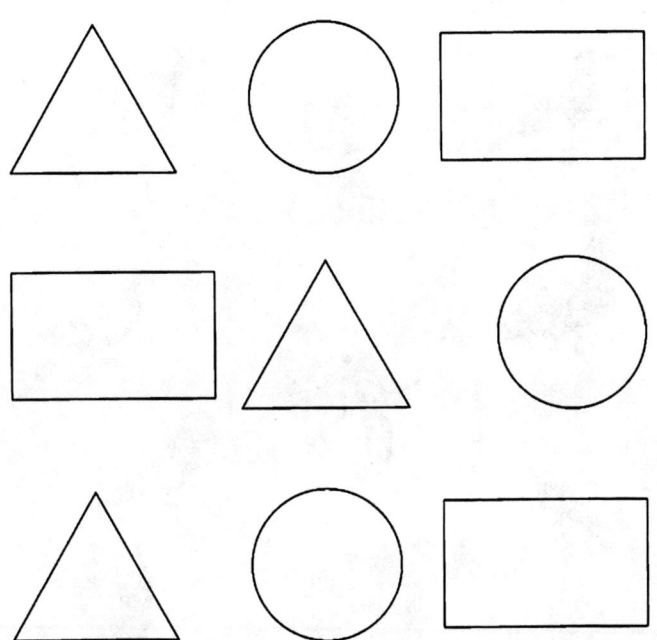

提示	·向孩子解释不同的形状和颜色 ·让孩子把所有三角形涂成黄色,把所有长方形涂成蓝色

＿＿＿＿＿＿　　　　　　　　　　　　　＿＿＿＿＿＿
家长签名　　　　　　　　　　　　　　　教师签名

日期＿＿＿＿＿＿

家禽和野生动物

提示	·介绍并讨论所有图片 ·解释家禽和野生动物的不同 ·让孩子圈出所有野生动物

＿＿＿＿＿＿　　　　　　　　　　　＿＿＿＿＿＿
家长签名　　　　　　　　　　　　　教师签名

日期_____

自由绘图

提示	・让孩子画出自己喜欢的图案 ・写下孩子所绘之物的名称,并与其进行讨论

_____　　　　　　　　　　　_____
家长签名　　　　　　　　　　　　　　教师签名

日期_____

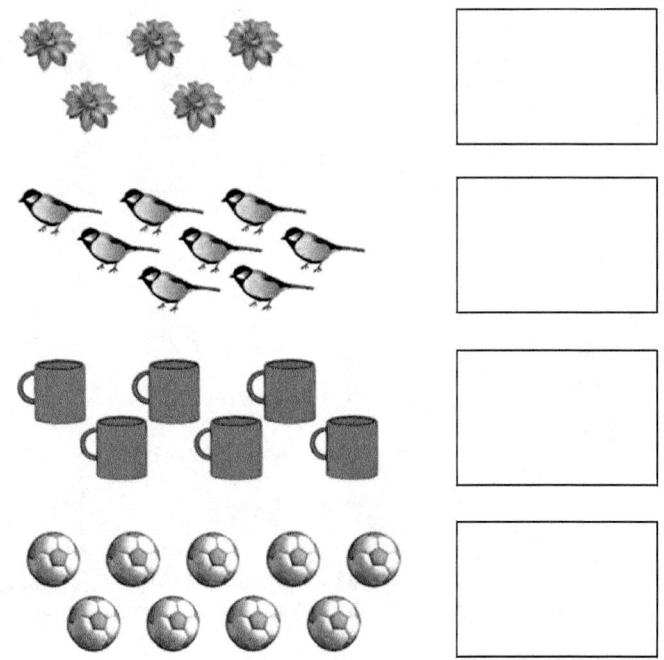

提示	· 和孩子一起数一数图片物品的数量 · 让孩子在对应的框里画出同等数量的圆圈

家长签名　　　　　　　　　　　　　　　教师签名

日期_____

描画并涂色

| 提示 | ・向孩子介绍本页内容
・让孩子将点连接成图并涂色 |

家长签名　　　　　　　　　　　　　　　教师签名

日期_____

解决问题（迷宫）

提示	・介绍图片里的尺蠖、苹果和迷宫路径 ・让孩子在不触碰边界的情况下通过小路将尺蠖带到苹果那里

_____ _____
家长签名　　　　　　　　　　　　　　　教师签名

日期_____

自由绘图

提示	・让孩子画出自己喜欢的图案 ・写下孩子所绘之物的名称并与其进行讨论

_____   _____
家长签名   教师签名

日期＿＿＿＿＿＿＿＿

分类——会飞和不会飞的物体

提示	・介绍上面所有物体 ・解释哪些会飞，哪些不会飞 ・让孩子画出所有会飞的物体

家长签名　　　　　　　　　　　　　　　　教师签名

日期_____

拼贴任务

提示	・介绍鹦鹉 ・让孩子撕些纸片来拼贴图中的鹦鹉

家长签名　　　　　　　　　　　　　　　教师签名

日期＿＿＿＿＿＿

字母形状识别

提示	・介绍所给词汇开头部分的发音 ・让孩子在上图中圈出所给词汇的所有首字母

家长签名　　　　　　　　　　　　　　　教师签名

日期_____

自由绘图

提示	・让孩子画任何自己喜欢画的图案 ・写下孩子所绘之物的名称并与其进行讨论

家长签名　　　　　　　　　　　　　　　　教师签名

日期_____

| 补充完整图片 |

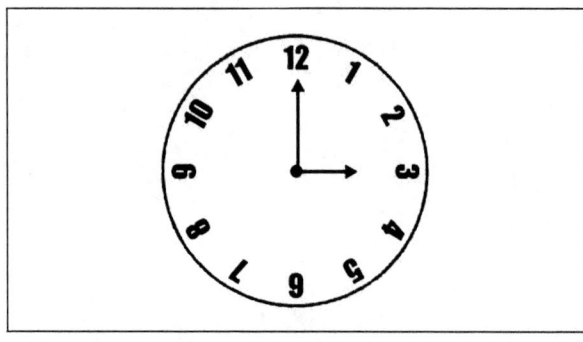

| 提示 | ·向孩子介绍钟表
·让孩子指出两幅图片的不同之处，并将不完整的图片补充完整 |

家长签名 _____　　　　　　　　　　教师签名 _____

日期_____

图案补充

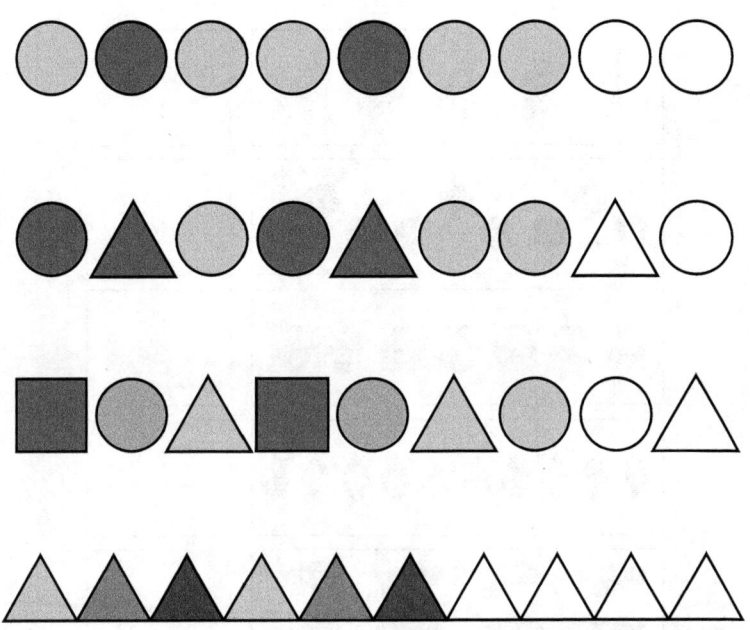

提示	·向孩子介绍形状、颜色和图案
	·让孩子将图案补充完整

_____ _____
家长签名 教师签名

日期_____

数数并描绘

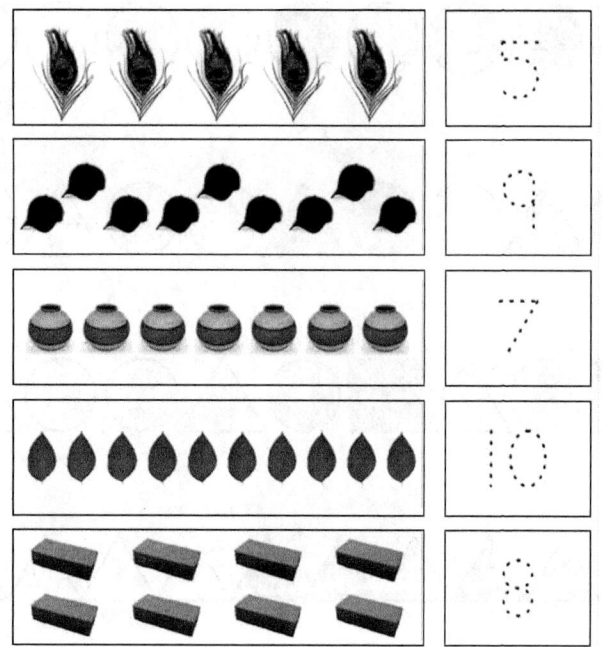

| 提示 | ・介绍和解释物体数量和数字的关系
・让孩子将方框里的数字描画出来 |

家长签名　　　　　　　　　　　　　　教师签名

日期_____

图案补充

提示	· 介绍船的图片 · 让孩子撕些纸片，拼贴图中的船

家长签名　　　　　　　　　　　　　　　教师签名

日期_____

字母形状识别

提示	· 介绍所给词汇开头部分的发音 · 让孩子在上图中圈出所给词汇的所有首字母

家长签名　　　　　　　　　　　　　　　　　　　　教师签名

日期_____

解决问题（迷宫）

提示	·介绍图片里的蝴蝶、莲花和迷宫路径 ·让孩子在不触碰到边界的情况下通过小路将蝴蝶带到莲花那里

_____ _____
家长签名 教师签名

日期_____

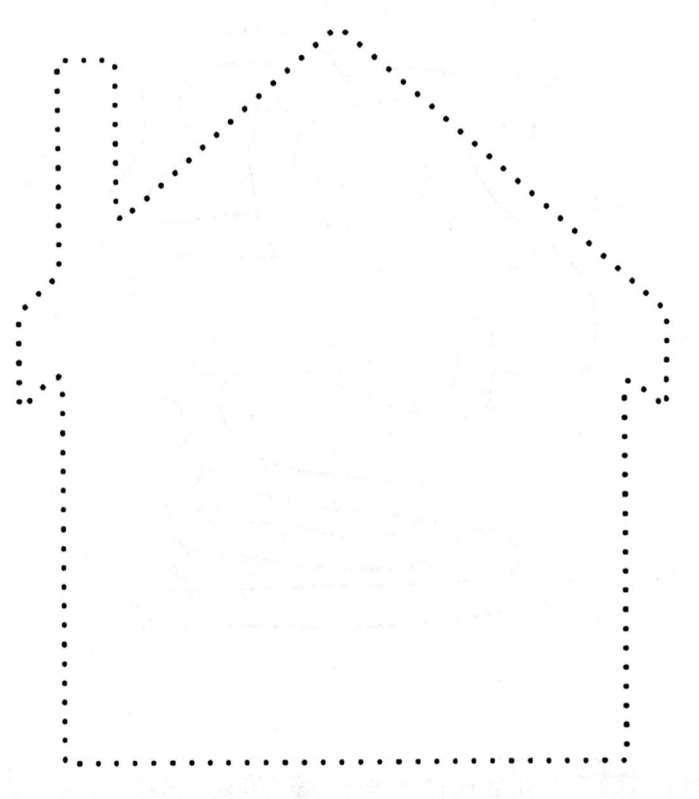

| 提示 | ·向孩子介绍本页内容
·让孩子将点连接成图并涂色 |

_____　　　　　　　　　　　_____
　家长签名　　　　　　　　　　　　　教师签名

日期_____

数数并连线

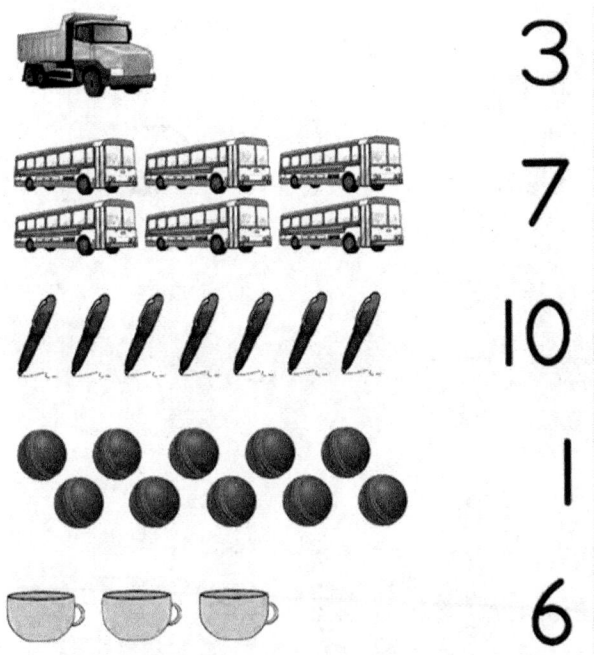

提示	·向孩子解释上面的数字 ·让孩子数一数物品的数量,并与正确的数字连线

家长签名　　　　　　　　　　　　　　教师签名

日期_____

涂色和描字

| 提示 | ·介绍图片上物体词汇开头部分和字母的读音
·让孩子给图片里的鱼涂色,并描画这个字母 |

家长签名　　　　　　　　　　　　　　教师签名

日期_____

> 自由绘图和写作

提示	・让孩子画出自己喜欢的图案 ・让孩子用自己的话写一写关于所画的物品 ・鼓励孩子,并帮助修改其文字

家长签名　　　　　　　　　　　　　　　教师签名

日期＿＿＿＿＿＿

数数并连线

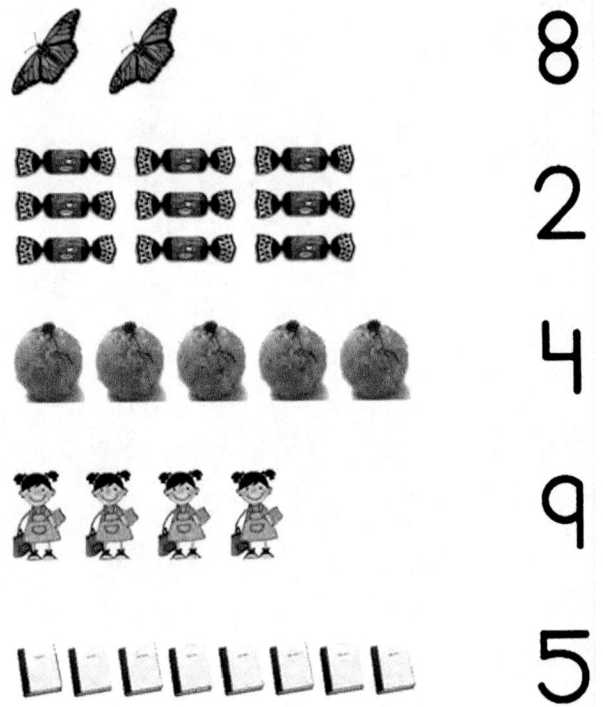

提示	·向孩子解释上面的数字 ·让孩子数一数物品的数量，并与正确的数字连线

＿＿＿＿＿＿　　　　　　　　　　　　　　＿＿＿＿＿＿
　家长签名　　　　　　　　　　　　　　　　教师签名

日期_____

自由绘图

提示	・让孩子画出自己喜欢的图案 ・写下孩子所绘之物的名称并与其进行讨论

_____ _____
家长签名　　　　　　　　　　　　　　　　　　　　　教师签名

日期_____

图片读音连线

提示	・介绍图片上物品读音的开头部分和字母读音 ・让孩子圈出图片里所有开头读音与字母读音相同的物品

家长签名　　　　　　　　　　　　　教师签名

日期_____

找不同并补充完整图片

提示	·向孩子介绍图片中的邮递员 ·让孩子找出两幅图片的不同之处,并将不完整的图片补充完整

_____ _____
家长签名　　　　　　　　　　　　　　　　　　　教师签名

日期 _____

图案补充

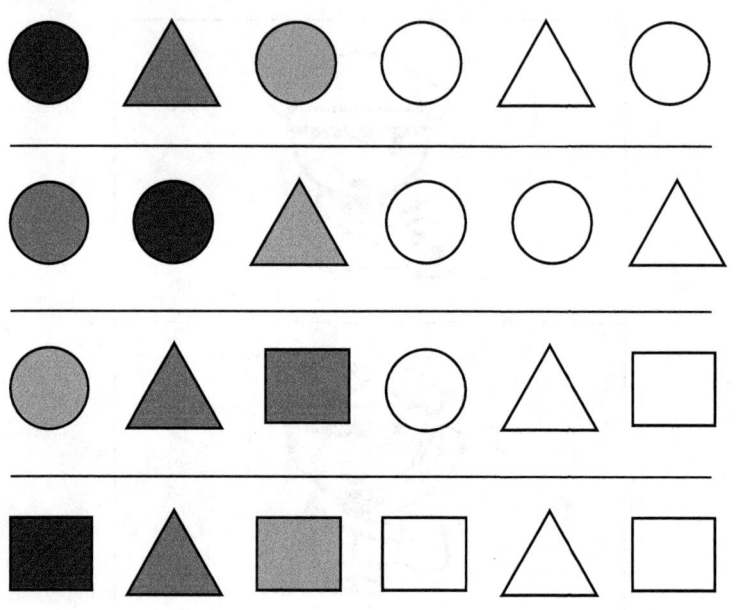

| 提示 | ·向孩子解释这些图案，不同形状和颜色为一组，且下一组将重复上一组的颜色
·让孩子将图案补充完整 |

家长签名 _____　　　　　　　　　教师签名 _____

日期_____

自由绘图和写作

提示	・让孩子画任何自己喜欢的图案 ・让孩子用自己的话写一写关于所画的物品 ・鼓励孩子,并帮助修改其文字

_____   　　　　　　　　　　　_____
家长签名　　　　　　　　　　　　　　　　　　教师签名

日期_____

涂色和描字

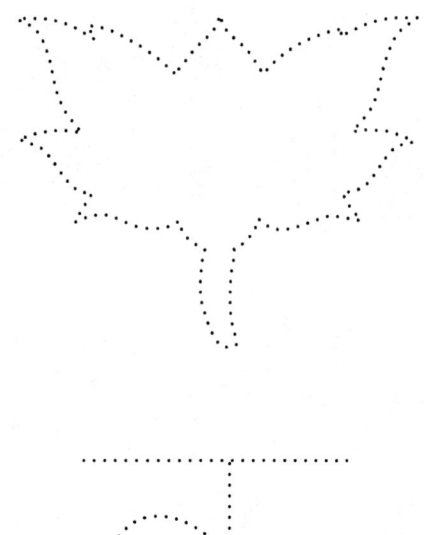

| 提示 | · 介绍图片上物体读音的开头部分和字母读音
· 让孩子给图片里的莲花涂色,并描画这个字母 |

家长签名　　　　　　　　　　　　　　教师签名

日期_____

数字概念

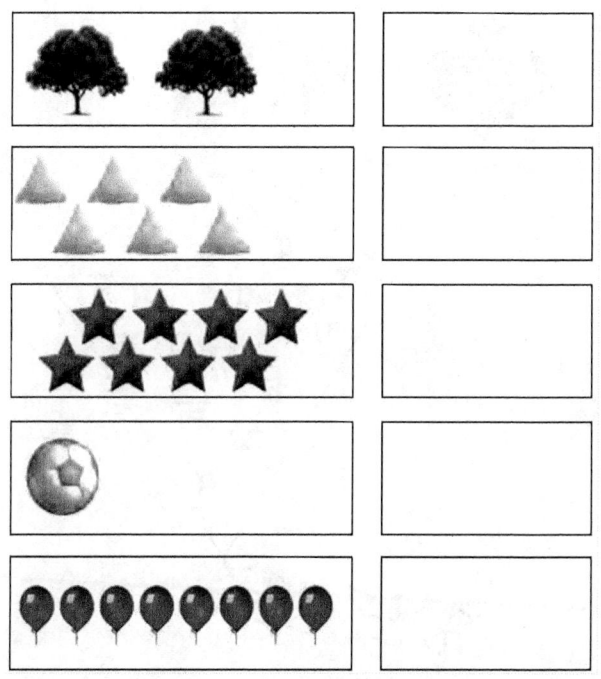

| 提示 | ·让孩子数一数物品的数量,并在对应的框里写出数字 |

_____ _____
家长签名 教师签名

日期_____

字母形状识别

提示	·介绍所给词汇开头部分的读音 ·让孩子在上图中圈出所给词汇的所有首字母

_____ _____
家长签名 教师签名

日期_____

自由绘图

提示	・让孩子画任何自己喜欢的图案 ・写下孩子所绘之物的名称并与其进行讨论

_____ _____
家长签名 教师签名

394　印度学前教育法律与政策选译

日期_____

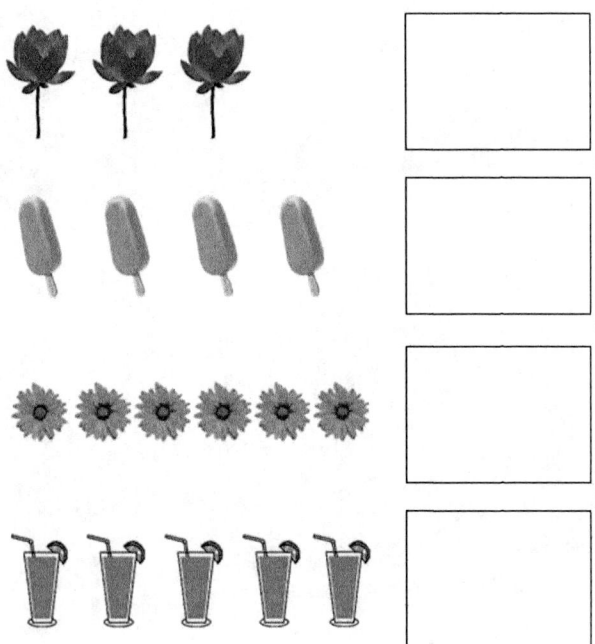

数字概念

| 提示 | ·让孩子数一数物品的数量，并在对应的框里写出数字 |

_____　　　　　　　　　　　　　_____
家长签名　　　　　　　　　　　　　　　　教师签名

日期＿＿＿＿＿

图片字母连线

提示	・介绍每组图片上物品读音的开头部分和字母的读音 ・让孩子在每组图片中圈出开头读音与字母读音相同的物品

家长签名　　　　　　　　　　教师签名

日期_____

| 自由绘图和写作 |

| 提示 | ·让孩子画任何自己喜欢的图案
·让孩子用自己的话写一写关于所画的物品
·鼓励孩子,并帮助修改其文字 |

_____   _____
家长签名   教师签名

日期_____

画图

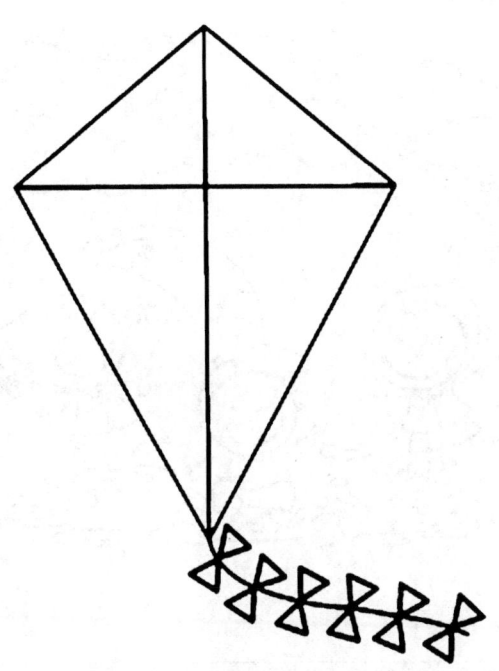

| 提示 | ·让孩子画一幅与图片上相同的图画 |

家长签名　　　　　　　　　　　　　　　　教师签名

日期_____

自由写作

提示	· 向孩子展示并介绍这幅图片 · 让孩子用自己的话写一写关于这幅图片的内容 · 鼓励孩子并帮助修改其文字

_____　　　　　　　　　　　　　_____
家长签名　　　　　　　　　　　　　　教师签名

日期＿＿＿＿＿＿

涂色和描字

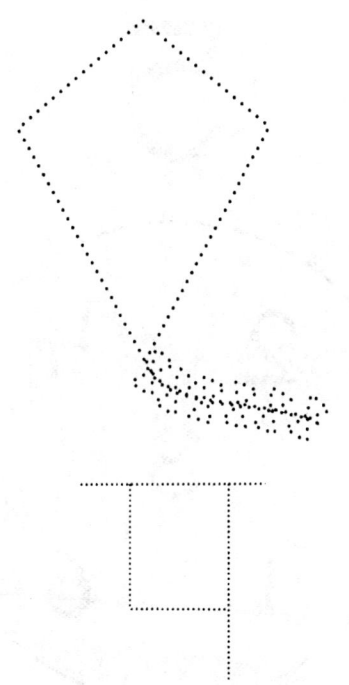

| 提示 | ·介绍图片上物体读音的开头部分和字母读音
·让孩子给图片里的风筝上色，并描画这个字母 |

家长签名　　　　　　　　　　　　　　　教师签名

日期_____

数字比较

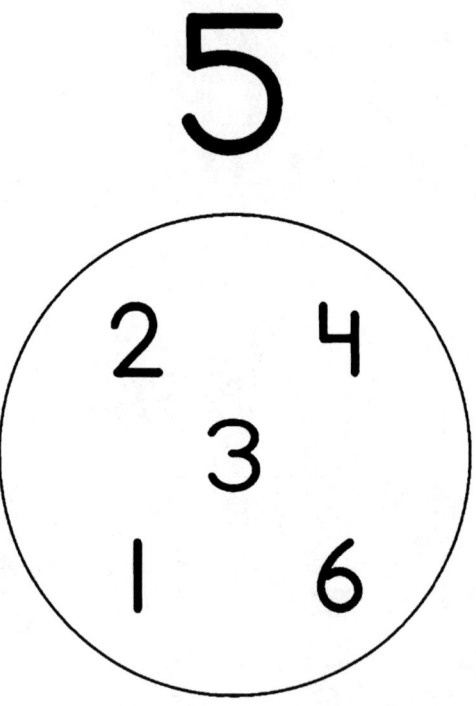

提示	·让孩子认出所有数字 ·让孩子圈出圆里面比 5 大的数字

_____   _____
家长签名   教师签名

日期＿＿＿＿＿＿

图片读音连线

提示	·介绍图片上物品读音的开头部分和字母读音 ·让孩子圈出图片里所有开头读音与字母读音相同的物品

家长签名　　　　　　　　　　　　　　　　教师签名

日期＿＿＿＿＿＿

＿＿＿＿＿＿＿＿＿＿＿＿＿＿
｜　　自由绘图　　｜
＿＿＿＿＿＿＿＿＿＿＿＿＿＿

提示	・让孩子画任何自己喜欢的图案 ・写下孩子所绘之物的名称并与其进行讨论

＿＿＿＿＿＿　　　　　　　　　　　　　　　＿＿＿＿＿＿
家长签名　　　　　　　　　　　　　　　　　　教师签名

日期_____

栖息概念

| 提示 | ·让孩子将左侧图片与其栖息地（住所）连线 |

_____　　　　　　　　　　　_____
　　家长签名　　　　　　　　　　　　　　　　　　　教师签名

日期_____

数字比较

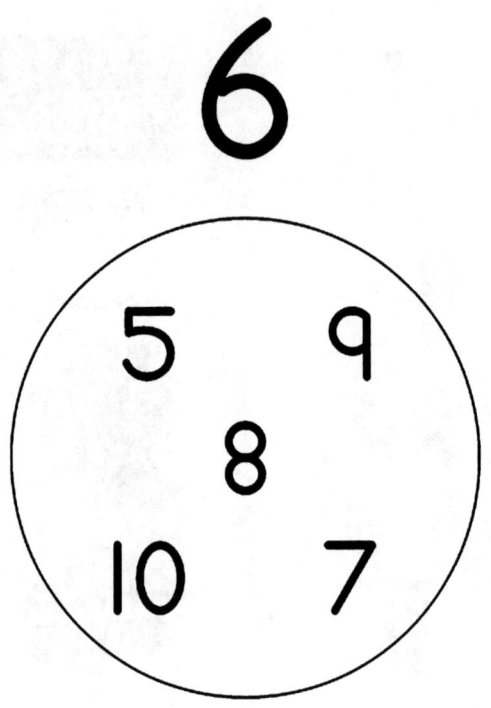

提示	・让孩子认出所有数字 ・让孩子圈出圆里面比 6 小的数字

家长签名 　　　　　　　　　　　　　　　教师签名

日期_____

自由写作

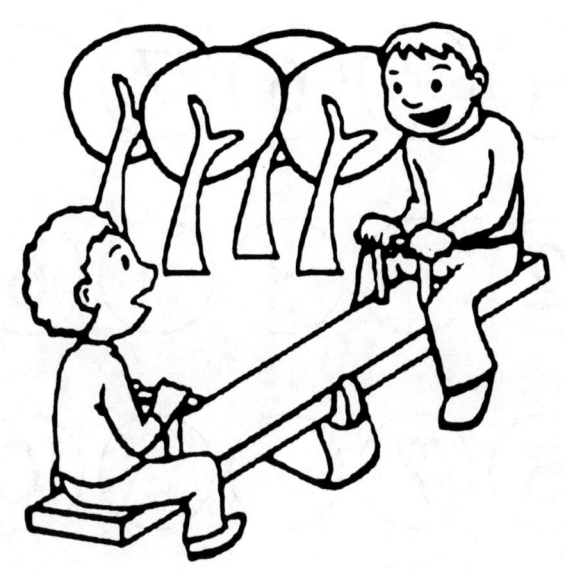

提示	· 向孩子展示并介绍这幅图片 · 让孩子用自己的话写一写关于这幅图片的内容 · 鼓励孩子并帮助修改其文字

家长签名　　　　　　　　　　　　　　　教师签名

日期_____

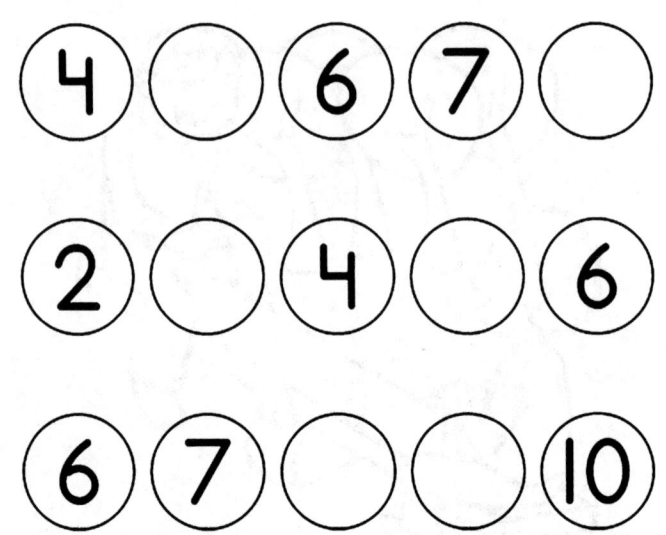

提示	・向孩子解释数字的顺序 ・让孩子在空白的圈里将丢失的数字补充完整

_____　　　　　　　　　　_____
家长签名　　　　　　　　　　　　教师签名

日期_____

自由绘图

提示	· 让孩子画任何自己喜欢的图案 · 写下孩子所绘之物的名称并与其进行讨论

_____　　　　　　　　　　　　_____
家长签名　　　　　　　　　　　　　　教师签名

日期_____

自由写作

提示	· 向孩子展示并介绍这幅图片 · 让孩子用自己的话写一写关于这幅图片的内容 · 鼓励孩子并帮助修改其文字

家长签名　　　　　　　　　　　　　　　　　教师签名

日期＿＿＿＿＿＿

加法

🍎🍎🍎🍎	+ 🍎🍎🍎	=

🍌🍌🍌	+ 🍌🍌🍌	=

提示	·向孩子介绍加法的概念，并让孩子把物品的数量相加，在对应的方框里写出总和

家长签名　　　　　　　　　　　　　　　教师签名

日期_____

自由写作

提示	・向孩子展示并介绍这幅图片 ・让孩子用自己的话写一写关于这幅图片的内容 ・鼓励孩子并帮助修改其文字

家长签名　　　　　　　　　　　教师签名

日期＿＿＿＿＿＿＿＿

图片词汇连线

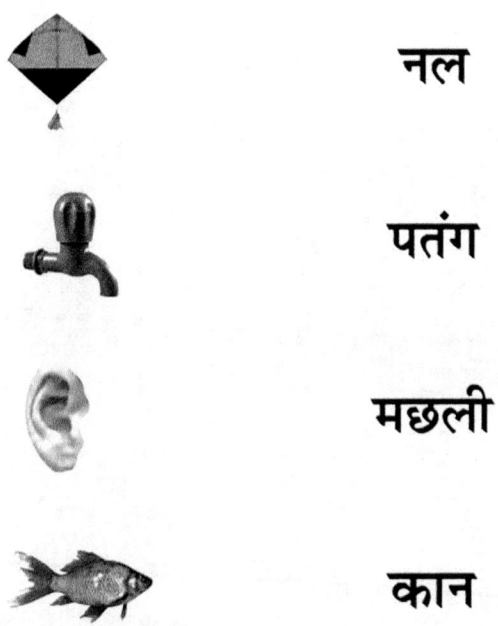

| 提示 | ・介绍每组图片和词汇开头部分的读音
・让孩子把开头部分读音相同的图片和词汇连线 |

家长签名　　　　　　　　　　　教师签名

日期_____

自由绘图和写作

提示	・让孩子画任何自己喜欢的图案 ・让孩子用自己的话写一写关于所画的物品 ・鼓励孩子,并帮助修改其文字

家长签名　　　　　　　　　　　　　　　教师签名

日期_____

加法

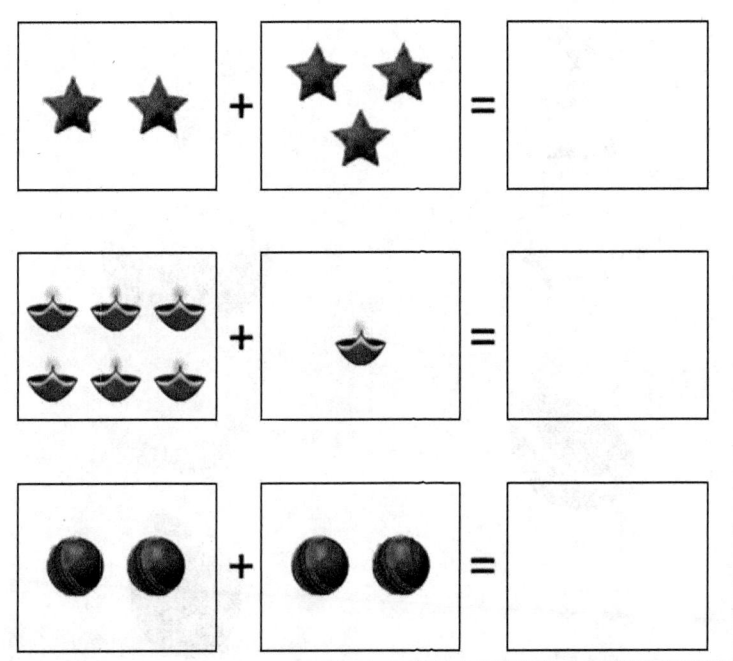

提示	·向孩子介绍加法的概念,并让孩子把物品的数量相加,在对应的方框里写出总和

家长签名　　　　　　　　　　　　　　　　　　教师签名

日期_____

理解整体与部分

提示	・向孩子介绍整体与部分的概念 ・让孩子将左侧的部分图片与其对应的整体图片连线

_____ _____
家长签名　　　　　　　　　　　　　　　教师签名

日期＿＿＿＿＿＿

图案补充

提示	· 向孩子解释这些图案，不同形状和颜色为一组，且下一组将重复上一组的颜色 · 让孩子将图案补充完整

家长签名　　　　　　　　　　　　　　　教师签名

日期_____

自由绘图

提示	・让孩子画任何自己喜欢的图案 ・写下孩子所绘之物的名称并与其进行讨论

_____   _____
家长签名   教师签名

日期_____

加法

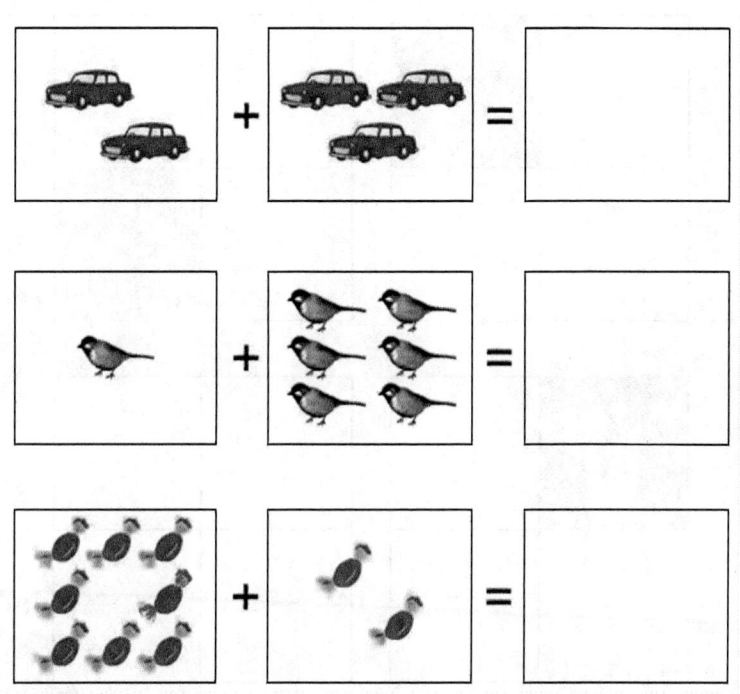

| 提示 | ・向孩子介绍加法的概念,并让孩子把物品的数量相加,在对应的方框里写出总和 |

家长签名　　　　　　　　　　　　　　　　　教师签名

日期_____

图案补充

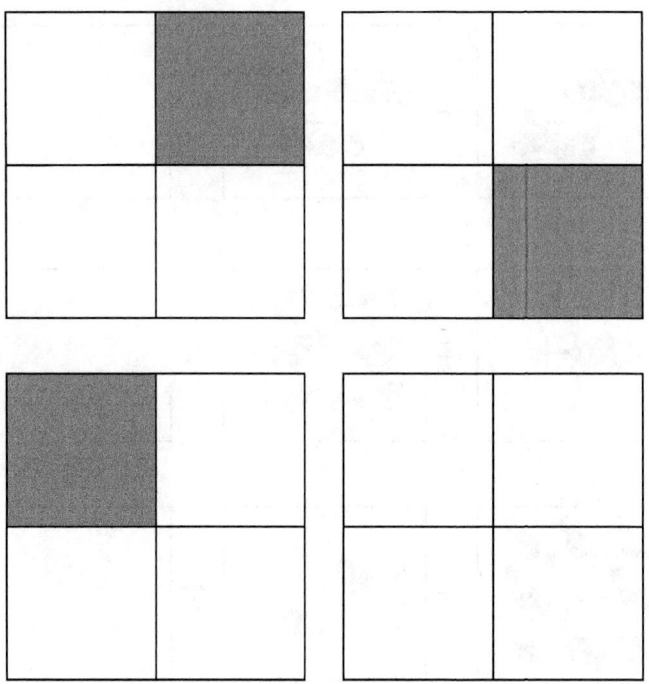

| 提示 | ・向孩子解释图片中的带色方块是如何旋转的
・让孩子在最后一幅图中涂上颜色,并记住旋转的顺序 |

_____ _____
家长签名　　　　　　　　　　　　　教师签名

3—6 岁儿童评估卡

儿童进入安格瓦迪中心时的照片	儿童从安格瓦迪中心毕业时的照片

安格瓦迪中心名称和序号：	安格瓦迪中心工作人员姓名：
安格瓦迪中心地址：	
儿童姓名：	
母亲姓名：	父亲姓名：
出生日期：	性别： 女□ 男□
儿童住址：	
儿童进入安格瓦迪中心的日期：	儿童从安格瓦迪中心毕业的日期：

家长须知

本评估卡将有助于了解儿童的学习和发展需求、儿童在此年龄段的发展情况、擅长以及需要进一步获得帮助和支持的方面。安格瓦迪中心工作人员将每3个月对儿童的学习和发展进行一次评估。

安格瓦迪中心工作人员须知

根据儿童的年龄及发展指标，每3个月评估一次儿童的成长情况，并向家长汇报。您可以通过每天观察儿童参与课堂活动的表现及与儿童进行互动，以持续的方式进一步跟踪儿童的进步。

更重要的是,为儿童提供机会并支持其以自己的节奏进行学习。如果儿童不能按照发展领域要求完成任务并需要支持,则需要为儿童制定计划,并向其提供必要的支持。

通过评估儿童所获得的信息将指导您规划学前教育计划。它将帮助您:

- 了解学前课程是否有效、能否满足所有儿童的需求。
- 制定更具发展适宜性和以需求为基础的课程。
- 识别有特殊能力或特殊需要的儿童,确定其是否需要额外的支持。
- 向家长提供关于儿童进步的信息,在家长和教师会议期间进行讨论;这些可以帮助家长了解还需要采取哪些措施,支持儿童在家庭和安格瓦迪中心的学习和发展。

发展领域	年龄段:3—4 岁								
		评估一		评估二		评估三		评估四	
	评估时间								
	身高(厘米)								
	体重(千克)								
	发展指标	需要帮助	表现优秀	需要帮助	表现优秀	需要帮助	表现优秀	需要帮助	表现优秀
身体及动作发展	能够积极参与室内外游戏								
	能够双手扔球								
	能够原地弹跳								
	能够用线穿珠子								
	能够用蜡笔大面积图色								

续　表

感觉、知觉和认知能力	能够根据气味、口味、声音和质感等区分不同物体						
	能够区分颜色(黄、红、蓝)						
	能够根据一个概念区分物体,如:所有圆形和所有红色物体等						
	可以解决简单的迷宫问题和拼出三块拼图						
	能够重复不同形状组成的图案						
语言、读写、沟通能力	能够听懂简单指令						
	能够用手势、词汇、短语和简单句表达情感和想法						
	喜欢看故事书和图画书						
	能够用完整的句子描述图片						
	能够认出自己的(写出的)名字						
个人、社会和情感发展	喜欢和小伙伴们一起玩						
	能够和熟悉的人自然互动						
	愿意和朋友、同伴分享						
	玩游戏时,能够耐心等待						
	能够意识或表达简单情绪,如喜悦、悲伤和气愤						

续 表

		评估一		评估二		评估三		评估四	
创造能力	对学习新事物表现出好奇心和兴趣								
	喜欢参与角色扮演								
	在日常活动中表现出创造力(例如,用不同的新方式使用各种物品或词汇)								
	能够参加跳舞、表演和音乐活动								
	能够在绘画、手工和解决问题上富有想象力								
总体评价									

年龄段:4—5岁

发展领域		评估一		评估二		评估三		评估四	
	评估时间								
	身高(厘米)								
	体重(千克)								
	发展指标	需要帮助	表现优秀	需要帮助	表现优秀	需要帮助	表现优秀	需要帮助	表现优秀
身体及动作发展	能够积极参与室内外游戏								
	能够抛扔、击打和接到大球								
	能够快跑和慢跑								
	能够按照给定顺序用线穿珠子								
	能够通过连点成线得到一个新形状或图形								

续　表

感觉、知觉和认知能力	能够根据气味、口味和质感等区分不同物体							
	能够根据两个概念(形状和颜色)区分物体,例如,区分黄色圈							
	能够完成一个简单图案							
	能够解决迷宫问题或拼出五块拼图							
	能数出5个数以内的物体,并将其与数字匹配							
语言、读写、沟通能力	能够专注听对话和故事							
	能够用简单句表达情感和想法并提问							
	能够用适当的词汇将听到的内容按照次序叙述出来							
	喜欢看书或其他印刷材料,并对理解印刷文字表现出兴趣							
	能够认出给出单词的第一个发音							
个人、社会和情感发展	喜欢和小伙伴们一起玩耍							
	能够和熟悉的人自然互动							
	愿意和朋友、同伴分享							
	玩游戏时或其他情况可以耐心等待							
	能够意识或表达简单情绪,如喜悦、悲伤和愤怒							

续　表

创造能力	对学习新事物展现出好奇心和兴趣							
	喜欢参与角色扮演							
	在日常活动中表现出创造力（例如，用不同的新方式使用各种物品或词汇）							
	参加跳舞、表演和音乐活动							
	在绘画、手工和解决问题上富有想象力							
总体评价								

		年龄段：5—6岁						
发展领域			评估一		评估二		评估三	评估四
	评估时间							
	身高（厘米）							
	体重（千克）							
	发展指标		需要帮助	表现优秀	需要帮助	表现优秀	需要帮助	表现优秀	需要帮助	表现优秀
身体及动作发展	能够积极参与小组游戏和室内活动							
	能够向指定方向扔或踢球							
	能够向后、向前、及两侧行走							
	能够将珠子串成图案							
	能够将点连成复杂图形							

续　表

感觉、知觉和认知能力	能够根据气味、口味和质感等区分不同物体							
	能够根据三个概念(形状、颜色和尺寸)区分物体(例如,区分黄色小圈)							
	能够完成复杂图案							
	能够发现两幅图的不同							
	能够给1至9的数字卡片排序							
语言、读写、沟通能力	能够按照规则参与小组游戏							
	能够与熟悉的人自然互动							
	愿意与朋友、同伴分享							
	游戏时能够耐心等待							
	能够意识到或表达出简单情绪,如喜悦、悲伤和生气							
个人、社会和情感发展	与人交流或听故事时能够集中注意力							
	能够用简单句表达想法、感受和提问							
	能够与其他儿童一起编故事,并交流想法							
	喜欢看书或其他印刷材料,并能理解一些熟悉的词汇							
	能够根据字首音和尾音区分词汇							

续　表

创造能力	对学习新事物表现出好奇心和兴趣，参与角色扮演							
	在日常活动中表现出创造力（例如，能用给定材料做出不同的物品）							
	参加跳舞、表演和音乐活动							
	在绘画、手工和解决问题上富有想象力							
总体评价